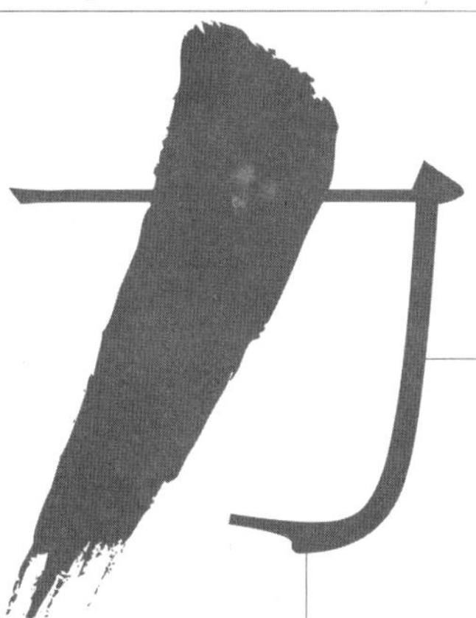

兰晓华◎编著

电商文案这样写才有效

清华大学出版社
北京

内容简介

本书由多年的文案创作经验浓缩而成。首先从分析消费者出发，运用消费者心理学知识揭开购买的秘密。接着讲述了广告文案具体的写作技巧，并对这些过程和技巧一步一步地进行详细分析与讲解，教读者写出一个“销售力”强的文案。

本书提供了大量经典的广告案例，内容重实用而不重形式，既是文案创作新手写文案的宝典，又是广告业资深人士的案头书。

图书在版编目(CIP)数据

说服力：电商文案这样写才有效/兰晓华编著. --北京：清华大学出版社，2016(2020.1重印)
ISBN 978-7-302-43419-1

Ⅰ.①说… Ⅱ.①兰… Ⅲ.①电子商务—策划—写作 Ⅳ.①F713.36 ②H152.3

中国版本图书馆 CIP 数据核字(2016)第 072711 号

责任编辑：刘志彬 张 伟
封面设计：汉风唐韵
责任校对：宋玉莲
责任印制：杨 艳

出版发行：清华大学出版社
网　　址：http://www.tup.com.cn，http://www.wqbook.com
地　　址：北京清华大学学研大厦 A 座　**邮　编**：100084
社 总 机：010-62770175　**邮　购**：010-62786544
投稿与读者服务：010-62776969，c-service@tup.tsinghua.edu.cn
质 量 反 馈：010-62772015，zhiliang@tup.tsinghua.edu.cn
印 装 者：三河市铭诚印务有限公司
经　销：全国新华书店
开　本：185mm×245mm　**印 张**：17.25　**字　数**：288 千字
版　次：2016 年 8 月第 1 版　**印　次**：2020年1月第4次印刷
定　价：39.80 元

产品编号：068902-01

前　言

在电子商务时代，无论是浏览计算机，还是翻看手机，电商文案都可以说是无处不在。虽然消费者每天都会面临海量文案信息，然而真正能够打动他们的却少之又少。这也印证了那句话："99%的广告文案都没有对产品的销售起到很好的促进作用。"这是国际奥美广告公司创始人戴维·奥格尔维（David Ogilvy）的原话。

要想创作出好的电商文案，学习是必需的

很多人都会写电商文案，但要写出一则能抓住买家眼球的好文案却很难。这也是市面上大多数电商文案都那么拙劣的原因。广告业巨擘沃尔特·韦尔说："很多人对文案的了解不过尔尔。"的确，很多文案创作者根本不知道什么东西能促使买家主动购物消费，但电商文案创作的目的只有一个：赚钱，让买家主动从口袋中掏钱购买商品。

即使有些文案创作者也知道创作文案的目的是赚钱，但很少有人能真正懂得买家的心思，更无法让文案说服买家掏钱。你还在为确定一个诱人的标题而不知所措，或者为一个好创意绞尽脑汁吗？你还在为找不到一些标新立异的文字或图片吸引买家而大伤脑筋吗？你还在为抓不到重点、用华丽的词汇写文案而烦恼吗？你还在为讨好、娱乐

买家写文案吗?

上面的问题如果你有一个回答是肯定的，那就说明你的文案创作知识不够，那你当然也创作不出好的电商文案。要想弥补自己的薄弱环节，请拿起本书，它将通过技巧性的叙述来为你解答你现在遇到的疑惑，以及那些你还来不及遇到的疑惑。

对文案工作人员来说，这本书或许可以帮你升职加薪；对淘宝店主来说，这本书或许可以让你日赚几千元，甚至几万元。如果你不希望庸庸碌碌地过一辈子，那你就花钱买书学习。

本书写作结构

本书结合很多文案高手的创作经验，首先从分析顾客出发，运用消费者心理学知识揭开购买的秘密。接着，讲述了广告文案具体的写作技巧，比如，如何通过关联法找文案切入点，如何在文案中体现产品优势，如何拟一个让人疯狂的标题，如何写出一个吸引人的开场白，如何写出一个视觉冲击力强的文案，如何写出一个权威性文案，如何写出一个不像广告的广告文案，如何写出一个精简文案……跟着本书一步步学习，你将学会写出一个“超好卖”的文案。

电商文案创作者学什么，如何学?

为了帮助大家节省学习时间，本书对电商文案各方面的创作技巧作了细致安排。为了创作出一则吸引眼球的电商文案，应该学些什么呢?本书分 12 个章节深入浅出地向大家一一说明。

第 1 章　你的文案要给谁看

文案创作的目的就是吸引买家来购买产品或服务。想用文案把人吸引过来，其内容就要符合买家的口味，比如，富豪喜欢看豪宅别墅的文案，普通老百姓喜欢看多层楼房的文案，白领绅士喜欢看酒店公寓的文案，投资客喜欢看商铺的文案……要写出一篇打动人心的好文案，必须找准自己特定的目标消费群体，用不同的心境体验每一类人的共性之处，即目标消费者的生活习惯、居住环境、消费行为、文化观念、喜恶偏好等，这些都可以作为文案创作时使用的素材，而且这些素材也最易引起目标消费者的共鸣，从而达到最大化的营销传播效果。

第 2 章　你的文案能给买家带来什么好处

文案不是为了卖弄文笔，而是推销产品，让消费者认识产品、了解产品特性，让产品特性能满足消费者的需求、能引起消费者的情感共鸣等。消费者觉得文案好，最主要的原因是文案中有东西能满足他，既然满足了他的心理需求，那么他自然也就会买文案中所宣传的产品。可见，产品才是电商文案创作的出发点，让买家满意，才是电商文案创作的核心。

第 3 章　买家到底喜欢什么样的电商文案

好的广告如美女，俊秀而有灵气，自会招人喜欢；优秀的文案如得体的靓衫，能彰显一个人的修养与魅力。其所蕴含的创意机智在很大程度上支配着消费者的购买决心。当广告中的文字、画面、音乐和消费者产生情投意合的交流时，文案写作者的广告创作便能将产品的魅力宣泄出来，产生惊人的销售力。可见，电商文案创作的目的就是让买家喜欢。那么买家到底喜欢什么样的文案呢？本章将为大家作详细介绍。

第 4 章　电商文案创作的四种经典模式

虽然说电商文案无定法，但对那些没有写作经验的文案创作新手来说，他们必须清楚一些文案创作模式，这样才不至于在写作时无从下手。本章主要介绍九宫格思考法、要点衍生法、五步创意法以及头脑风暴法四种经典的文案创作模式，以此帮助文案创作新手在写作时有章可循。

第 5 章　通过关联法找电商文案切入点

电商文案没有新意，注定是卖不上价钱的，甚至可能一文不值。与其浪费精力写一些没有价值的文案，倒不如多花一点精力写出受消费者欢迎的文案。写作文案就是发现的过程，发现某些东西与所宣传的东西有关联。本章将介绍几种寻找关联的方法，比如通过新闻故事、热点话题、普遍问题、逆向思维、制造冲突等方法，找出文案的切入点，从而写出让买家喜欢的好文案。

第6章　如何在电商文案中体现产品优势

文案是写给消费者看的，它在写作方法上除了要博得消费者的喜爱之外，还有最重要的一点就是宣传产品，把产品的优势在文案中充分体现出来，并引起消费者的购买欲望。本章讲述了如何在文案中体现产品优势的技巧，比如，将产品的特点转化为利益，强调产品的“附加值”，为消费者提供“次要承诺”以及从用户体验的角度出发等。

第7章　如何拟出一个让人疯狂的标题

标题是电商文案的灵魂。如果一则好文案满分是十分的话，那么好的标题起码可以值七分。一个好的标题，买家可以瞬间被吸引，勾出他们的好奇心和阅读的欲望；一个好的标题，可以是行业真实视角的审视，可以是犀利的言语，可以是来自大众心中的疑问，还可以源于买家的猎奇心理。无论文案创作者从哪方面着手，优秀的标题都应是源自对买家的深刻洞察。当然只有这种对买家深刻洞察力的标题，才能让买家恍然大悟，心有所感。

第8章　如何写出一个吸引人的开场白

文案创作者在用诱人的标题成功吸引了买家的注意力以后，接下来还要做些什么呢？那就是让买家阅读文案的第一句话，即文案的开场白。开场白写得好不好，决定着买家是否要继续往下读，所以，文案的开场白也是文案创作者不容忽视的环节，它要能激发买家阅读文案剩下部分的欲望。

第9章　如何写出一个视觉冲击力强的电商文案

视觉冲击力强的电商文案，容易吸引买家的眼球。影响人的视觉冲击力因素除了图片、文字以外，还包括文案的排版设计、色彩等。本章将介绍如何通过图片、创意设计、色彩以及文字等方式，写出一个有极强视觉冲击力的文案。

第10章　如何写出一个权威性电商文案

从一定意义上说，大众都有相信专家、追逐名人的心理。文案创作者可以抓住大众的这种心思，写出一个激发消费者信任感的权威性文案。本章介绍了几种写权威性文案的技巧，比傍名人、抱专家、借东风等。

第 11 章　如何写出一个不像广告的电商文案

广告，给人的感觉就是“要花钱”，大家都不喜欢别人掏自己的钱包，所以，他们对一些广告非常厌烦，特别是那些销售字眼非常明显的广告，更是被人们视为垃圾。既然大家都不喜欢看广告，那就写一个让他们觉得不是广告的文案。一些优秀的文案从头到尾都看不到推销的字眼，却能让消费者打开钱包，这就是文案高手的高明之处。本章将提供一些方法，教大家写出一个不像广告的电商文案。

第 12 章　如何写出一个精简的电商文案

好的文案往往没有华丽的辞藻，只是用一些最简单的词语表达出最深刻的讯息，这恰恰就是它的高明之处。如果文案内容真的很好，那更没必要用花言巧语去装饰了。因为只凭“宏大”选词不但不会给消费者留下深刻印象，反而会与买家疏远。只有对自己的文字毫不留情，让要说的话不多不少，恰到好处，才能让文案达到最精简的效果。

为什么本书好学，因为坚持了以下特色

之所以说本书好学，是因为书中除采用了大量的案例分析以外，还具有以下特色。

1. 内容新颖，符合当前趋势

在电子商务时代，人们对文字的要求越来越高，很多传统电商文案的写作技巧已经不能满足买家的需求，鉴于此，本书内容以最新的视角和最前沿的电商文案创作技巧阐述为主，让读者能紧跟时代的步伐，写出一个引领“潮流”的电商文案。如果你是一位电商文案创作新手，这本书是一个不可多得的入门经典，非常值得你去仔细琢磨。而如果你是一位广告业的资深人士，也推荐你将这本书放到案头，这些内容会给你一个新的视角，让你打破一些固有的思维模式。

2. 具有针对性、系统性、实用性、新颖性、操作性

本书从电商文案的买家出发，分析他们的特点，弄清楚他们喜欢什么样的文案，然后再一一介绍如何寻找切入点，从如何制作电商文案标题、如何写电商文案开场白、如何写权威性电商文案、如何写精简电商文案等方面，手把手教你写出一则"超好卖"的电商文案。

3. 读图时代，坚持图解王道

本书采用"图＋文"的方式，把电商文案创作中的一些内容用图解的方式展示出来，让读者看起来更加简单明了。这种图解的方式不仅帮助文案创作者学习并掌握如何更好地写出一则极具销售力的广告文案，而且还能让他们从枯燥的文字当中摆脱出来，使学习效率大大提高。

4. 去粗取精

本书重实用而不重形式，突破了传统的文字堆砌的死板模式，避免文字累赘，从庞杂、丰富的材料中去粗取精，保留一些核心的、实用的精华部分，方便读者阅读。

本书读者对象

本书主要针对电子商务从业人员、文案创作人员、广告业的从业人士、产品经理、品牌经理、宣传人员等相关工作人员，以及对电商文案写作感兴趣的其他读者。

作　者

2016 年 5 月

目录

第1章

你的文案要给谁看

文案创作的目的就是吸引买家来购买产品或服务。想用文案把人吸引过来,其内容就要符合买家的口味。要写出一篇打动人心的好文案,必须找准自己特定的目标消费群体,用不同的心境体验每一类人的共性之处,即目标消费者的生活习惯、居住环境、消费行为、文化观念、喜恶偏好等,这些都可以作为文案创作时使用的素材,而且这些素材也最易引起目标消费者的共鸣,从而达到最大化的营销传播效果。

1.1 电子商务时代，文案对买家的影响更大

在电子商务刚刚兴起的那几年，做淘宝其实就是打价格战，靠便宜的价格来赢得销量，而近两年的淘宝同质化现象越来越明显，淘宝越来越难做了。在市场已基本饱和的情况下，卖家已经不能单纯地靠“贱卖”来经营网店了，而是要把更多的心思花在店铺“装修”上，其实店铺“装修”就是做好电商文案，好的文案是当下能让店铺销量暴增的法宝之一。

如今，中国电子商务“文案战”已经打响，在淘宝、天猫、京东、当当网、唯品会等线上商圈中，一些觉悟性较高的卖家早已看到了文案带来的商机，他们不是聘请优秀的文案作家，就是自己绞尽脑汁想出好的文案内容。不得不说这些卖家的确有先见之明。因为文案是目前能吸引用户眼球的一种与众不同的方式，可以帮助卖家赚取点击、人气和销量。

有些卖家使用“错觉折价”文案，给买家不一样的感觉。比如，“花 100 元买 130 元商品”。这种错觉折价等同“打七折”，但告诉买家的是价格优惠而不是“折扣货品”，而且标明实际的折扣价格对于销售更有“冲击力”。

还有些卖家采用“阶梯价格”文案，让买家自动着急。比如，“销售初期 1～5 天全价销售，5～10 天降价 25％，10～15 天降价 50％，15～20 天降价 75％”。这样的阶梯降价促销方案表面上看似“冒险”，实际上却抓住了买家的心。对于店铺来说，买家是无限的，选择性也是很大的，这个买家不来，那个买家就会来。但对于买家来说，选择性是唯一的，竞争是无限的。自己不买，别人也会买，因此，最后投降的肯定就是买家。易讯曾推出的促销“签到”降价购机文案，采用的就是这种心理，吸引买家纷纷参与到易讯的活动中。

如今，不光卖家在文案上面动心思，一线电商公司比卖家觉醒得更早更快。早在 2013 年“6・18”电商价格战前夕，几家大型电商的广告宣传已经不再是多种商品的堆积设计图，也不再是明确的降价促销折扣，而是来用一种最简单、最快速

的识别方式——标幅式宣传语，比如，京东的“别闹”、苏宁易购的“别慌”、易迅的“别吹”、当当网的“都别吵”、国美的“都别装”、1号店的“都别信”等。“关键字”宣传这种方式虽然缺乏图像的视觉冲击，但可以深刻补充图像缺失的“与自身联络感”，并加深用户对广告的记忆力。可见，从此刻开始，电商们就开始靠文案打天下。

神州租车曾靠一条“我不跟你比公关，你来跟我比价格”的文案引起了众多关注。当时神州租车表态有黑公关对其污蔑，并迅速发布了一系列反击的文案，这则文案就是其中直接以价格角度下的战书，将汽车租赁行业内暂时无法超越的神州低价定为竞争优势点，由此将短暂的市场被动转变为一个新的广告契机。在这一事件中文案创作者功不可没。

文案已经成为商业宣导中最重要的环节之一，一个好的文案往往能够给商家带来数倍的收益。文案为什么能吸引买家，说服买家购买产品呢？其很大原因就在于文案在互联网的强大曝光下呈现在广大用户眼前，而好的文案能抓住买家的心思和“痛点”，激发买家的购买欲望。

然而好的文案不是机械工作，更不是套入公式的工程，它需要创作者在买家身上多费些心思。但是，文案避免公式化也并不等于随心所欲创作，它应该明确市场定位与受众人群，告诉买家：你可以获得什么，你的希望是否可以成真，你的确是不二人选，你没有任何理由拒绝……好的文案需要把“效果”准确地传递给用户，用户才会试着感知他们与产品或品牌的关系。

一则出彩的商业文案，可能会使人开怀大笑或是感叹人生，它可以无比创新，也可以充满生命感，让买家能自然地被它所吸引，去倾听它呼吸，去寻找它的形态，甚至试图去与它交流。倘若文案能达到上述的联动效果，那其营销效果就至少成功了50%。

但凡是好的电商文案除了靠价格吸引买家以外，最主要的还是能引起买家共鸣。一则文案若能得到买家的感受共鸣，得到平民百姓类似“百闻不如一见”的真实情感认可，这样文案的效果一定会持续很久。现在的很多商家为了占领市场都在“烧钱”，但“烧钱”不是长久之计，既然价格不是当下收买买家的必胜法宝，何不转过来靠文案来吸引买家，并获得长期效益呢。

总之，在电商市场上，文案变成了一种消费刺激，它能在最短时间内吸引买家眼球，让他们产生点击和购买的欲望！

1.2 明白买家看文案的立场

在创作文案之前，要先搞清楚文案是什么。文案是为广告、宣传语、传单、网站、宣传册、邮件、用户指南、文章、视频、脚本等提供内容，多存在于广告公司，企业宣传，新闻策划等。

1.2.1 你是称职的文案创作者吗

弄懂了文案是什么以后，还要了解一下什么人能写文案。其实，做一名文案创作者并不需要什么特别的资格要求，只要可以写出打动人的东西，符合买家的口味，就可以做一名称职的文案创作者。虽然很多人都符合做文案创作者的要求，但是要想做一名优秀的文案创作者，还需要具备如图 1-1 所示的几种特质。

优秀的文案创作者像侦探一样，他们对什么都很好奇，而且好像“什么都知道一些”。所以，要想做一名优秀的文案创作者，就要多读多思。

了解了什么是文案以及什么人能写文案以后，接下来就要介绍一下为什么要写文案。简单来说，写文案的目的就是宣传。目前，比较常见的就是电商文案，本书主要讲述的也是电商文案的一些创作方法，但其方法基本上适用于任何类型的文案。电商文案的创作目的就是鼓励买家试用或购买一个新产品。通过一则文案就能让买家购买某产品，并不是一件容易的事，前期的准备工作是必不可少的。

兵法有云：知己知彼，方能百战百胜。写文案也是一样的道理，在下笔之前，必须花一些时间搞清楚读这份文案的人，知道当他们读这个文案的时候，他们的立场是什么。

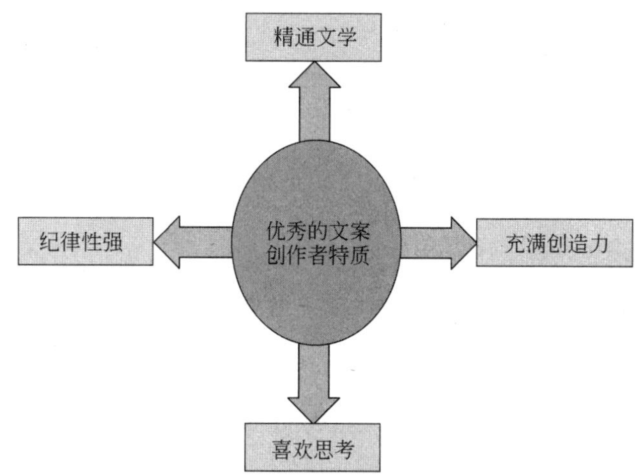

图 1-1　优秀的文案创作者特质

那么,什么是立场呢?立场往往来自人们认识事物时的价值评价,人们总是站在一些特定的利害角度对事物进行评价。简单来说,立场是指认识和处理问题时所处的地位和所抱的态度。对电商文案创作者来说,肯定是要站在有利于消费者的立场考虑,让产品或服务尽可能吸引消费者购买。为了达到吸引消费者眼球的目的,文案创作者应从产品的特性、卖点、效果以及能打动人的地方出发,再找出能打动人心的字眼。明白这些信息以后,在创作文案时就能做到知己知彼。

1.2.2　益生堂"战痘的青春"

益生堂三蛇胆胶囊是一款除痘保健品,它在保健品市场开始崛起之际,保健品销售环境普遍低潮,但是它却能在此恶劣的环境下脱颖而出,并成为华南市场保健品的一颗新星,其年销售额近亿元。该产品之所以取得如此成绩,与益生堂推出的"战痘的青春"广告系列是分不开的,该广告在首届中国企业著名策划案评选活动中曾荣获"中国十大策划案"。

益生堂三蛇胆胶囊的广告文案策划的成功之处在于:完整地运用了"整合营销"策略,通过对消费者的市场调查分析,以准确的市场定位推出了广告"战痘的青春”系列，巧妙结合“投料曝光”“投保 1 000 万元”公关活动，并运用“每粒胶囊必含一粒蛇胆”“1 000 万投保产品质量险”及“慰问交警”等系列新闻行销，使益生堂的三蛇胆胶囊迅速崛起，并石破天惊，在传媒界产生轰动，为保健品的市场营销拓展了空间。

益生堂三蛇胆胶囊的消费者看到这则文案时，首先“除痘保健品”五个字就让他们眼前一亮，接着“投料曝光”“投保 1 000 万元”等公关活动的迅速崛起，以及“每粒胶囊必含一粒蛇胆”“1 000 万投保产品质量险”及“慰问交警”等系列新闻行销的运用，更让消费者觉得这款产品安全可靠，他们自然也就会对该产品产生购买欲望。益生堂三蛇胆胶囊的广告文案影响深远，以至于后来许多文案创作者都效仿其创意。

通常，三蛇胆胶囊的购买者也是使用者，所以，益生堂推出的“战痘的青春”广告文案的内容就把消费者定位在使用者上面，站在使用者的立场对产品的特性、好处、安全等方面进行大肆宣传，这些内容非常容易打动消费者，益生堂推出的这则广告文案自然就比较容易成功。

有些产品的购买者和使用者不是同一个人，比如钢琴，一般都是家长给孩子买的，家长希望孩子学习钢琴。对此，××钢琴就发布了一则广告：学琴的孩子不会变坏。该广告不是站在使用者的立场，介绍钢琴如何好，而是站在大多数购买者的立场，抓住父母教育子女的心态，家长或许不想叫孩子去学琴，但他肯定不希望孩子变坏。这则广告的独到之处就是采用攻心策略，从学钢琴有利于孩子身心成长的角度，吸引孩子父母购买。这一点的确很有效，父母十分认同此观点，于是购买钢琴就是下一步的事情了。这则文案的高明之处就在于此。如今，这则广告已经成为台湾地区最有名的广告语。可见，准确抓住消费者的立场，能给文案带来很多意想不到的效果。

对电商文案来说，其读者对象是消费者，所以要想做好这种类型的文案，就要站到消费者的立场上思考问题，使文案内容突出消费者的利益，显示出为他们考虑的字眼，他们才会“买账”。对其他文案来说也是一样，只有明白读者看文案的立场,才能写出颇得读者的好感,诱发消费者购买的文案。

1.3 弄清买家的年龄特征

各种类型的文案都有一定的受众群体,所谓受众群体就是指文案的阅读者。文案创作前一定要确定好读者对象。销售行业有一句很经典的话:“不是每一个人都是你的上帝,不是所有上帝都住在天堂。”可见,明确目标消费者是销售行业中的重要环节,也是电商文案创作的前提条件。

1.3.1 目标受众对了,文案就对了

文案创作之前,应选对目标读者群。比如,要宣传一份杂志,文案创作者首先要锁定该杂志适合哪些年龄阶段的人群阅读。假如该杂志的消费者群体集中在 18～35 岁,即文案就要围绕 18～35 岁的人群来写。在文案中,目标读者是一个营销活动作为推广目标的人口群体,他们可以是某一个人口群体,比如年龄组、性别、婚姻状况等,也可以包括几个不同的人口群体,比如所有 20～30 岁的男性。

不同年龄段的买家,由于他们所处的社会环境不同,身心发展程度自然也有所区别。每个年龄阶段的人群在心理上多多少少都会有一些一般的、典型的、本质的特征,人们称为“年龄特征”。“年龄特征”是从某一年龄阶段的人群中,从大多数人的个别心理特征中概括出的一般趋势、典型趋势、本质趋势,尽管这些趋势不能揭示这一年龄阶段人的一切个别特点,可是这些特征代表了该年龄阶段心理发展的整体特征。

既然某年龄阶段的大部分人都有这些特征,那么在文案创作的时候就要先弄清目标买家的年龄特征,然后再开始文案创作工作,这样才能在激烈的市场竞争中脱颖而出。

1.3.2 万宝路从“淑女”到“牛仔”

万宝路(Marlboro)是世界上最畅销的香烟品牌之一，它所在的菲利普·莫里斯公司是全球第一大烟草公司，其全年所生产的卷烟占世界市场的17%，更占到美国市场的36%。

万宝路之所以能够在全球取得巨大成功，除了借助菲利普·莫里斯公司的平台以外，其长期的、一致性的、以消费者为导向的、致力于传播品牌个性的广告文案策划也起到了一个非常关键的作用。然而万宝路的广告策划历程并不是一帆风顺的。

万宝路刚创业之际，它的品牌定位是女士烟，所以它的消费群体基本上都是女性。当时的广告口号：Mild As May(像五月天气一样温和)。虽然万宝路的经营者都为能想出这样一个符合女性形象、温柔纯美、令人闻之忘忧的广告语而感到骄傲，但该广告文案的效果却事与愿违。尽管当时美国吸烟人数不断递增，但是万宝路香烟的销路却不尽如人意，其女性消费者抱怨香烟的白色烟嘴会染上鲜红的口红，很不雅观。后来，万宝路的烟嘴又推出一种红色过滤嘴的品牌，其广告语：与你的嘴唇和指尖相配。但是依旧没有扭转万宝路女士香烟的命运。

在一筹莫展中，菲利普·莫里斯公司的高层聘请了著名的广告策划人李奥·贝纳，并交给了他这个课题：怎么才能让更多的女士购买消费万宝路香烟?

李奥·贝纳并没有按照菲利普·莫里斯公司提出的问题努力寻求解决方案，而是对万宝路之前的营销方案和香烟市场进行深入的分析和辩证思考之后，他完全突破了该公司限定的任务和资源，对万宝路香烟品牌进行了一次全新的“变性手术”。他大胆向菲利普·莫里斯公司提出一个建议：将万宝路香烟的诉求重点由女性改变为年轻的烟民，以浑身散发粗犷、豪迈、英雄气概的美国西部牛仔为品牌形象，吸引所有喜爱、欣赏和追求这种气质的消费者。

李奥·贝纳建议把18～24岁的年轻烟民作为目标核心群体，持续地进行品牌诉求。他之所以选择这部分人作为目标消费群，是因为该群体是时尚的带头人，是充满智慧的、练达的城市居民，他们比老一代的烟民更加时尚、有个性，他们是引导和推动市场的中坚力量。

菲利普·莫里斯公司采纳了李奥·贝纳的想法。万宝路从此便以这部分年轻群体持续地塑造万宝路的品牌形象和魅力特征：他们是粗犷的、充满男性感觉的、性感的，他们是独立的、不羁的、充满力量的。

菲利普·莫里斯公司为了增大对万宝路香烟的宣传，他们在酒吧、迪斯科、俱乐部等场所开展了一些派送活动，还在时尚杂志上做了一些精美的广告。正是由于万宝路品牌保持了与年轻群体的时尚潮流同步，才在年轻群体中成功地建立了品牌忠诚，而且这部分人群也明显高于其他烟民群体。

该广告文案推出的第二年，万宝路香烟在美国香烟品牌中销量一跃排名第十位，之后便扶摇直上。

可见，找准正确的消费者的年龄特征对电商文案创作者来说是多么重要，如果，这里是说如果，李奥·贝纳没有突破菲利普·莫里斯原有的资源和任务，依旧把女性作为其目标消费群，也许万宝路香烟估计早在市面上销声匿迹了。

1.3.3　消费者有哪些年龄特征

既然弄清消费者的年龄特征对文案创作至关重要，下面就先来讲一下当今社会各年龄阶层的人群有哪些年龄特点。通常人的一生，可分为以下四个年龄阶段。

第一阶段：0～15周岁（少年儿童群体）

该年龄阶段的人群从纯消费向社会性消费过渡，从模仿型消费向个性消费过渡，消费的情绪从不稳定发展到比较稳定。

第二阶段：16～30周岁（青年、青少年群体）

该年龄阶段人群的年龄特征总结如图1-2。

第三阶段：30～60周岁（中年群体）

该年龄阶段人群的年龄特征总结如图1-3。

第四阶段：60岁以上（老年消费群体）

该阶段的人群不会太多地追求时尚，对于花哨的产品包装和复杂的功能不感

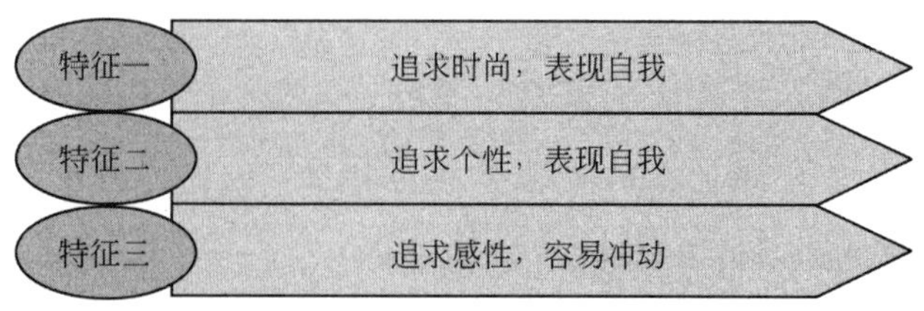

图 1-2　16～30 周岁的年龄特征

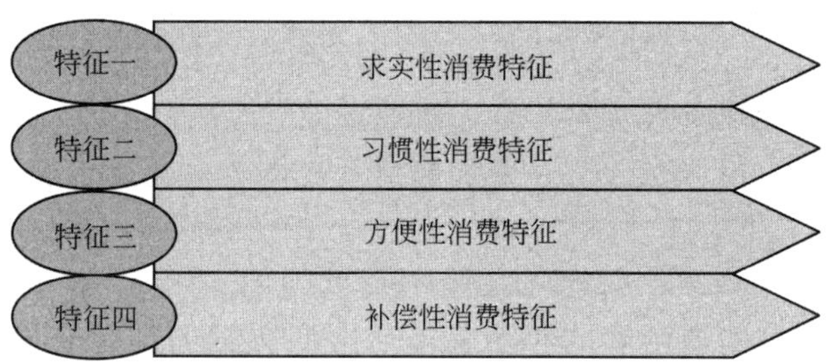

图 1-3　30～60 周岁的年龄特征

兴趣，对半成品、方便的食物以及耐用的消费品等有强烈的消费兴趣。其年龄特征总结如图 1-4 所示。

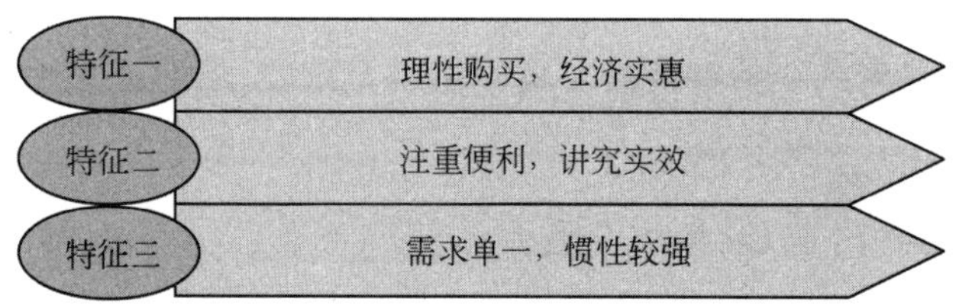

图 1-4　60 岁以上的年龄特征

1.4　了解买家的喜好

电商文案，不是文案创作者自己说好，这则文案就是好的，而是要让买家认同，买家说好这则文案才是好文案。要想让买家说好，就要先了解买家的喜好，否则再精彩的文案也会胎死腹中。

1.4.1　设法让买家点头

有一个机灵的广告人，认为自己已经做足了功课，也想了一个绝妙的点子，不过最后却输掉了提案，原因在于一个惊人的错误——他没有设法让消费者点头。

这个广告人当时为纽约长岛最重要的面包制造商做了一个文案，他设计了一张戏剧性的海报，画面正中是一个大得夸张的面包，标题用希伯来文写着"适合逾越节享用"，并计划在节前贴在纽约地铁车站。然而，面包商断然拒绝采纳这张海报，这个广告人气急败坏，找到这个面包商要说法。原来面包商是个信奉旧约的人，他不喜欢以这种方式亵渎信仰。这个广告人束手无策，作品遭到全盘出局。

在文案创作之前，除了要弄清楚买家看文案的立场以及买家的年龄特征以外，还要了解买家的喜好是什么，烦恼是什么。这样才能对症下药，写出目标对象喜欢看的文案。

不同人群的喜好不同，其购物习惯和购物方式也有很多的差异。例如，购买名牌产品时，中国消费者喜欢多进几家店对比一下价格，然后再决定购买，而美国消费者通常较少进店对比价格，他们更多的是在购物前就设法获取优惠券。在创作文案之前，如果发现消费者在购买某品牌时更关注价格，那么这就表明这类产品的价格优化至关重要，在文案中要着重强调该产品的价格优势。

1.4.2　这件 T 恤真的适合你穿吗

下面再举一个常见的例子，例如，夏天一到，很多人特别是爱美的女性朋友，都少不了买几件 T 恤。虽说简简单单的 T 恤没有那么多的变化，但根据自身的喜好和风格不同，每个人挑选出来的 T 恤也会不一样。假如要为各式各类的 T 恤写文案，就要从它们的特点出发，分析一下各类 T 恤适合哪些消费者人群。

1. 短款印花T恤

短款T恤是个子矮小女生的最爱，因为“短款T恤＋短裤＋高跟鞋”这样的夏日装扮能让她们看起来高挑又有范儿。所以，在为这款短袖T恤写文案时，一定要强调“个子矮小女生最爱”“穿起来高挑有范儿”等特点，这样才能吸引目标对象来买。

2. V领蕾丝短袖T恤

V领蕾丝短袖T恤是OL(“白领女性”或者“办公室女职员”)比较欣赏的T恤款式，因为太休闲的T恤虽然舒适但显然不适合上班时穿，而V领蕾丝短袖T恤比较修身，能极好地烘托出玲珑的曲线，没有花里胡哨的设计，尤其是独特的V领，不仅修饰脸型还能提升整体气质。所以，在为这款短袖T恤写文案时，一定要突出“适合OL”、“提升气质”等特点。

3. 蕾丝直筒短袖T恤

蕾丝直筒短袖T恤是“小女生”的最爱，她们平日喜欢以甜美可人的形象示人，这款短袖T恤当然少不了啦，而且这款T恤为了避免甜得腻人、白得枯燥，往往会设计一些有透肉效果的镂空花，有时还会在领子上增加几道黑色线条，黑白相撞更有特点。所以，在为这款短袖T恤写文案时，一定要抓住“甜美可人”“搭配裙子”等特点。

4. 纯色露肩短袖T恤

有一些女性比较喜欢简单大方的款式，简约的纯色T恤自有一番风味，如果再搭配一条纯白短裙，则既靓丽又大方，充满朝气与活力。所以，在为这款短袖T恤写文案时，要突出“简约”“大方”等特点。

5. 圆领印花短袖 T 恤

有些女性比较崇尚自由自在的欧美风格，那么圆领印花短袖 T 恤她们肯定会喜欢，这种 T 恤有弧度流畅的大圆领、抽象的图案和宽松的板型，永远耐看，永远经典，而且有点中性化的基本款增加了大气之感。所以，在为这款短袖 T 恤写文案时，要突出“欧美风格”“宽松”等特点。

6. 娃娃领条纹拼接 T 恤

有些女性比较喜欢复杂一点的设计，那么娃娃领条纹拼接 T 恤她们会比较偏爱，这款 T 恤颜色丰富不单调，能在众多 T 恤中脱颖而出，相当吸睛。所以，在为这款短袖 T 恤写文案时，要突出“吸睛”“颜色丰富”“视觉享受”等特点。

在这里之所以长篇大论地举上面这个例子，主要是为了让大家弄清楚，在写文案之前，一定要先了解买家的喜好，只有这样才能让文案达到吸引消费者的目的。

1.4.3 取悦消费者永远不会错

对电商文案来说，取悦消费者永远不会错。为了让大家对消费群体的喜好有进一步的了解，下面介绍一下女性和男性在消费时各自有哪些喜好。

1. 女性的消费喜好

一份调查资料显示，目前我国的成年女性虽然大部分都从事自己的工作，但家庭购买仍然是以女性为主。而国外的女性在消费中的比重比我国的略高。一般来说，女性购买的家庭消费品占 55%，男性购买的占 30%，男女共同购买的占 11%，孩子购买的占 4%。可见，无论国内还是国外，女性消费者还是占很大的比例的，那么女性在消费时有哪些喜好呢？其主要包括图 1-5 所示的六个方面。

一	注重商品的实用性
二	注重商品的细节设计
三	注重商品的外表设计
四	注重商品的情感因素
五	注重商品的便利性
六	注重商品的创造性

图 1-5 女性的消费喜好

2. 男性的消费喜好

男女个性的差异导致他们在消费时的喜好也不一样。男性一般具有较强理智性、自信性，有的男性还把自己看作能力、力量的化身，所以男性一般都具有较强的独立性和自尊心。普遍来说，男性的购买活动远远不如女性频繁，购买动机也不如女性强烈，比较被动，他们更不喜欢联想、幻想，看到需要购买的东西，觉得差不多就直接买走。而且当他们的购买动机形成后，稳定性也较好，其购买行为也比较有规律。具体来说，男性的消费喜好如图 1-6 所示。

一	买东西比较迅速、果断
二	购买动机具有被动性
三	购买动机感情色彩比较淡薄
四	购买行为比较有规律性

图 1-6 男性的消费喜好

1.5 彻底了解买家的心理

随着时代的发展，人们的心理需求不再像几十年前那样，只要吃饱穿暖就可以了，他们现在更多的是追求精神、情感上的满足，注重的是体验经济、情感经济，因此，文案不仅要吸引了消费者的眼球，还要打动消费者的心。

1.5.1 好的文案创作者也是好的心理学家

有人说："好的文案创作者犹如最懂得人心的心理学家，能够把你想表达的东西，明白无误地表达出来。"下面分享一个葡萄酒的产品文案，其文案标题：三毫米的旅程，一颗好葡萄要走十年。正文内容如下。

三毫米，瓶壁外面到里面的距离。

不是每颗葡萄，都有资格踏上这三毫米的旅程。

它必是葡园中的贵族，占据区区几平方公里的沙砾土地。

坡地的方位像为它精心计量过，刚好能迎上远道而来的季风。

它小时候，没遇到一场霜冻和冷雨；

旺盛的青春期，碰上十几年最好的太阳；

临近成熟，没有雨水冲淡它酝酿已久的糖分；

甚至山雀也从未打它的主意。

摘了三十五年葡萄的老工人，

耐心地等到糖分和酸度完全平衡的一刻才把它摘下。

酒庄里最德高望重的酿酒师，每个环节都要亲手控制，小心翼翼。

而现在，一切光环都被隔绝在外。

黑暗、潮湿的地窖里，葡萄要完成最后三毫米的推进。

天堂并非遥不可及，再走

十年而已。

首先，这则文案的标题就特别吸引人，“三毫米”走“十年”，这引起了很多人的好奇心，正文对这“三毫米的旅程”作了细致；饱含感情的描述，能深深打动读者的心，让他们产生想要品尝一下的冲动。这也就达到了文案的最高境界——在无声无息中激发消费者的购买欲。

1.5.2 消费者的心理“显规则”

写广告文案其实就是做销售，“销售员”在这一行不必遵循固定不变的规则，不过，在文案界却有一条永远打不破的金科玉律：在你铆足全力做文案之前，得先做好功课——彻底了解你的消费者的心理。“销售员”要学会读懂消费者的心理，这样才能知道消费者在想什么，自己能做什么。聪明的文案创作者总能洞察消费者的心理，然后再对症下药，用文字征服消费者。为了达到这种地步，一定要掌握一些必备的心理“显规则”。那么消费者心理具体有哪几种类型呢？其内容如图 1-7 所示。

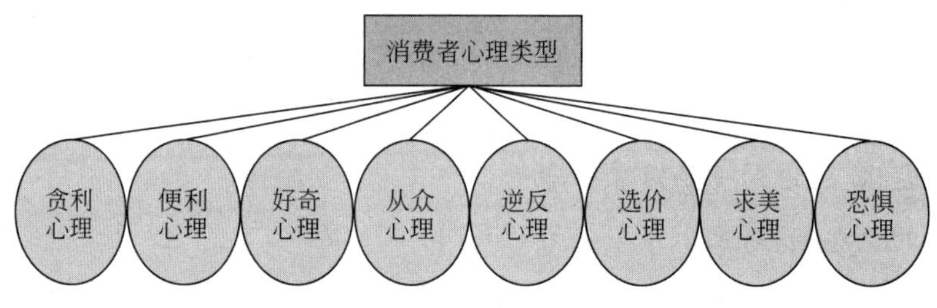

图 1-7 消费者心理类型

1. 贪利心理

“贪利”是人性的弱点，每个人都有，只是程度不同而已。举几个很常见的例子，超市产品打折能吸引更多消费者，扫码送饮料让很多人围着“扫”，让利会让老消费者更动心，赠品丰富会增加新消费者的数量……这就是人爱贪利的消费心理。写文案时，要有效利用人贪利的心理，特别是在写促销活动的文案时，让消费者看到“打折让利”的字样，满足了他们的这种心理，消费者自然会光顾宣传的产品。

2. 便利心理

目前，各大超市、商城等都在极力为消费者提供便利。例如，以消费者为中心的某大厦更是推出了“家人式服务”。比如，在某大厦商场里设置了低位收银台，试衣间内摆放了防滑垫和一高一低两双拖鞋，洗手间里有婴儿打理台，还有盲人专用的客梯等便利服务。几年来，大厦主动改进的服务细节达 150 项。大厦正是由于为消费者提供多项便利，才使得很多消费者都愿意去那里买东西。从这一点可以看出，消费者都有一种崇尚便利的心理，所以，在写文案时，要突出“便利”的字眼，才能吸引到消费者。

3. 好奇心理

人人都有好奇心理，假如在马路上看到一群人围着一个东西看，很多人肯定也会忍不住过去看看；假如在商场上看到一则非常有趣的宣传文案，很多人也会驻足停留，好奇心会促使他们去尝试文案中所推广的产品或服务。

好奇是人之本性，人们对自己不了解的事物总是想去了解一下。所以，“商不厌奇”说法便应运而生。如今，商家的促销活动也设计得越来越新奇古怪，目的无非是激发人们的好奇心理，从而增加客源数量。既然消费者都喜欢新奇，那么文案创作者在文案内容中也要突出“新奇”等类似的字眼，这样才能吸引到消费者。

4. 从众心理

消费者买东西有个奇怪的现象：如果某件东西有很多人买，这时就会有更多人过去凑热闹，但如果某件产品无人问津，那么就更没人去光顾，这就是从众心理。所以，在写文案的时候要抓住消费者的这种心理，把产品的“百万销售量”等字眼添加到文案的内容里。

5. 逆反心理

逆反心理也是几乎人人都有的行为反应，只是略有差异而已。所以，不考虑消费者的感受，强买强卖的生意是没有办法成功的。在销售中，对于消费者既要不失热情又不让消费者感觉到压力，既要留有一定的空间又不能让消费者感觉到受冷落。消费者就是这样奇怪：不理消费者，消费者很不高兴；太热情，消费者又会有压力。所以，在写文案的时候，对于消费者的逆反心理要把握非常好的尺度，既不冷也不热，既不远也不近，切忌用要挟的口吻"逼"消费者买宣传的产品。

6. 选价心理

选价心理是指消费者在选择产品时，对价格方面的特殊关注。而"便宜至上"的价格取向一直都是消费者的"心头好"，如果商家想要主推一批 599 元的连衣裙，最好的办法是什么？一位资深销售经理说：在这条连衣裙旁边放一条标价为 1799 元的相近款式连衣裙。两者价格一对比，消费者纷纷埋单，屡试不爽。从这个例子可以看出，如果产品本身不便宜，那就创造出便宜的感觉来，这正是一种"心理战术"。写文案也是一样，找准一个参照物，让参照物为宣传的产品说话，这样比用长篇大论的文字更加有效果。

7. 求美心理

常言道：爱美之心，人皆有之。所以说追求美也是人人都有的一种心理。在销售活动中，求美心理是指消费者在购买产品时追求美好事物的心理倾向。有求美心理的人往往喜爱追求产品的欣赏价值和艺术价值，以中青年妇女和文艺界人士居多，在经济较为发达的国家尤为普遍。这些消费者在挑选产品时往往会注重产品本身的造型、色彩、工艺等，会注重产品对环境的装饰、对人体的美化，以达到艺术欣赏和精神享受的目的。所以，在写文案时，要注意措辞，让消费者读后感觉很美好。

8. 恐惧心理

消费者购物时一般都有一个误区：店面装修得好，里面的产品价格肯定贵。这就导致一些装修非常豪华、看上去富丽堂皇的店铺，即使店铺的产品价格并不昂贵，它里面的生意也不怎么好。因为对大部分的工薪阶层来说，看到这么“高大上”的店铺，他们的第一感觉就是“像我这样的工薪阶层消费不起”，所以他们一般不敢去光顾，这就是恐惧心理。

消费者的恐惧心理来自信息的不对称，担心价格昂贵买不起，伤自尊没面子。这就导致更少的人光顾这家店铺，而且人越少，消费者的恐惧心理越强烈。所以，要想店铺吸引消费者光临，那就必须创造出轻松愉快的购物环境，让消费者在心情愉悦的情况下挑选产品，以轻松快乐的心情接受店铺的服务。所以，在创作文案时，千万不要过于追求“高大上”的文字，对于超市产品而言，一定要突出“一般人都能买”等类似的字眼，毕竟它们的目标消费者是经济状况一般的群体。

总之，消费者不是一个一按按钮就会发动的机器，忽略了消费者的内心世界，忽略了对消费者的预期反应作判断，很可能会使作品遭到否定。广告公司依赖于消费者而生存，争取消费者，维系消费者，甚至在适当的时候拒绝消费者，都是一门大的学问，而在这门学问的背后，都少不了对消费者心理的深刻了解。

1.6 希望买家看到后有什么反应

想要真正了解一个人并不是一件容易的事。有时候，你自以为什么都准备好了，但是结果却没有达到自己的预期。比如，有的人去应聘，当他详细介绍自己的经历后，HR(人力资源)却抱怨说：“你的社团、实习经历都不错，可是对我们公司具体有什么用?”有的人做销售员，当他详细地介绍了产品后，消费者却抱怨说：“你说的这些特点都不错，可是对我来说有什么用呢?”也许很多人都会遇到这种类似的尴尬场面，究其原因，主要是因为他们没有弄清楚对方的需求，说的这些东西不符合对方的喜好，当然，也就看不到他们所希望的反应。

电商文案的创作也是一样，有时候创作者对买家的了解只是片面的，或者创作者根本就没有花费心思了解文案的目标买家。显然在写文案时就容易会错意，创作者写的东西进不到买家的心里去。所以，文案创作者想写出好文案，动笔之前就必须考虑的 Why（为什么——文案写作目的），简单来说，文案创作者要清楚为什么要写这篇文案。

1.6.1 某口服液如何抓住女人的心

对广告文案的读者对象来说，他们在经济生活中的条件以及家庭生活中的地位都各不相同，所以文案对他们产生的影响也有所不同。可能对有些消费者来说，广告文案会促使他们采取购买行动；对另一些消费者来说，广告文案使他们了解了某一品牌的产品；还有一些消费者，广告文案帮助他们形成了品牌的形象。在写文案之前，文案创作者要清楚当消费者在阅读文案时，希望他们做什么、想什么、感觉到什么。

某保健品中的龙头品牌曾靠一系列广告文案塑造了其品牌形象，其文案正文如下。

不让秋雨淋湿好心情，心情好，脸色自然的。

不让秋日带给女人一点点的伤，没有黄褐斑，脸色是真的。

不让秋风吹干肌肤的水，肌肤充满水分，脸色更加好。

不让秋夜成为失眠的开始，晚上睡得好，脸色才会好。

此口服液系列广告文案，首先从干燥的秋天引申出对女人肌肤的伤害，呼吁女人要呵护自己的肌肤；接着以“秋日”“秋风”“秋夜”等浪漫字眼带出产品特性——祛除黄褐斑、补充水分、促进睡眠，让女性在享受浪漫的同时，肌肤也变得漂亮了。而且每一则广告在构图、布局、文案和风格等方面具有统一性，各部分又十分均衡、协调、配合、巧妙，富有延续性及系列性，成功地推销了产品。

1.6.2　给买家一个购买的理由

想写出好电商文案，文案创作者要转变写作思路——不是“向买家描述产品是什么样的”，而是“告诉买家这个产品对他有什么用!”只有给出买家一个购买的理由，文案才是有用的。下面就来说一下一般的文案写手和文案高手在写作思路上的区别。

例如，某公司要求文案创作者描述一款产品，大部分的文案写手首先想到的是：“这是一个××。”他们会把描述对象定位到产品属性；还有一部分文案写手会想到：“这是一款专门为××人群设计的产品!”他们把描述对象定位到人群。但是文案高手的想法却和上面两种人的想法相反，他们想到的是：“这是一款可以帮你做××的产品!”把描述对象定位到使用情景。

实际上，目前市场上的产品品类复杂、人群分散，要写出能打动消费者的产品宣传文案，就应该更多地把产品定位到使用情景——用户需要用产品完成什么任务。特别是目前发展比较迅速的互联网行业，很多人对互联网产品中的一些专业名词不熟悉，甚至可以说是一窍不通。比如文案创作者要为一款“无线路由器”写一则文案，如果其描述：这是一款智能无线路由器！估计很多人可能都不知道文案在说什么。但是如果文案创作者换一种说法，比如“你可以在上班时用手机控制家里路由器自动下片”，通过该产品的使用情境进行宣传，很多人可能就会心动。

所以，在写产品宣传文案时，最重要的并不是“产品是什么”，而是“产品的消费者可以用它来做什么”。通过这种写作思路，文案创作者才能让读者看到文案后作出自己所希望的反应。

1.7　案例：百事可乐：新一代的选择

可口可乐一直是百事可乐最大的竞争对手，而且还是一个非常强劲的竞争对手。在与可口可乐的竞争中，为了在碳酸饮料市场占据一席之位，百事可乐曾对市场消费人群作了一次详细的市场调查。

本次市场调查的主要方式是直接访问和网上调查两种。对调查结果进行分析和研究后，发现该饮品的消费群体主要有三种：学生、白领以及层次较高的自由职业者（如广告人、自由撰稿人等）。消费群体以“小于16岁”和“16～30岁”这两个年龄段最为集中。

针对这两个年龄阶段，百事可乐又对该阶段人群的购买因素进行了调查，通过“你为什么喜欢喝百事可乐”一项就可窥见其购买因素。在列出的诸多因素中，其中“品牌知名度高”“觉得气流喷出也体现着一种年轻的时尚感”“包装时尚”依次位居三甲。对于鱼龙混杂的碳酸饮料市场，特别是对于有着强大对手的百事可乐来说，品牌更是其竞争的关键因素。

在调查中还发现，百事可乐的饮用场合中按人群数量的高低排名，其排列次序依次为看球赛时、思考时、聚会时、游玩时、口渴时、无聊时、身心疲惫时。可见，饮用该饮品的场合多与年轻、激情、时尚有关，这也体现了其消费群体主要是年轻人。百事可乐又对其购买场地进行了调查分析，在列出的诸多购买场地中，其中一个选项“想喝就买，不在乎在什么地方买”远胜于其他选项而高居榜首。这也符合该饮品消费群体的随性、洒脱的个性。

而且大约90%的受调查者都是自己购买百事可乐。这也与该饮品消费群体的独立性格相符合，证实了年轻人“喜欢的，就自己去争取”这一理念。

对百事饮料的消费年龄群、购买原因、购买场合、购买场地以及购买人进行调查分析后，百事公司把消费者定位在渴望激情、追求时尚、个性张扬、勇于挑战自我的年轻一族。

对目标消费者的年龄特征、喜好等进行分析以后，调查团队接下来就进入了拟定百事可乐的代言人阶段的调查，在“如果让您来为百事可乐挑选代言人，您最偏向于谁?”的一项调查中，他们发现，很多受调查者更偏向于游戏中的“虚拟人物”。这与深受年轻一族喜爱的电子游戏和Flash不无关系。

结合以上分析，百事可乐终于找到了推广定位的突破口，他们从年轻人身上发现市场，把自己定位为新生代的可乐，邀请新生代喜欢的超级歌星作为自己的品牌代言人，终于赢得青年人的青睐。如今，百事可乐在当今的中国饮料市场上具有了一定的地位，有着稳定的消费人群和消费需求，“新一代的选择”这句广告语明确地传达了品牌的定位，创造了一个市场，这句广告语居功至伟。

百事可乐成功打造了属于自己的品牌，其碳酸饮料已经家喻户晓，但是随着越来越多的人对自身健康方面的关注，很多人对喝什么吃什么都有了一定的要求，因为碳酸饮料喝多了会对身体有一定的影响，所以如果只推广碳酸类的饮料，势必会影响品牌的发展，于是百事可乐开始向果汁之类的饮料进军。

其中，百事可乐推出了一款清柠口味的饮料，它们把主要的消费群体定位为16～25 岁的年轻女性，因为这类消费人群喜欢接受新鲜事物、追求时尚、新潮前卫。所以她们会在炎热的夏天，选上一罐口味清爽同时又激情的清柠百事陪自己一起清爽一下。百事可乐经过大量的广告宣传，这款清柠口味获得了很多年轻女性的青睐。

无独有偶，哈药集团制药六厂的主导产品在钙片市场占据着一席之地。该系列产品的非凡销量与其广告文案是分不开的，该文案抓住了“盖中盖”产品的主要消费人群，即把目标消费者定位在老年人和小孩这两大消费人群，对此，他们做出的文案如下。

针对老年人的高钙片，该厂推出的文案内容如下。

1. 这人啊一上年纪就缺钙，过去一天三遍地吃，麻烦！现在好了，有了新盖中盖高钙片，一片顶过去五片，方便！您看我，一口气上五楼，不费劲。新盖中盖高钙片，水果味，一天一片，效果不错，还实惠！

2. 这人要上了岁数容易缺钙，除了锻炼，补钙也是关键，新盖中盖牌高钙片，它含钙高，吸收好，适合缺钙的中老年人补钙，一天一片，还能预防骨质疏松。

3. 自打吃了盖中盖，腰不酸了腿不疼了，走路也有劲了，一口气上五楼，不费劲儿。

针对儿童钙片，该厂推出的文案内容如下。

儿童补钙，需求分阶段，新盖中盖儿童钙片，一片等于三百毫克钙，更适合3岁以上需要补钙的孩子。

随着电视、广播等传播媒介的不断宣传，"新盖中盖"的这些广告文案已经家喻户晓了，大多数老年人都选择老年人专用的新盖中盖高钙片，很多家长也都为孩子选择新盖中盖儿童钙片。

从以上两个广告文案可以看到，他们的成功宣传都有一个共同的原因，即选定目标消费人群，并根据其年龄特征、爱好等方面写文案内容。可见，准确选择买家对象是电商文案能否获得成功的关键。

第2章

你的文案能给买家带来什么好处

文案不是为了卖弄文笔，而是推销产品，让消费者认识产品、了解产品特性，让产品特性能满足消费者的需求、能引起消费者的情感共鸣等。消费者觉得文案好，最主要的原因是文案中有东西能满足他，既然满足了他的心理需求，那么他自然也就会买文案中所宣传的产品。可见，产品才是电商文案创作的出发点，让买家满意，才是电商文案创作的核心。

2.1 让买家清楚产品的卖点

文案的写作目的不是展现作者的文笔有多么高超，尽管电商文案确实是一门艺术，但它最重要的还是让产品畅销，而让产品畅销就要让买家了解产品，清楚产品的卖点，毕竟消费者不是在买广告，而是在买产品。

产品的卖点往往会有很多点，而文案创作者在文案中不能长篇大论地把它们一一列举出来，因为列举太多到最后消费者可能一个都记不住，所以，文案创作者要做的就是把产品的主要卖点写出来，这些卖点必须是用户愿意为之掏钱的。一般来说，卖点分为两类：一级卖点和二级卖点。一级卖点只能有一个，这样用户才记得住，如果文案中说三四个就等于没说。二级卖点是辅助描述一级卖点的，一般两三个就足够了，这样消费者看到后，才能把产品的特有卖点清楚地记在心里。

在我国，小米的文案让很多人都很佩服，连一向爱唱反调的 360 创始人周鸿祎都不得不竖起大拇指，那么，小米的文案为什么会如此不同凡响，他们又是如何做到的？下面通过一个例子说明一下小米是如何制作文案的。

2015 年 3 月 27 日，小米又推出了新一代的小米活塞耳机，这是活塞耳机的第三代。当小米刚推出耳机时，为了做出一份满意的广告文案，可是大费周章。

耳机具有特殊性，它是一个很专业的东西，而且音质、音频本身就没法用图文精确描述，所以做耳机的营销很难。为此，负责本款产品文案策划的人翻遍了市场上几乎所有耳机的广告文案，发现它们的描述都是“高频突出，中频实，低频沉”之类，让消费者看得玄乎其玄。

小米第一次做耳机时，他们遇到两个难点，一是跳不出原来的路数，二是恐怕没别人讲得专业。经过一段时间的磨合，他们从音腔形态和发声单元外表上找到了出路，由于该耳机的外形像活塞，所以他们就以此命名为“小米活塞耳机”，而且活塞本身就与发动机有关，以此命名能让人感觉到一种动力感。

耳机命名之后，就要开始找出它的卖点了。如何找到小米活塞耳机的一级卖点呢？当时他们想到了从“工艺”环节突破来讲耳机的“音质”，因为小米耳机的产品团队有顶级的供应链和制造工艺经验。这种描述方式给消费者传递的是耳机的品质感，包含了工艺、用料和包装三方面。

在工艺方面，他们想出的卖点是“音腔是一块铝锭整体一刀成型”；在用料方面，他们想出的卖点是“军用凯夫拉的线材”；在包装方面，他们想出的卖点是“礼品级包装”，概括了绕线器以及特别精致的包装盒等。

据悉这款被称为99元听歌神器的小米活塞耳机自推出以来总销量已经突破1 000万条，实在是令人感到惊讶！

然而找出一个或几个具有说服力的卖点并不是一件容易的事，当时针对小米活塞耳机的卖点，他们筛选出了12个，一路否决，后来变成7个，再进行最终PK，最后剩下了3个。

为产品找有说服力的卖点其实是一个删繁就简的过程。当时，小米筛选卖点的方法很简单，就是想想当文案创作者自己向朋友推荐这款耳机，他会怎么说。当然，在朋友面前大家肯定不会乱飚大量的广告修饰词，而是用直接简明的话说出最重要的3个卖点。

一是使用一体成型的铝合金音腔，所以音质好。

二是使用军用标准的凯夫拉线，所以用料好。

三是礼品包装高大上，还只卖99元，买个包装都值了。

消费者看到这3个简单明了的核心卖点后，几乎能把它们背下来。这就是小米在产品的文案策划和画面表达上的一贯风格，其创作要求只有两个：一是要直接，讲大白话，让用户一听就明白；二是要切中要害，可感知，能打动用户。

文案创作者除了要学习小米删繁就简寻找产品卖点的过程以外，还要学习他们对产品特性描述的准确表达。不管是产品介绍，还是活动规则，不管用多少笔墨，文案中都要准确地告诉消费者，文案内容能帮助他们做什么。例如，一个产品介绍的文案，文案中要说清楚产品功能、特色特点，一个活动运营的文案，要说清楚活动规则。

2.2 帮助买家了解产品的品牌形象

广告文案的魅力是无穷的，一句好的广告语能为企业的形象定位。IBM 的广告词“无论是一小步，还是一大步，总能带动世界的脚步”，巧妙地把 IBM 公司日日进步、带领世界电脑行业前进的形象，用谦虚的姿态表现出来，不知不觉中让读者接受了。长虹彩电的“太阳最红，长虹更新”“长虹红太阳一族”等广告口号让人感觉到它是国产彩电的先锋，代表着民族产业。康佳彩电则以一句“超大屏幕，牛”给人些许自豪的感觉。可见，好的广告语能帮助买家了解产品的品牌形象。

2.2.1 靠文案打造企业的无形资产

品牌形象是企业无形的资产，它的价值是无法用金钱来衡量的。一旦某企业的品牌形象深入人心，就很难消除，例如，沃尔玛代表平价，宝马代表性能，沃尔沃代表安全……在市场上，每一个品牌都有它自身所代表的核心价值，如果厂家偏离了品牌的核心价值，通常会自食苦果。这一点，普渡鸡肉食品公司做了准确的诠释，普渡鸡肉食品公司原本是一家以销售新鲜白嫩鸡肉而著名的公司，然而突然有一天，人们看到弗兰克·普渡先生在电视上兜销火鸡肉，而且还是冷冻的，没有谁习惯这个转变。自然，他的冷冻火鸡肉没有打出品牌来。

市场上产品琳琅满目，让消费者看花了眼，以至于他们也不知道哪些产品好，哪些产品不好，所以，一般情况下，大多数消费者都认准“牌子”，“牌子”也就是这里说的产品品牌。

品牌的神奇之处还在于，当同类产品充斥市场时，最有名的和最受大众欢迎的品牌才是真正的赢家。关于这一点，英格兰啤酒联盟集团前主任麦克·迪斯蒂尼深有感触，他说：“很多有竞争力的啤酒品牌从本质上来讲，口味、颜色和酒性作用都很相近。在喝了 2～3 品脱之后连专家也辨不清它们各自的差异了。所以严格来说，消费者喝的是广告，而广告就是品牌。”

广告的存在，就是为产品、为企业树立一种形象。广告即是形象。广告能创造同类型相同产品优越于其他品牌产品的形象。当一个产品全力以赴缩短其本身与广告营造出的形象之间的差距时，形象通常就等于产品本身。消费者对其的认知与实际之间的差距越小，此产品的独特之处越明显。所以，一个经过精心规划、形象充满魅力的产品，能够让接受过其广告的消费者感受到该产品的与众不同。

电商文案创作者的任务就是向消费者传递品牌的核心价值，让消费者在心中建立产品的品牌形象，这能帮助消费者在购买产品时快速识别产品，不至于不知所措。另外，文案创作者在写文案的时候，还要注意一点，如果品牌的核心价值对于产品自身的推销十分有利，只需在文案中继续保持对品牌核心价值的推广，而不需要另辟蹊径，因为品牌自身所代表的核心价值就是品牌的资产，如果不能增加这个资产，至少也不能让其减少。所以，对已经建立好的品牌，其文案内容要围绕其核心价值来写，这样才能帮助厂家逐步将产品品牌建立起来。如果文案创作者忽略了品牌的核心价值，就意味着扼杀了品牌原有的竞争力，背离了原有广告所具有的宣传优势。在这种情况下，无论广告本身做得多么精美，都起不到任何促销作用，相反可能会对原有的优势形象造成不利的影响，冲淡原品牌的旗手形象。

2.2.2　大卫·奥格威的“品牌形象论”

品牌自有其核心价值，除了新品牌之外，文案创作者必须将品牌的核心价值继续向买家传递出去，而不是改变品牌的方向，否则极有可能让好不容易建立起的品牌形象毁于一旦，这不是文案创作者的初衷。

而对于那些想要建立新的产品品牌的企业来说，文案创作者在创作文案时，首先要明确文案的创作目标，即塑造品牌形象，为产品打造并维持一个知名度高、美誉度高的品牌形象。对此，广告界的名人大卫·奥格威曾提出“品牌形象论”，通过此理论，总结这类文案的创作技巧如图 2-1 所示。

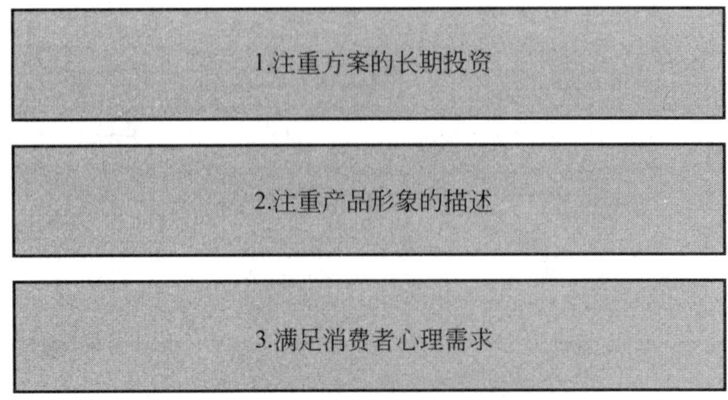

图 2-1 用文案塑造品牌形象的方法

1. 注重文案的长期投资

任何一个广告都是对品牌形象的长期投资，从长远来看，电商文案必须维护一个好的品牌形象，而不惜牺牲一些追求短期效益的诉求重点。

2. 注重产品形象的描述

产品差异性减少，同质性增加，消费者选择产品时理性减少，因此，文案创作者在写电商文案时描绘产品形象比强调产品功能重要得多。

3. 满足消费者心理需求

消费者购物时追求“实质利益＋心理利益”。对某些消费者而言，电商文案尤其要注意使用品牌形象来满足这些消费者的心理需求。

文案创作者为一个品牌写广告的过程就是处理一件极其脆弱易碎但又极富价值的艺术品的过程。此过程虽然不容易，但含义深刻奇特。也许这个电商文案不会把这个品牌向前推进一步，也不会再为厂商多赚千百万美元，甚至可能它要做的，只是登一次的半页广告。但文案创作者也要费尽心思地讨好消费者。

每次电商文案的刊登，都是一次让品牌更加深入人心的机会，哪怕只是深入一点点也算达到了目的。就像传递奥运火炬，每个传递者都只是其中一环，他们的任务不是直接把奥运火炬从雅典送到目的地，而是在火炬传递的路途中，把它向前推进几公里。

总而言之，一个品牌形象的建立不是一个电商文案就可以建立起来的，但它却在品牌形象建立的过程中起着不容忽视的作用。因为品牌文案要在所有消费者传播信息的载体与接触点上都能演绎出、凸显出品牌识别性和品牌的独特性，并长期坚持，这样品牌文案才能尽到它应尽的职责，为品牌的知名度扩大作出贡献。

2.3 满足买家的内心需求

有些人求婚说："我们一定会幸福生活，白头到老!"而有的人求婚却说："我想在我们老的时候，仍然能牵手在夕阳的余晖下漫步海滩。"有些人演讲时说："我希望追求平等，减少种族歧视!"而马丁·路德·金则说："我梦想有一天，在佐治亚的红山上，昔日奴隶的儿子将能够和昔日奴隶主的儿子坐在一起，共叙兄弟情谊。"有的人宣传 MP3"纤细灵动，有容乃大"，而乔布斯却用"把 1 000 首歌装到口袋里!"来宣传 MP3。对于上面三种情景的三种说法，你喜欢哪种表达呢?

毫无疑问，几乎所有人都会选择后者，估计只有极少数不懂得欣赏文字的人会选择前者。对上面三种写文案的人进行分析来发现，前者爱玩虚的，而后者懂得抓住消费者真正的需求，让人能联想到具体的情景，自然更具吸引力。

2.3.1 丢掉那些"卓尔不凡"的文字

前面的例子中，所有文案创作者都知道后者的文案写作方法更容易吸引消费者，但是市面上依旧有太多文案写得抽象、模糊、复杂、假大空，让人不知所云。

比如，××汽车卓尔不凡。看到这则广告，能联想到什么？反正笔者是什么也联想不到，更不会有所触动。像这样的电商文案，用好听的话说，这是最次等的文案，用不好听的话说，这是一则垃圾文案。“卓尔不凡”四个字是诸多广告中最常见的词，但对优秀的文案创作者来说，这可是一个经常被批判的词汇，因为这个词对消费者来说，只是一句空话，根本没有满足他们的心理需求。所以，文案创作者要想做出一个优秀的文案，一定要远离这样的词汇。

文案内容想要满足消费者的需求，文案创作者还是应该把主要精力放在产品属性上，把产品的特点、卖点等详细地进行整理，接着再了解产品的消费群体（记得是产品消费者，而不是文案创作者的客户）的特征，比如性别、年龄、收入、文化层次、生活习惯等，分析他们的喜好和关注点，从而分析出他们对产品有哪些需求。最后，针对消费者的需求策划出好的文案内容。

2.3.2 海尔银色变频冰箱“住”进消费者心里

海尔银色变频冰箱系列广告由电视广告、平面广告、报纸广告等组成，曾获全国报纸优秀广告奖以及“广州日报杯”家用电器类金奖。该系列广告刊播以后，银色变频冰箱的销售量有了很大的提升。以广州为例，广告推出一个星期内，广州14家大中型商场，共销售海尔银色变频冰箱200多台，其他型号海尔冰箱800多台。次年，春年刚过，广州市场的海尔银色变频冰箱2 000余台全部销售一空。

海尔银色变频冰箱系列广告为什么能取得如此显著的成果呢？其关键环节就是文案创作者在写文案之前重视调查消费者的需求，以此确定广告诉求。该文案的策划小组首先选取了120位即将购买冰箱的消费者，然后对他们通过家庭讨论、购买过程和购买决定三次调查后发现，每一个消费购买行为都经历了由消费心理向购买心理的转变过程，并且他们都有以下特点。

一是未来消费者购买冰箱的需求趋势为乔迁、婚嫁和产品更新换代。

二是多数购买者已将冰箱作为整体家庭环境的一部分进行考虑。

三是购买的焦点已偏向产品外观，即冰箱的直观属性。

对市场和消费者进行分析以后，负责变频冰箱文案的策划小组有了详尽的市场分析、明确的目标消费群、清晰的诉求定位，最后决定以产品直观属性为主、信任属性为辅进行整合推广，创造一个有记忆度、能和产品完美契合的载体，从而使变频冰箱在众多产品中脱颖而出。

有了明确的目标之后，该策划小组便开始创作了。虽然有了明确的目标，但是要创作出一个令人满意的内容还有一段路要走，策划小组的成员为此日夜奋战相继提出了几十个创意，但是都没有十分满意的，最后他们在不经意间提出了银色、月亮的创意，从而确定了此次系列广告诉求点：高格调的品位。产品高档品性与目标消费群的高雅生活品位共同决定了海尔冰箱高格调的品位。强化产品的直观属性(银色外观)，以此涵盖产品信任属性(数字变频技术)。其最后推出的报纸系列的广告文案内容如下：

第一则广告文案："百变的月亮，银色变频。"

第二则广告文案："默默的月亮，银色变频。"

第三则广告文案："冷冷的月亮，银色变频。"

第四则广告文案："静静的月亮，银色变频。"

海尔银色变频冰箱通过对市场和消费者的分析，发现冰箱的直观属性是大部分消费者的需求要点，所以，他们针对其需求，制订出一系列的广告推广文案，最后取得了非常好的销售成绩。可见，对消费者的需求进行详细分析是创作出优秀文案的关键因素。那么，采用什么样的方法才能对消费者的需求有比较准确的了解呢？了解顾客需求的四种常用方法如图 2-2 所示。

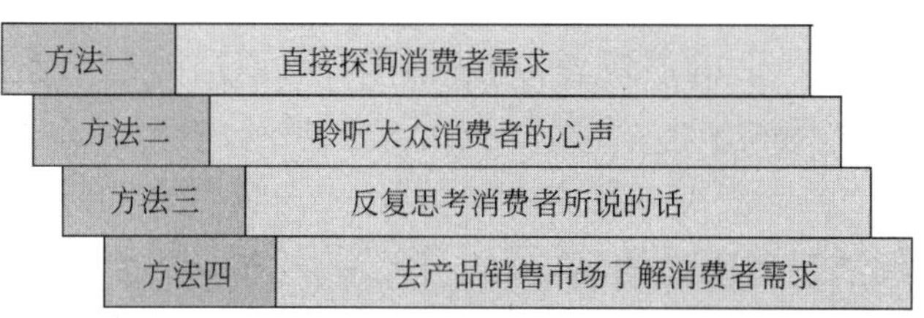

图 2-2　了解顾客需求的四种常用方法

1. 直接探询消费者需求

探询消费者需求时要运用 5W1H 方法，即 Who（谁）、When（何时）、What（什么）、Why（为什么）、Where（哪里）和 How（怎么样），采用开放式询问，并用封闭式问答得到具体结论。其中，开放式询问适用于希望获得大信息量时，了解的信息越多，越有利于文案创作者把握消费者的需求。封闭式询问提出的答案有唯一性，范围较小，有限制的问题，对回答的内容有一定限制，只需作出肯定或否定的回答即可，它适用于获得结论性的问题。

通过直接询问的方法来了解消费者的需求时，必须强调的是，结合产品卖点询问，而且这个卖点最好是产品独有的，各个品牌都有的功能或者不如人家的功能，文案创作者最好就别询问。比如，要宣传一款像素非常好的手机，文案创作者可以询问消费者喜欢在什么情景下拍照，这样在写文案的时候，就可以从人们喜欢照相的场景中找突破口，这样就能写出吸引消费者的文案。

2. 聆听大众消费者的心声

有人说，一个优秀的销售员要像听父母、领导、老师讲话一样听顾客讲话。同样文案创作者在对消费者的需求进行调查的时候，也要认真聆听消费者的心声，向对方传递一种信息：我很想听你说话，我尊重和关注你。这样消费者才乐意把自己内心的真实想法向你诉说。

而且在听消费者讲话时，不要打断他们，要让他们把心里的话全部说出来，这样文案创作者才能了解消费者的真实意图，才能写出更有说服力的文案内容。当然对于一些喜欢听奉承话的消费者，文案创作者可以适时给予他们适当的恭维，这样，他们会说出更多的内容。

3. 反复思考消费者所说的话

文案创作者除了要认真聆听消费者的内心想法以外，还要对他们说的话进行认真思考，以此来了解他们共同的需求以及他们最想要的是什么。比如，有些消费者可能对产品知识的了解有一定的局限性，他们无法准确地讲出自己的需求，在这种情况下，文案创作者应根据所观察到的线索和消费者的言语来确定他们的需求；有些时候消费者所表述的要求也不一定是其真正的需求，这时还要根据观察和聆听以及思考，逐步了解消费者的真正意图。下面举一个在销售中经常会遇到的类似情况。

有一个顾客高高兴兴地来某家手机专卖店买手机，他看到一个导购人员，直接就问："你们这儿有没有声音大点儿的手机?"当时该手机专卖店根本没有这样的手机，但是聪明的导购并没有直接回答这位顾客有还是没有，而是耐心询问这位顾客是给谁买的，为什么要买这样的手机。原来这位顾客平时接的电话比较多，耳朵难免有些不舒服，所以他想买一个声音大的，可以不要挨着耳朵就能听到对方的声音。当时导购告诉这位顾客他的耳朵不舒服是因为手机辐射比较大造成的，于是给他推荐了一款防辐射的手机，适合电话多的人使用，结果很快成交。

上面这位顾客所提出"需要声音大的手机"并不是其真正的需求，在导购人员的正确引导下，找出了顾客的真正需求，最后促成了交易。可见，在文案创作者寻找消费者需求的时候，要认真聆听和思考，才能真正了解消费者的真正需求。

4. 去产品销售市场了解消费者的需求

想写出消费者认可的好文案，文案创作者最好去销售市场看一看，这也是了解消费者真实需求的途径之一，比如，在动笔之前到销售该产品或者类似该产品的商场或者销售市场去考察一下，通过真实的销售场景，找出消费者的真实需求。

总之，在写文案前，文案创作者一定要先弄清楚，消费者最想要的是什么，了解了这点之后再下笔，才容易写出吸引消费者的文案。

2.4 引起买家的情感共鸣

如今，癌症对医学界来说依旧是一个不可攻克的难关，人们可谓是“闻癌色变”。前些年，有人为了呼吁人们戒烟，写了一句文案“Cancer Cures Smoking”(癌症治愈烟瘾)，这则文案获得了2003年的坎城平面大奖。对这则文案的评价，用广告界的传奇人物赖致宇的话说：“不需要拍摄，不需要道具，也不需要演员。只是一排英文字，一个简单想法上的小转折。看似安静的一句话，对那些老烟枪却是重重的一巴掌！”这就是文案的力量。

2.4.1 多芬：比女人更了解女人

人都是感情动物，尤其是女人，她们会更容易被打动。在中国传统观念的驱使下，女人都是柔弱的，她们是需要被保护的。所以，很多女人从小就把自己定格在这个方框内，这就导致女人对情感诉求会更敏感一些。她们做事情，更多的是靠感性而不是理性。

在女性产品中，多芬可以说是全世界最会洞察女人的品牌。尽管所有的女性品牌都告诉女人：你比你想象中的美。但如何令女人相信她们比想象中的要美呢？毕竟这句话不应该仅仅是一句口号。

为此，多芬找来了美国罪犯肖像艺术家吉尔·萨莫拉(Gil Zamora)，通过一项社会学实验给出了“你比你想象中的美”的解题过程。

这项实验是在一个完全隔离状态下进行的，参与实验的两组人完全看不见彼此。首先，他们找来了7位女性描述自己外形，吉尔·萨莫拉根据描述画出一组画像A。随后，他们又找来7个陌生人，也来描述这7位女性，吉尔·萨莫拉根据这7个陌生人的描述画出了一组画像B。

在这次实验中，他们发现前面7位女性对自己长相的描述往往很悲观，比如，

"我的脸颊很肥""觉得自己鼻梁很塌。"而后面 7 位陌生人对前面 7 位女性的长相描述乐观得多，比如"她有一双迷人的眼睛""她的脸型很标致。"

可见，女人总在低估自己的长相。这是为什么呢？究其根源，其根本原因在于我们这个世界一直在售卖美丽。例如，电视剧中的女主角总是有大大的眼睛、漂亮的脸蛋、苗条的身材；整形医院打出双眼皮手术广告，相比之下自己的单眼皮似乎无精打采，服装模特的身材都超棒，甚至瘦出腹肌，自己的小腹便显得面目可憎；代言化妆品的明星皮肤白皙，光彩照人……正是由于我们周围的广告，让我们总觉得别人都是美的。这个世界不管女人怎么想，他们就是要刺激你。就算你已经很美了，总是有比你更年轻、更漂亮的模特出现。可见，现在的女人，背负了太大的压力。这时，多芬为女人送上了一碗热汤。当多芬把吉尔·萨莫拉画出的画像交给这 7 位女性时，便顺理成章地打出"你比你想象中更美"这句广告语。

多芬通过这样一个过程，让女人真正感觉到自己其实也是很美的。这样的文案发布之后，感动了很多女性，它帮助当今女性寻找到真正属于自己的美丽，让女人相信美丽的定义不应当局限于狭隘的标准，每个女性都是一个充满个性的特殊存在，真实的美丽存在于不同的外形、身材、年龄和肤色之中……不仅如此，多芬从产品到每一项行动，都不断致力于激发女性深层次美的潜能，享受呵护，宠爱自己，让美更美丽！所以，多芬从 1957 年开始，一直备受广大女性消费者的喜爱。

电商文案带一些感情色彩，就很容易打动买家。所以，在创作文案的时候，努力寻找能引起买家情感共鸣的地方，这样的文案才具有很强的煽动力。当然这种煽动力的营造可以通过极富冲击力的语言、画面，或者与众不同的惊世骇俗的图像、思想等达成，如果文案没有煽动力，则不能吸引消费者的注意，即使产品再好也达不到推销目的。

文案应该具有煽动力，但是必须把握好关键点。对电商文案来说，文案的煽动力必须来自产品，如果一味哗众取宠，或者不合实际地夸大产品的性质特征，无异于传达不真实信息，或者，将消费者的注意力分散到广告中去，而不是产品本身的特性，也达不到推销目的。

2.4.2 真正的广告应基于真正的产品

美国广告"创意革命"的三大旗手之一威廉·伯恩巴克曾说："放纵想象、梦想不相干的细节，沉醉于惊险逗人的图画不算是创意，会创意的人都能驾驭想象力。他在运用想象力时，会让每一个想法、每一步说明、每一个字和每一条线都充分显示出产品的优势：鲜活、生动、可信、有吸引力……"

由此可见，内容的煽动力也可以借由想象力和图案的发挥，这些都是为了说明产品的优势，形象生动且对消费者具有吸引力，但是，文案创作者不能因想象力的自由驰骋，而变得毫无边际，或者为了哗众取宠而一味标新立异，文案创作者必须让想象力为文案的创意服务，一切的吸引力都来自产品，一切的想象力都基于产品本身的特质。这样才能经得住时间的考验，让消费者一如既往地支持该文案。

奥尔巴尼人寿保险是一家新建立的保险公司，因为市场上的保险公司已经足够多了，要想在众多的竞争者中脱颖而出，只有把别具一格变成公司的优点。于是，该公司请来了广告创意人托尼·布里纳尔负责公司的文案策划工作。承接了这家公司的文案后，托尼·布里纳希望让消费者看到这个新公司充沛的活力与新鲜的想法。

托尼·布里纳尔并没有对潜在的顾客漫天画饼，描述只要投资该保险公司就可以在遥远的未来财富滚滚而来，而是与白领们一起讨论如果他们目前的生活出了差错，比如，突然被解雇，或者大病一场，或者人生走下坡，只得蹲在家里碍老婆事时，该怎么办。这些事情谁都无法预料。如果在这种情况下，他们会有哪些方面的忧虑。

通过探讨这些可能发生的状况，托尼·布里纳尔适时提出解决这些问题的文案，在文案中托尼·布里纳尔提出了一个名为"奥尔巴尼人寿保险，一家了解年轻人忧虑的公司"的标题，其内容如下。

"关心你所关心的"，之所以抛出这个令人沮丧的话题，是出于两个原因：第一，考虑一下如果你突然离开这个世界，有哪些人是你放心不下的，如果你不给他们留下点什么，也许他们就难以在世上生存；第二，想想你的后半生该怎样活下去，这无比重要。

即使你现在除了正式工作之外，还有一些可以赚钱的副业，也要考虑到这个副业是否有足够吸引力并富有挑战性，可以不让你觉得枯燥乏味而突然收手。如果只是坐在那里混日子，就不仅是你的能力问题了。

盘算一下自己还有多少钱可以创办一家公司，或者做一些额外的投资？如果不想在 20 年后因为高通货膨胀或者高税收而变得一文不名，不用担心，我们能帮你。

如果你能从现在开始每个月都为人生下一个 10 年做些准备，我们可以为你投资。

接着，文案列出了奥尔巴尼保险公司的可靠性和独特之处，包括不亚于专业投资管理公司沃博阁的投资顾问，以及国内财政部门的支持，可以为消费者免除个人所得税。如果感兴趣，可以填好附单，奥尔巴尼将会为消费者提供具体操作手册。

在上述文案中，托尼·布里纳尔从消费者的真实生活出发，关心消费者的切身利益。他最为明智的举动是为可见未来预备储蓄计划，这种做法让奥尔巴尼人寿可以讨论人们的实际生活，而不是做梦想的权威。

从梦想出发的文案，旨在向消费者描绘一个美好的将来，很容易让消费者产生高不可攀的距离感。如此把自己置于高高在上的神坛，从何吸引消费者？但托尼·布里纳尔在文案中所提出的观点，是从消费者的实际情况出发，让消费者感同身受，容易引起他们的情感共鸣。如果不是这样，想一想如此年轻的保险公司会在一开始就赢得众人的信赖吗。

2.5 案例：唯品会：一家专门做特卖的网站

可能很多人最开始接触网购，就是淘宝，后来随着电子商务的迅猛传播，陆陆续续又有了京东、聚美优品、天猫、聚划算等。而且在网上购物的人也越来越多，但是由于淘宝、天猫上面的商家有很多，难免有一些鱼龙混杂之徒，这就导致很多人对网购缺少信任，他们感觉在淘宝天猫上买一些小玩意儿还行，先不管东西怎么样，但这里的性价比高啊，不满意还可以随时退货。对品牌的东西他们会格外小心，有些人基本上不在这里买价钱贵的品牌产品，毕竟他们觉得不安全，害怕被骗。这时，唯品会就来了。

唯品会创立之初，就打出“唯品会，一家专门做特卖的网站，每天 100 个品牌授权特卖、确保正品、确保特价、限量抢购”的广告。它推崇精致优雅的生活理念，倡导时尚唯美的生活格调，主张有品位的生活态度，致力于提升中国乃至全球消费者的时尚品位。唯品会与其他网购品牌的区别在于，它定位于“一家专门做特卖的网站”，每天上新品，以低至 1 折的深度折扣及充满乐趣的限时抢购模式，为消费者提供一站式优质购物体验。

“唯品会，一家专门做特卖的网站”，这句广告语真是很得人心啊。很多人看到“特卖”两字都会有点进去看看的冲动，再加上“确保正品、确保特价”以及“限时抢购”的字眼，他们就更加忍不住点进去瞧一瞧。进去以后，看到很多常见和不常见的品牌，它们的折扣力度都很大，有了这样的机会，他们当然就会忍不住买一些。买过来之后，发现产品的质量还不错，没有出现假冒伪劣产品的现象，而且在唯品会买东西很少有人退货，这样逐渐对该网站产生了兴趣。

慢慢地，唯品会网站的口碑好了，人们就纷纷前来购买，买的人多了，这个网站自然也就火了。这就是由一则广告引起了一场良性循环。这就是电商文案的最高境界——让人看了就去买。那么如何才能写出像唯品会这样好的宣传文案呢？最为关键的一点就是“好用”，方案的好用性体现在策划人在做规划时的可落地、可执行。在“好用”上，其实就是强调一个方案的可执行性，这里面也需要体现方案的创意能力，方案既需要落地，还需要有亮点的创意，这样文案才可以亮闪闪地脱颖而出。

假如文案创作者要为一款“夜拍能力强”的手机写宣传文案，如果直接写“这是一款夜拍能力超强的手机：大光圈、优质感光元件，保证暗光拍摄效果”，可能很多人看到这样的文案对这款手机都没有一个直观的感觉，因为他们根本不知道什么是“大光圈”，也不知道什么是“感光元件”，像这样的文案就是失败的。

但如果文案中写的是“这是一款能够拍星星的手机：极致夜拍，借助独特设计的大光圈和感光元件，第一次，你可以用手机拍摄璀璨的星空”，消费者看到“可以拍星星”，就立马让他们回忆起以前“看到璀璨星空想拍但拍不成”的情境。如果文案让消费者看到后就能联想到具体的形象，文案就“落地”了，这也是文案创作者写电商文案的主要目的——帮助买家理解该产品。另外，“夜拍”两字也突出了产品的主要卖点，喜欢夜拍的消费者看到这款手机后，可能就有了要买的冲动。

然而目前市面上很多方案总犯一个毛病：太空太大，执行性较差。在文案设计上，第一个陷阱就是玩虚的，也就是上面所说的“太空太大”，没有把宣传落到具体的事物上，而是让人感觉这套文案用在宣传的产品上挺好，用在别人的产品上也挺好，看起来很潮很炫，想展现品牌高大上，简单说就是要“画面”，觉得用在哪儿都挺好，但就是不抓心。第二个陷阱就是经常把噱头当卖点，没有把产品那个最大的点、最本质的点讲清楚，这样的文案的执行性也会差。文案写的内容不落地，买家看到后也抓不到关键点，他们最好的反应估计就是“呵呵”，根本不会觉得该文案宣传的产品有什么值得自己购买的地方，当然也就勾不起他们购买的欲望。

文案创作者对产品进行描述时，还要扬长避短、实事求是。这就要求文案创作者必须了解产品所在的市场环境和地域特征，特别要了解这个环境中产品的竞争对手，清楚它的优势、劣势在哪里，并在文案中注意与竞争对手扬长避短，完成产品诉求。

在唯品会的宣传文案中，他们把“特卖”“正品”“低价”作为宣传要点，而对其不免邮费、没有产品评论、也没有客服等一字不提，这也避免了与其他网店出现冲突。而且唯品会也一直致力于“特卖、正品、低价”，所以该电商文案的宣传内容是真实的，而不是愚弄消费者。所以，对电商文案来说，其内容一定要真实可靠，要知道随着网络的普及，消费者可都是有一双火眼金睛的。

第3章

买家到底喜欢什么样的电商文案

好的广告如美女，俊秀而有灵气自会招人喜欢；优秀的文案如得体的靓衫，能彰显一个人的修养与魅力。其所蕴含的创意机智在很大程度上支配着消费者的购买决心。当广告中的文字、画面、音乐和消费者产生情投意合的交流时，文案创作者的广告创作便能将产品的魅力宣泄出来，产生惊人的销售力。可见，电商文案创作的目的就是让买家喜欢。那么买家到底喜欢什么样的文案呢？本章将为大家作详细介绍。

3.1 先让自己喜欢写，别人才可能喜欢读

你最近生活得怎么样？凑合！你最近工作怎么样？凑合！你最近的经济条件怎么样？凑合……有些人，你问他什么，他的回答只有两个字"凑合"，你如果每天都凑合，那你的一生只能是"凑合"的一生。写文案也是一样，如果有人问文案创作者，文案怎么样？他的回答依旧是"凑合"，那么他的文案肯定不会受欢迎，因为一个连自己都不喜欢的文案，别人怎么会喜欢。

3.1.1 走出来，点子就有了

如今，人们各方面的生活水平都有了质的飞跃，消费者可以说是越来越挑剔。对消费者来说，他们可不喜欢凑合，他们要的是最好，谁家的产品质量好，他们就买谁家的；谁家的服务好，他们下次还来谁家；谁写的文案受消费者欢迎，公司就找谁为他们写文案。所以，文案创作者在写文案的时候一定要严格要求自己，千万不能凑合，否则就是自己砸自己的饭碗。

写出一则好的文案需要文案创作者煞费苦心，但并不是要把自己关起来拼命地想点子。文案大师约翰·贝文斯曾为新西兰旅游局写一则文案，如果他只是坐在那里，看市场研究员拿过来的简报，告诉他哪儿有问题，然后再根据这些问题绞尽脑汁想点子，那他就不用跑到新西兰，在皇后小镇寂静的后街乱逛。但是，事实并不是这样，写文案也需要动起来，比如，去调查市场、翻看竞争对手的文案、了解消费者的需求等。

约翰·贝文斯在逛完新西兰的一些旅游景点之后，有了写作的兴趣，他才开始真的坐下来，然后花费很多时间进行文案内容的创作。对约翰·贝文斯来说，比起之前的草稿和之后的文采，更重要的也是最重要的，就是"如果你不喜欢写，没有人会喜欢读"。

关于文案写作方法，约翰·贝文斯认为有两大法则，一是文案的写作方向要有很高的价值，二是写作出来的文案要让消费者喜欢。他一直遵循着这两大法则写文案，而且这两大法则也让他更加懂得广告文案生存之道。

所有的写作，都是要言之有物的，而不能只是一些虚的。虽然有些“物”是根本无法用“什么东西”解释清楚的，比如情感、爱情一类的东西，但是，这些“东西”的存在，就像送给消费者的意外惊喜。消费者也喜欢读那些能够给他们带去意外惊喜的东西，因为这些东西都是有内容的而不是空洞的。

写的最终目的就是要读者读，而且是读者喜欢读。有时候对文案的定位不同，喜欢读的人群也不同。写作手法也不同。虽然文案创作者不能保证自己写的东西让所有人喜欢，但是，如果只是把资讯写出来，那肯定能保证这样的文案一定没人读。除非是那些至关重要的资讯。想一想，谁会有事没事拿出一本使用说明来读呢？如果不相信，大家可以问问自己，一个像使用说明那样的广告自己喜欢读吗？答案当然是肯定的，那么这些东西自然也不能引起消费者的丝毫兴趣。所以，文案创作者在动笔写文案的时候，先问问自己“这是我喜欢写的东西吗”。

尽管文案的写作技巧对文案创作者来说是不可缺少的一部分，但是，技巧不等于作品，技巧更不等于艺术，也不等于情感。如果一个电商文案的设计只剩下技巧，不管文案创作者的写作技巧多么精湛，也不能感动买家分毫。电商文案要有“魂”，有自己的感情在里面。从某一方面来说，文案创作的初衷并不是为了满足创作者的客户或者吸引消费者的需求，而是满足自己的追求，因为文案只有在满足自己的情况下，才会满足客户，并能吸引消费者阅读。

3.1.2　好的文案都有温度

好的文案是与文案创作者自己的情感有很大联系的，一则注入满腔热情的电商文案，比一则冷冰冰没有任何情感温度的文案，更容易打动买家。所以，文案创作者必须在适当的情绪下才能动笔。

文案写作与文字编辑或者填词工作都不尽相同，文案写作要求创作者能时时保持适当的情绪。如何能保证这一点呢？先决条件是，文案创作者要能从写作当中获得乐趣，而不是仅仅把它当成工作。所以，对于一个文案创作者来说，能够快乐地写作是根本大事。

要知道，一个人的情绪是骗不了人的，文字能反映出一个人的状态。那么在创作文案时，应该保持什么样的情绪和状态，才能保证写出有吸引力的文案呢？文案创作者应该保持的情绪和状态如图 3-1 所示。

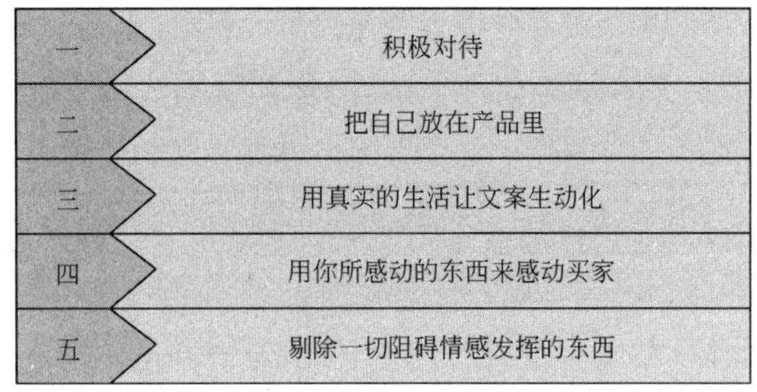

图 3-1　文案创作者应该保持的情绪和状态

没有哪一个文案工作者可以只凭绞尽脑汁的思考，就能制作出一个迎合大众的广告，而只有积蓄适当的情绪和状态，再把这种情绪和状态带到作品中去，文案创作者写的东西才能让自己喜欢，才可能给消费者带去意外惊喜。

如果文案创作者当时没有情绪写，也要为自己制造一些适当的情绪，就像约翰·贝文斯那样，出去走走，亲自调查一些东西，或者与买家群体亲身接触，或者与工作伙伴交流想法等，等到有了图 3-1 所示这些情绪和状态后，再开始写作，才不会写出一些没有用的东西。

3.2 写的东西不要让人烦

在广告界，所谓的好文案，有时候只需要做到不让人烦。如果让人感到厌烦的字眼，即使只有两个字，买家都会觉得太长。广告大师大卫·阿博特说：“我从不是什么文案写作的理论家，不过写的内容别让人烦这件事我想多多少少是对的。”

文案要想不让人烦，最基本的一点就是内容要保持流畅性。对好的文案来说，哪怕是很长一段文字，完全没有标点，也丝毫不会觉得磕磕绊绊。但对不好的文案来说，即使是单行，买家在读的时候也会觉得很别扭，总觉得不顺，有些拗口。这是什么原因呢？因为文字都是有节奏性的，而且对买家来说，文字的节奏性是非常重要的，有节奏性的东西买家才愿意读，喜欢读。文案创作者可以换位思考一下，如果自己在读一则文案，其内容一点都不流畅，这时是不是会影响自己的心情，是不是也不愿意再读下去？

3.2.1　躲开那些惹人厌烦的东西

人们读一些东西本来就是为了享受，文案如果满足不了这一点，就不会有人会喜欢。一般来说，文案惹人厌烦的原因有很多，概括起来主要有如图 3-2 所示因素。

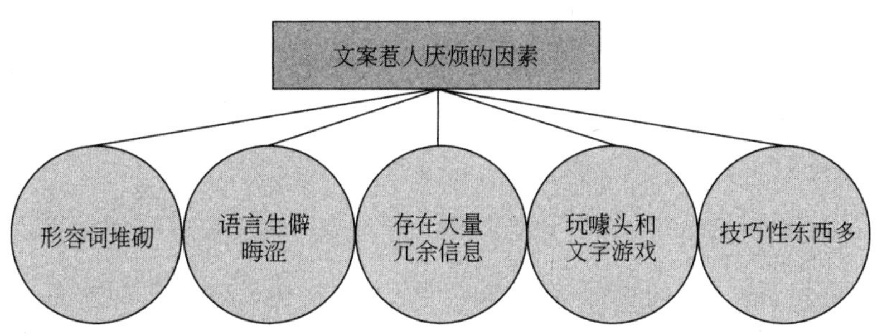

图 3-2　文案惹人厌烦的因素

1. 形容词堆砌

有些文案创作者靠形容词过日子，堆砌一大堆高超绝妙的形容词。事实证明，这类广告还没播完，屏幕前已经不剩一个观众了。几乎所有人平常在读一些东西的时候，会有这样的感觉，如果一句话的形容词比较多，那么大家在读的时候就会感觉不顺畅，甚至有些费劲，这样很容易影响心情。比如小区里充满了活力四射的、都市生活气息十足以及俊秀的年轻人，这样的描述大家会不会觉得厌烦？

文案大师则比较青睐于动词和名词，而不是形容词，因为形容词的堆砌很容易让读者感到烦琐，晦涩的语句容易让人产生不熟悉感，进而产生不信任感，自然也不会感兴趣。有时候，仅仅提供原始资料，远远比精心雕琢的推荐意见可信。

2. 语言生僻晦涩

有些人把电商文案写得艰涩而枯燥，是因为他们把文案当成了演讲稿，而不是广告。电商文案的目的是推销产品，而不是向消费者说教。所以，要把文案写作当成一次谈话，掌握消费者的心理。对于消费者来说，熟悉的事物往往比陌生的东西更能激发信心，因为那些不知道的事物只能让消费者产生敬畏之情，以及对实力的猜测。

而且买家没有时间佩服文案创作者渊博的学识，他们对此也不感兴趣，如果文案中一味地采取晦涩的语言描述产品，只会引起买家的厌烦，进而掉头就走。文案创作者应站在买家的角度，寻求能引起一般买家兴趣的内容，在此基础之上，让买家形成动机和欲望，慢慢地建立信任感，而不是让人烦。

3. 存在大量冗余信息

很多人都是利用上下班以及等车的间隙，花上几分钟随意地翻看报纸、浏览网页，在每页停留的时间通常只有两秒钟，买家在接受信息的同时也进行处理，并作出反映。所以，对消费者来说，他们根本没有时间翻看存在大量冗余信息的广告。如果文案中写了“火焰”，就不要再把“红色”也写进去了。因为消费者会存在二度接收反应，重复的信息会产生疲劳的信号。所谓的厌烦意象就是这样产生的。

电商文案写作要求简洁，不过，简洁并不意味着表达较少的内容，而是对要素进行符合逻辑的安排。事实上，在广告大师看来，简洁可以与简陋画等号了。文案长并不意味着一定会让消费者厌烦，因为消费者愿不愿意读文案，其实和文案长短没有关系。通常情况下，文案创作者写得越多，成功卖掉产品的机会反而越大。关键是不要引起人们的厌烦，避免冗长。

4. 玩噱头和文字游戏

长文案本身传达出一个图像，即关于这个产品有太多东西可以推销的，一两句远远不够。所以，即使消费者最终没有完整读完这则广告，也会留下一定印象。不过，如果整篇广告充斥的都是噱头、文字游戏以及复杂的文字组合，那么不用质疑，这个广告带来的效果常常是事与愿违。

有些人为了增加语句的幽默感，总是自作聪明，在文案内容中加一些投机取巧的诙谐语句，或者跟买家玩一些文字游戏。虽然这些东西很容易引起买家的兴趣，但前提是要用得巧妙，如果用法不妥当，不仅不会增加人们的乐趣，反而会弄巧成拙，更加让人厌烦。所以，在用这些词之前，文案创作者一定要仔细琢磨，避免惹笑话。

5. 技巧性东西多

现在网络上有很多关于文案写作技巧的文章，还包括一些文案技巧的应用，应用太多技巧可能会导致用户的大量流失。因为人们周围布满了形形色色的广告文案，买家看得多了，自然也懂得多了。比如文案创作者现在还在文案用“免费”“降价”等常用的词，很多人看到后都会觉得厌烦。这些词在前些年，消费者可能还会买账，但在现在，大家对这些词已经有了免疫力，如果再使用这些词，他们自然就会觉得烦了。

3.2.2 长文案如何招人喜欢

对文案来说，文案长并不一定意味着会让人感到厌烦，关键是要正确使用文字。虽然长文案在某些时候有一定的优势，但是如果用错了词，对于消费者和创作者来说都是一场灾难。所以，长文案的运用更要适当拿捏内容的精彩程度和形式的长短。

文案高手一般会把长文案单句成段，快捷推进，让买家读起来有速度感。写完文案后，文案创作者可以起来大声地读一次。如果读起来觉得很拗口，很显然节奏有问题。如果觉得啰唆重复，很显然语句有问题。这时文案创作者就要重复修改，只有让买家有把整篇文案读下去的欲望，电商文案才算是达到了一定的效果。

最后，还要注意一点，就是靠诸多的吸引手段制作的文案，其假设的前提是消费者能够从中获得乐趣，进而留意到产品，然而，即使引起了消费者的注意，吸引消费者的也只是广告本身，而不是产品，对于推销的产品，其实起着分散注意力的效果。而且，即使一个足够无聊的人也不会把时间耗在研究一则无用的广告上，像这样的电商文案怎能不让人厌烦？

尤其是对那些不厌其烦反复出现的广告，不仅不能起到应有的效用，可能还会为公司带来负面影响。例如，俄罗斯卡巴斯基杀毒软件可能是领先全球的网络杀毒软件，几乎支持所有普通操作系统、电子邮件通路和防火墙。在互联网营销的潮流中，卡巴斯基也加入了杀毒软件的混战中，不过，不管用户用的是不是最新版本，卡巴斯基都“乐此不疲”地弹出广告提示升级杀毒软件，每次开机，用户都要忍受卡巴斯基的袭扰，因此，也留下了“野蛮的卡巴斯基”的戏谑。

如果让买家心生厌烦，导致的后果就是买家的流失。如果一次次地让买家心生厌烦，那就是在前进的道路上自取灭亡。反思一些经典的失败文案案例，几乎每一个广告都犯了让消费者厌烦的错误。所以，做到不让人烦，就是好的开始。

3.3 以人性的本质为切入点

俗话说：江山易改，本性难移。人的本性是很难改变的，如果电商文案能从人的本性出发，这样的东西肯定不容易被淘汰，毕竟人的本性是很难改变的。

3.3.1 “100 元”背后的秘密

假如你从地上捡到 100 元钱，然后发现它是假钞，这时你不会太难过。如果你捡到的这 100 元钱是真币，但是在捡钱时你口袋里的 100 元钱被小偷顺走了，这时你就会气得半死。仔细想想挺好玩的，同样是 100 元的损失，没有得到你会觉得无所谓，但是失去你原本就有的，你就会很难受。这就是人的本性，害怕失去原有的东西。运用人的这种心理特征，于是，有人就写出了这样一则文案：我不说买我的产品会多幸福，我告诉你不买会难过。香港著名的愉景湾楼盘就是通过这种心理运作卖光的。

愉景湾是位于香港大屿山的一个楼盘，这里面景色宜人——有海滩，有大量的绿化带，里面还规定不能开车，所以空气非常好。像这样的世外桃源，自然吸引了很多老外入住。

但是在开盘后不久，愉景湾的房屋销量并不是很理想。一方面，愉景湾的位置比较偏，升值潜力不大，很多重视投资的香港人并不会把愉景湾作为首选。另一方面，自从 1997 年经济危机后，香港经济一直处于下滑状态，房地产的交易量更是大幅下降，失业率达 7%，40 000 户人有“负资产”。在这样的大环境下，很多人对房地产的前景都持有悲观的态度，对楼市甚至有股恐惧感。所以，在这种状况下，愉景湾的营销更难做。

为了打开销路，愉景湾便把主要精力放在了广告文案上面。由于愉景湾楼盘的销售对象主要针对的是香港一家三口的中上层家庭。然而在当时的经济形势下，诉求户型、环境、低利率都没用，消费者都在等，等经济形势好转，这样他们才觉得安心。

针对消费者“等”的心理，愉景湾的策划小组开始转变思路，逆向思考，既然大家都在等好的出现，但在等的过程中什么是他们等不了的呢？小孩！小孩的童年只有几年，父母和小孩最密切的时间段也只有童年。等到了中学叛逆期，父母与孩子的关系自然会疏离，慢慢地孩子会独立，开始自己的生活。而且孩子的童年过得快乐还是艰难，对他们一生都有很大的影响。这些都是父母心里知道的，因为他们也是这样走过来的。他们也知道，能否给孩子一个快乐安稳的童年，是他们可控的。

通过这样的思考，消费者的诉求点就弄清楚了。于是，策划小组以孩子的童年为导线，写出了“童年是短暂的，现在就要给孩子最好的”。在电视广告的“父子篇”里，你看到的是大多数爸爸都会为自己的孩子在房间里拍摄成长记录，还能看到孩子和爸爸在愉景湾的沙滩上一起愉快玩耍的情景，同时你还能听到一个爸爸给小孩的信，信的内容如下：

就在这几年，只是这几年，
多谢你，令我改变，
突然之间，我觉得自己好重要，
不知什么时候开始，我变得很中意笑，
有时好傻地想，真是不想你大得那么快，
不知道将来会怎样，
只知道今天，我要给你一个最好的童年，
愉景湾，海澄湖畔一段。

看到这样的画面，听到这样的声音，肯定很多爸爸都有一种给孩子一个快乐的童年的冲动。愉景湾的这则广告播出去之后，第一期开盘的房屋，仅三个星期就卖完了。他们本来预定要打出的第二波广告也取消了。这就是优秀广告文案的力量，只要文案有触动买家的地方，买家就喜欢。所以，电商文案要抓住人性的本质，并以它为切入点，那么这样的文案肯定能触动买家。

3.3.2 可口可乐“真友谊”

有些广告文案利用人性中父母对孩子的爱，还有些广告文案以朋友间的友谊为线。例如，在拉丁美洲，可口可乐公司将瓶上的经典丝带换成了两个相互碰撞的小拳头。他们是想通过拳头间的互相碰撞来传达可口可乐新品牌理念——“真友谊”。这次可口可乐将主要的目标消费者定位为青少年，通过与他们倾心交流，向青少年灌输可口可乐想要传达的和朋友患难与共的品牌理念。

为了宣传可口可乐“真友谊”的新品牌理念，可口可乐公司还专门制作了三个较短的网络影片，其中两个目前已经上映。影片中的情节这样描述道：当遇到不适，需要勇气去战胜困难的时候，青少年就开始纷纷向他们的朋友求助。据悉，“拳对拳”的图标除了会被用在可口可乐的产品包装上，还会用在 T 恤以及 iPhone 手机壳等产品上。

写一条能触动买家内心的电商文案并不是一件简单的事，文案创作者除了要利用自己常年积累的基础经验以外，还应该具备超高的 EQ(情商)，对人性的本质有一定的了解。然后凭借自己对人性若干缺点的领悟，结合商业所需的元素，创造出一些充满魔法的文字，组成能够打动并且改变消费者想法的句子。

3.4 强化“你”的力量

电商文案是好还是坏，都是靠买家说了算，买家觉得文案能给他带来好处，他就愿意读下去，并传播下去。所以，电商文案要以买家为中心，强化“你”的力量。下面是一个实例，看看 MailChimp 在他们的 Voice & Tone 网站上是怎样运用“你”这个字的。其内容如下：

MailChimp helps you design email newsletters, share them on social networks, integrate with services you already use, and track your results. It is like your own personal publishing platform.（MailChimp 能帮助你设计电子邮件时事通讯，并把它们分享到社交网络上，还能链接到你已经使用的社交服务平台，跟踪你的结果。它就像你的个人发布平台。）

在短短两句话中，MailChimp 用了四次“你”字！“你”这一个字能够自动抓取对方的注意力，更为重要的是，这还是一个建立文案创作者与买家联系的重要纽带，能够最快地将买家带入自己编织的世界。

3.4.1 激发买家“啊”的反应

这里强调“你”的作用，并不是文案中必须包含“你”这个字，而是文案中即使没有“你”这个字，买家也能感觉到文案内容说的是他，这就是优秀电商文案的高超之处。

然而人们身边的大部分文案却往往忽略“你”的力量，都是以“我”的视角去写，有时自以为罗列空洞的数据就能获得买家的好感和信任；有时自以为堆积一堆华丽的词语(比如人生、梦想、幸福、自由、怡然等)，就能为产品“加分”；有时自以为盲目地追求一些押韵双关的写作手法，就能显示出自己“高超”的写作技巧，其实根本就没有把产品说清楚。

拿出这样的文案让消费者看，那么文案创作者可能只会换来一声漫不经心的“哦”，然后就没有下文了。因为这种完全没有把消费者放在里面的文案根本激不起他们的兴趣，更不用提唤起购买的欲望。

但是如果文案创作者拿一些超级文案让消费者看，那他们会给予一声带有惊喜好奇的“啊”，然后是惊讶地说“原来是这样啊!”或者满是认同地说“我也是这样!”或者用信任的目光说“说到我心里了!”如何才能激发买家“啊”的反应呢? 为了达到这种效果，在创作文案时要注重如图 3-3 所示的三点。

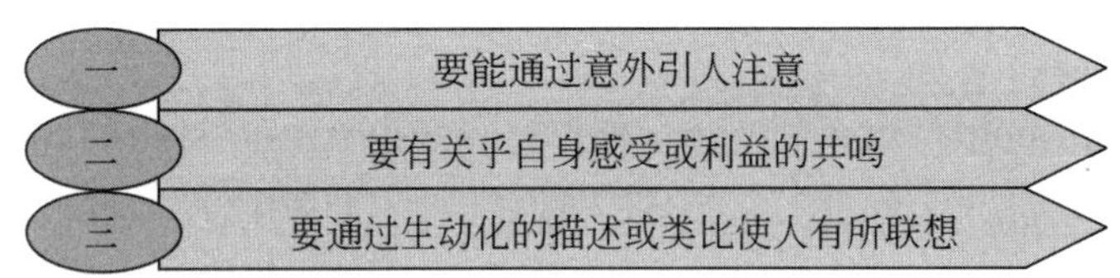

图 3-3 激发“啊”反应的文案创作要点

一条能够让消费者作出“啊”反应的电商文案，它一定是围绕“你”来创作的，它能给消费者创造出一个环境，让消费者能联想到自己，并引起情感和利益的共鸣。所以文案创作者必须学会为买家制造一个环境，能让他们有所联想。你创造的环境可以通过平面元素展现出来，也可以通过文字创造出来。尤其是文字，其措辞方式、词语选择，以及语句的完整性表达，文案创作者都要仔细斟酌。

比如有一款果汁饮料，它的宣传文案：沁心怡然，轻养每一刻。不管别人怎么想，在笔者看来，它的词语选择有些赘述且不当。例如，文案中的“沁心”和“怡然”两词，其中，“沁心”是指吸入芳香气味、新鲜空气，这里指人喝了清凉饮料时，会感到舒适和愉快；“怡然”是指安适自在的样子。这两个词都有舒适的意思，可见两词有些重复。另外“轻养”一词，刚一看真不知道是什么意思，用百度一查，只有“轻养生”的说法，“轻养生”是一种新的养生理念，提倡追求健康不需拘泥于时间、地点、形式甚至结果，而是在一种自然、平和、均衡、常态化的状态下，实现身心的修行与进化。可见，“轻养”用在此处有些断章取义，而且文案创作者用一个人们都不熟识的词，让读者像我一样看到后，再去查词典，仔细琢磨才能弄懂这个词的意思，看懂文案内容，这也未免有些太费事了吧。

而反观一些好的文案，它们也许并不华丽，有时甚至只不过是简单的实物画面，再配以简单的语言就能直指核心利益。例如，百事可乐新推出一款清柠口味的饮料，其广告标语“百事青柠，让你清爽一夏”。因为百事青柠的口味是属于比较清新清爽的感觉，所以在夏天里喝青柠口味的百事，除了拥有激情同时还拥有了清凉清新清爽，能让人回味无穷。

同样是饮料，广告文案的文字选择不同，给人的感觉也千差万别。第一则饮料文案，很明显他的文字选择很“大气”，但让读者联想不到自己，而第二则饮料文案，可能很多人在炎热的夏天看到这则文案，都想让自己“清爽”一下。

3.4.2　抓住“你”的绝招妙计

某钱包的电商文案：智能连接，轻量接入自由大生活。这个电商文案有一个特点：从书面语的角度去写，很难让人理解它讲的是什么，也没有能吸引消费者的地方，更不能让消费者联想到自己，所以，这些文字并不能升华为统一号召，吸引消费者走进店里购买产品。

最好的电商文案就是能抓住“你”，通过强化“你”的力量，吸引消费者购买。下面就来讲几个能抓住“你”的绝招妙计（图 3-4），以便文案创作者能写出与消费者产生共鸣的电商文案。

一	不玩弄文字
二	呈现生动体验
三	指出带来的影响和变化
四	制造期待感

图 3-4 抓住“你”的绝招妙计

1. 不玩弄文字

抓住“你”的文案，并不会过多用形容词，玩弄文字。

2. 呈现生动体验

抓住“你”的文案，会呈现出使用中的生动体验，让人有更加直观的感受。比如某房地产电商文案：早 8 点晚 6 点，我的 1 号专列每天接我上下班，风雨无阻。

3. 指出带来的影响和变化

抓住“你”的文案，引用消费者证言，艺术还原使用后带来的影响及变化。比如某公益广告的文案：酒驾回家 妻子改嫁。

4. 制造期待感

抓住“你”的文案，会将产品使用前的吸引点描述出来，给消费者制造一些期待感。比如某葡萄酒电商文案：三毫米的旅程，一颗好葡萄要走十年。

3.5 维系消费者是文案创作的根本

无论是电商文案，还是消费者生产的产品，其最终目的，都是满足买家的需求，电商文案如果能够从消费者的角度出发，把消费者看得比产品重要，这就是抓住了电商文案的精髓。对于一名成功的文案创作者来说，具备这个思想至关重要。

3.5.1 “痛点营销”：让买家忍不住消费

电商文案的功能是要买家去购买或者关注文案所宣传的产品或服务。而要调动目标用户的购买或关注欲望，文案写作的传奇人物约瑟夫·休格曼曾提出了一条创作文案的公理：必须创造吸引读者的环境。将用户带入文案所创造的环境中以后，那么文案创作者还要和用户产生共鸣，要有一种和谐的互动。首先文案要非常的诚恳，值得信赖，然后让用户不断地肯定文案中所说的一切，让他们不断地说“是”，或者感觉很爽。

例如，淘宝网上有一家名为“三只松鼠”的店铺，该店是卖坚果的。而在淘宝上卖坚果的商家有很多。“三只松鼠”为了吸引消费者，他们会在卖的坚果包装里附送使用工具，还附赠吐壳的小包装，这就让用户觉得很爽，下次这些消费者还会想着来这家店购买坚果。

还有就是小米发布的第一部“以发烧友而生”的手机爆出价格时，所有人都惊呼，这么高的配置，竟然那么低价，太爽了！当时，小米的这款手机发布不久就被一抢而空。再比如 Uber(优步)专车，车到了直接上车，司机还会给顾客提供免费的水，到地方直接走人。这是不是也很爽?

上述这些商家利用的就是“痛点营销”方法，他们就是要让消费者觉得爽，这样消费者才愿意再次购买他们的产品。

3.5.2 “发烧友”的世界你要懂

对文案创作者来说，要写出让买家“爽”的电商文案，就要有犀利的洞察视角。例如，有一款耳机，其包装盒上有一则 Dr. Dre 写的文案，标题：People aren't hearing all the music(当你听音乐的时候，你并没有听到全部内容)。对一般人来说，这则文案的吸引力可能不是太大，但对于喜欢玩耳机的“发烧友”来说，它就是自己的知音。

对于不玩耳机的人来说，耳机只要能听得清，没有杂音就 OK 了。但对于耳机“发烧友”来说，他们就会有很多讲究，比如什么三频、女声、解析力等很多指标，这些指标对一般人来说，他们肯定是辨别不出来的，但对耳机发烧友来说这些指标真的有！而且很重要！他们不但听得出声音的细节，还特别欣赏制作人置入的“彩蛋”。当耳机发烧友听到“Without Me”时，他们会时不时听到怪叫、电锯声、钢琴快弹，非常的欢乐，他们觉得这些声音很有趣；当耳机“发烧友”听到“8 Miles And Running”这首歌的前奏时，他们会听到一辆摩托车呼啸而过，马达声从左耳冲到右耳，感觉身临其境。但这些对有些人来说，他们有时会“听不到”这些所谓的“彩蛋”，有时即使听到也没有感觉。

当耳机“发烧友”非常兴奋地把他们听到的这些奇妙的东西告诉周围的“一般人”时，这些人一点都不觉得有趣，这就会让“发烧友”觉得自己很孤独。但是当他们看到这则耳机包装盒上，Dr. Dre 说 “People aren't hearing all the music”时，这些发烧友就会深有感触，他们就会非常喜欢这篇文案。

还有一个引起很多人喜欢的广告文案——佳能(Canon)相机制作的一则名为“Shoot My Best”的电视广告文案。通常相机广告的焦点，会落在相机本身的高性能或被拍摄者的愉悦感，而佳能这则主题为“Shoot My Best”的两分钟短视频广告，却聚焦在了拍摄者的摄影姿势上。

他们先是描述摄影爱好者为了拍照做的各种“蠢事”：扮成大白鹅潜伏在水上，躺在众人脚下，小心翼翼接近老虎，戴着安全帽爬上屋顶，在野外寒夜烤火，过山车上尖叫……各有各的搞怪，却都捧着一台佳能相机。相信很多人看到这些依次登场的摄影师的“丑态”时，都会忍不住捧腹大笑。

在大家都为这些“丑态”百出的摄影师大笑不已时，视频就进入了高潮，刚才的一切也都有了答案。一张张精彩的照片出现了，比如，水面展翅的真白鹅、分享喜悦的一圈笑脸、“萌萌哒”林中之王、飞翔的女巫和超人、璀璨的星空、过山车上的女孩……视频的最后1/4，让观众明白了原来辛苦的他们正是为了这一张张珍贵的照片，或者应该说每张精彩的照片背后都有一位努力的摄影师。

在视频的最后，荧幕上打出了“for your passion”(为了你的激情)。不错，除了照片中的那些人充满激情以外，还有那些表面冷静、双手沉稳而心中狂野的摄影师。很多喜欢摄影的人，他们会为了一张满意的照片而长途跋涉，甚至还会冒着生命危险去拍摄。曾有一位喜欢摄影的报社记者凌晨就爬起来赶赴车祸现场，当他看到两辆车翻倒，还在着火，他的第一个念头就是这个画面太棒了，然后不管三七二十一冲上去各种角度一通“咔嚓”。在津津有味地欣赏自己作品之余，他才惊醒，这车会不会爆炸啊？这就是发烧友级别的热爱。我相信很多热爱摄影的人看了佳能的这则广告都会尖叫：“啊！这种傻事我也干过！”佳能就是通过犀利的洞察方式让消费者和品牌建立起共鸣。

如今“发烧友”一词已经变得不再新鲜，而他们这群人拥有的“Shoot my best!”的这种精神却让人佩服。无论是什么产品，依旧有那么一群发烧友，他们非同寻常地痴迷于某件事物，也非同寻常的专业。文案创作者可以以此为切入点，写出能打动发烧友的文案，继而通过这群高人的意见去影响普通用户。

前面章节中也说过，想写出好文案，文案创作者就要去做产品调查、做消费者调研，但做了这些调查也并不意味着就能写出优秀的文案。就好像有人很了解自己的爸爸，但是如果他拿了一张38分的试卷让他签字时，如果没给爸爸一个饶了自己的好理由，那爸爸照样会打扁他。所以，给出消费者一个喜欢的理由是优秀文案的必要条件。

总之，要想写出一篇好的电商文案，对文案创作者来说有着方方面面的要求，除了要有准确、精练、生动、亲切、幽默这些最最基本的要求之外，还要尽可能多地去了解产品特性、使用情境，更重要的就是洞察目标消费对象，了解他们的喜好，掌控他们的心理，一切的一切都要以买家为先，这才是电商文案创作的根本。

3.6 案例：苹果：说出用户那句话

市面上的电商文案一种是自娱自乐型，一种是把客户心中的那句话表达出来。当然，最强的电商文案就是第二种，总能说出目标买家的心里所想，或买家未意识到的需要。对一个电商文案最高的评价就是，买家从电商文案里找到了自己想要的东西。相反，差的电商文案总是用买家完全不关心的东西去表达自己，还指望买家进来看或者受感染。

苹果每一次更新产品线，很多人都有这样的感觉：又有新的文案可以欣赏了，那也是一种别样的乐趣。下面就来看看苹果给大家带来了哪些神级作品。

目前看来，苹果的"Think different"是史上最成功的广告之一。乔布斯说："我们只用了15秒、30秒或者60秒，就重建了苹果曾在90年代丢失了的反传统形象。"

之后苹果又进军手机行业，赋予初代iPhone的宣传语是"苹果颠覆了手机行业"（Apple reinvents the phone）和"这仅仅是个开始"（This is only the beginning）。当所有人都在为苹果的iPhone功能欣喜不已时，苹果的iPhone 3G又出现了，它的宣传口号是"能够击败初代iPhone的第一款手机"（The first phone to beat the iPhone），或者是"你一直在等待的iPhone"（The iPhone you have been waiting for）。

随着手机业的快速更新换代，人们对手机的要求越来越高，这时苹果的iPhone 3Gs问世，其宣传口号是"迄今为止最快速的、最强大的iPhone"（The fastest, most powerful iPhone yet)。

苹果的宣传广告一直都能表达出很强气场和满满的自信。苹果的 iPhone 4 推出后,其宣传口号也相当大胆:“这再次改变了一切”(This changes everything. Again)。“This changes everything”表明了产品的强大,一句“Again”效果就更直接了。“This changes everything. Again”与 2007 年苹果的 iPhone 刚推出的那句宣传语 “iPhone reinvent the phone”相呼应。在这个阶段,iPhone 粉丝希望苹果能够“change”,这时,苹果的广告宣传语就有了“This changes everything. Again”,正好说出了用户心中的那句话。

当三星、华为等手机都陆续推出大屏手机时,iPhone 粉丝也希望有一个大屏的 iPhone,正在粉丝心中有这种想法时,苹果的 iPhone 5 出现了,它的宣传口号是“迄今为止改变最大的 iPhone”(The biggest thing to happen to iPhone since iPhone),满足了大家的需求。紧接着苹果又赋予 iPhone 6/6 Plus 的广告语是“岂止于大”(Bigger than bigger),iPhone 6s:“唯一的不同,是处处都不同”还有最深得人心的一句广告语“让妈妈开心得开了又开的礼物”……

总结苹果文案的特点:告诉用户,他可以干什么,而不是你有什么。这也是好文案的写作技巧之一。比如,当很多手机都在宣传自己手机的像素有多高时,苹果却说他们的手机不仅仅可以拍,还可以剪辑,可以分享,这就是用户心中想要得到的东西。如果苹果也像其他厂商一样,说:“新的 500 万像素摄像头提供了高达 1 080p 超高清的视频拍摄功能,同时手机提供了编辑工具,可以直接分享给朋友。”这些话虽然也清楚地表达了用户心中的意思,但普通用户会被诸如 1 080p 这样的专业词汇挡在外面,看不到下面的部分,而下面的部分才是他们想要的。要知道,基本上所有的用户都不会关心这些技术性的参数,他们只关心“能干啥,能比别人的强多少”。

再比如,在很多手机厂商都在说它们显示屏的分辨率是多少多少时,苹果却说它们的手机分辨率是现在最高的。苹果说这句话比其他厂商说它们的分辨率是“960×540”要有用得多,因为大家对“960×540”这样的数据是没有感觉的,倒不如说“最高”来得实在。

可见，苹果写文案的技巧除了要写出用户心中所想以外，还要避免用专业术语。房地产有一个占有术语“容积率”，文案创作者在广告中说20%的容积率，远远比不上说：这里只让1/5的土地长出房子。这样的表达让读者能瞬间读懂，而且还带上了情绪、个性。

第 4 章

电商文案创作的四种经典模式

虽然说电商文案无定法，但对那些没有写作经验的文案创作新手来说，他们必须清楚一些文案创作模式，这样才不至于在写作时无从下手。本章主要介绍九宫格思考法、要点衍生法、五步创意法以及头脑风暴法四种经典的文案创作模式，以此帮助文案创作新手在写作时有章可循。

4.1 九宫格思考法

九宫格思考法是强迫创意产生的简单练习法，很多人都常用这种方式构思出文案策划方案或演讲PPT的结构等。九宫格图如图4-1所示。九宫格思考法的操作步骤如下。

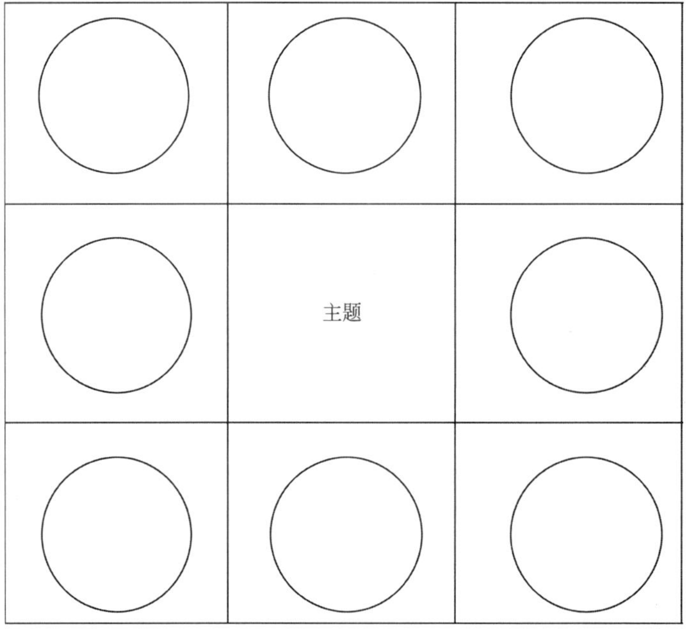

图4-1 九宫格图

步骤1：拿一张白纸，用笔先分割成九宫格，将进行的主题(产品名等)写在正中间处。

步骤2：将与主题相关的联想任意写在旁边的8个格子内，尽量用直觉思考，不用刻意寻求“正确”答案。

步骤3：尽量扩充8个格子的内容，鼓励反复思维、自我辩证，但无须给自己压力，非得在一天之内做完，先前写下的内容也可以修改。

4.1.1　用九宫格图“圈”你的思维

九宫格图有助于人的思维扩散，用九宫格思考法创作电商文案时，要把产品名写在正中间的格子内，再把由主题所引发的各种想法或联想优点写在其余 8 个方格内。按照什么样的顺序将自己所想到的全部点填到九宫格图内呢？一般情况下，文案创作者可以采取下面两种填写法。

方法 1：依顺时针方向填进去

按照顺时针方向把自己所想到的要点填进表格的过程中，可以了解到自己内心的渴望程度！

方法 2：从四面八方填进去

将自己所想到的要点填进任意一格，不用想这些点之间有什么关系，反正这个图是给自己看的，没必要太较真。

这 8 个方格填不满怎么办？这时文案创作者只需想清楚一点，也许只是自己一时没想到，只要把自己思维打开就能想到了。如果这 8 个方格不够填怎么办？没关系，文案创作者可以多填两张九宫格图，然后再去粗取精，整理一下就好了。

表格填完了，这时文案创作者要回过头来静下心检视。是不是这些都是必要的点，需要删去一些；或者其中有一两个点是混杂在一起。所以，文案创作者需要分开来写；或者有些点不够明确，还需要重新修改一下。其实，九宫格就有这样一个好处，它可以让文案创作者没有限制的修改，一直修改到清楚为止。而且九宫格中的每一单项，都可以再进行细分，再拉出来另一张九宫格，这样文案创作者可以把单项部分再一一理清，从而得到更加细致的内容。

当然，在想出产品的优点之后，如何运用这些优点写出一则值得消费者阅读的文案也需要重点推敲。电商文案并不是直接把产品的所有优点指出来就可以了，它要经过多重包装，强化优点。但是，如果某一产品的优点太多，比如，有一款爽肤水有 10 个功能，如果文案创作者对这些功能都娓娓道来，反而让买家一个都记不住。所以，最好的方法就是只强化其中一个功能，比如，深层保湿，那消费者下次想要找保湿产品时，可能就会想起文案中所推广的产品了。

另外，文案创作者还要注意的是，对消费者记忆点的使用要因地制宜。比如，文案如果用在海报或者推广图上，其记忆点最多不要超过 3 个。但是在详情页上就不一样了，文案中可以尽可能地展示出推广产品的重点优势。

4.1.2 "定制"掌上吸尘器

假如文案创作者要为一款"掌上吸尘器"做一则电商文案。掌上吸尘器不是玩具，它不能变成鼠标那么大小，但这款吸尘器相对于市场上其他机型的吸尘器来说，它的体积真的是小得不能再小了，它的面积仅有 31 厘米×23 厘米，与 iPad 差不多大。

英国皇家御用吸尘器品牌"戴森"也有类似的掌上迷你吸尘器，机型相同，可是没有调速功能，仅配有 3 款刷头。但这款吸尘器有 4 款刷头，还有语音功能，售价是"戴森"款的吸尘器的 1/8。可见，这款吸尘器无论是功能、配置还是价格都已经超过了"戴森"。

另外，这款吸尘器还摒弃千篇一律的海量流水线制造规则，采用"定制"方式，颠覆了行业制造规则。其具体制造规则如图 4-2 所示。

该吸尘器采用这种制造规则，原因是一场社会化供应链的根本性改革正在发生，未来肯定是定制的时代。这是历史发展的必然，消费者将主导产品的设计和生产，而不是厂家，一批没有应变能力、整合能力不足的企业将在这场时代的大变革中倒下，而另一批会更快地成长。

通过上面的描述，对该款吸尘器的特点总结如下。

(1) 掌上吸尘器。主机后侧面积仅比 iPad 略大，单手即可托起。

(2) 最新多级旋风过滤器。吸力永不衰减，终身无须更换耗材。

(3) 无级调速划钮。根据清洁对象的大小和材质，任意调节功率。

(4) 一键除尘，可水洗。按下按钮即可打开尘杯，尘桶及过滤器可直接清水冲洗。

(5) PVC 软包大滚轮。避免拖动机器时划伤木地板。

(6) 瑞士可水洗医疗级 HEPA 过滤。过滤效果可高达 99.97%。

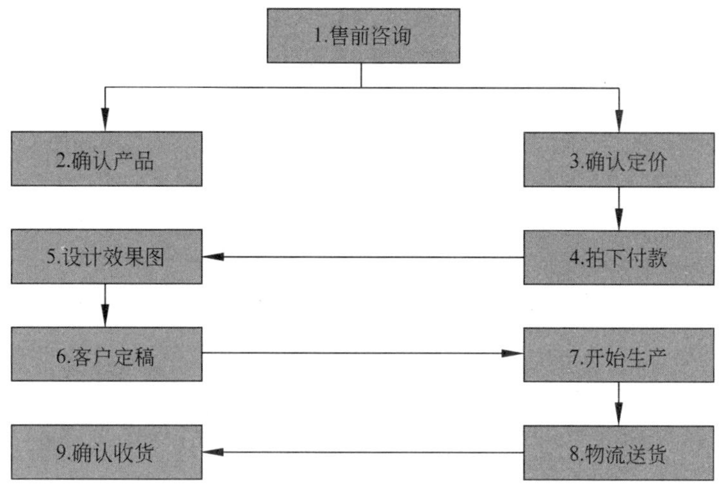

图 4-2 颠覆行业制造规则线路图

了解了将要推广的吸尘器之后，假如文案创作者要用九宫格思考法来为这款产品创作文案，其九宫格图可以参照图 4-3 来写。

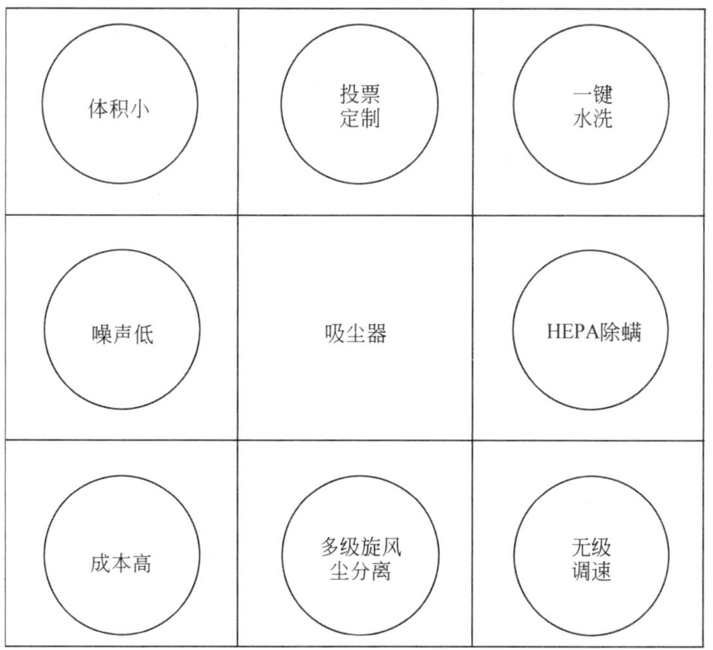

图 4-3 运用九宫格思考法参考图

吸尘器的优点都列出来之后，文案创作者接下来就要打开思维，把这些优点一一进行分析，再与市场上的文案进行比较，这样才有可能创作出一个有吸引力的文案。

4.2 要点衍生法

要点衍生法就是把产品的特点写下来，然后对每个要点进行一一介绍和延伸。当然，文案创作者可以把该产品型录上的产品特点和卖点照抄下来，然后再加以衍生，如图 4-4 所示。

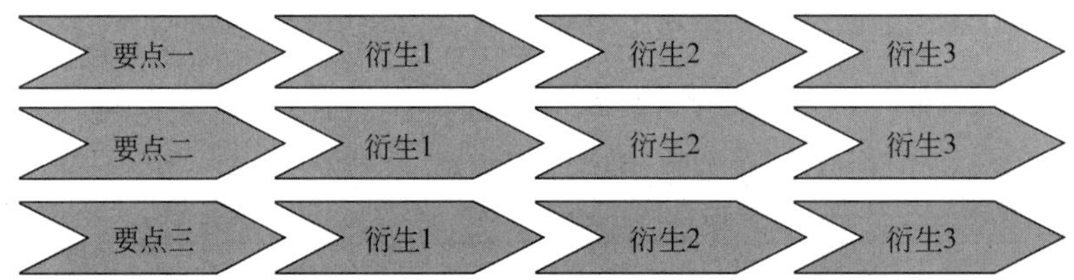

图 4-4　要点衍生法图

下面还是以上面小节中的“吸尘器”为例，运用要点衍生法，其参考图片如图 4-5 所示。

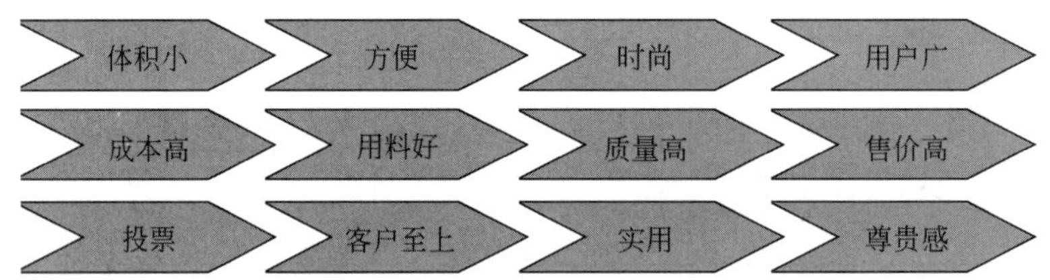

图 4-5　运用要点衍生法参考图

产品的每一个特点都不是孤立存在的，它能衍生出好多个点，比如，吸尘器的体积小，人们首先想到的就是它用起来非常方便，于是就衍生出“方便”这个特点，它不仅使用方便，而且携带也很便捷，不会占用太大地方，因为它的面积只有 iPad

那么大，如果一个爱干净的人出去旅行，他完全可以带一个出门(虽然这种说法有些夸张)。而且与传统的大型吸尘器相比，体积小能让人觉得很时尚，这时就衍生出“时尚”的特点。既然该吸尘器使用方便，而且看起来很时尚，这就使得年轻人也喜欢购买，它的用户群自然也就比较广，于是就衍生出了“用户广”这个特点。

4.2.1　文案高手的心思你要猜

利用要点衍生法的文案写作者，要不断地对产品的某一特点进行推敲分析，与同类型的电商文案对比，找到既能满足买家需求，又能打动买家的词语，然后组合起来，就能写出一则好的文案。

有一则海景房文案案例：

文案 A：海景房，身份的象征。

文案 B：一流海景房，一流人生。

文案 C：静下来，听海浪的声音，与海只隔 100 米。

三种文案突出不同的需求主题：文案 A 突出身份，文案 B 突出成功人士，文案 C 突出享受。对于越来越喜欢走进自然的人来说，文案 C 才符合当下的需求。

这些人看到“身份”想到的则是“享受”，可见，不同的人看到相同的词后，他们想到的词语也不一样，而从不同的角度衍生出的特点也不一样，写出来的东西自然也会大不相同，这也是一般的文案写手与文案高手的区别。

文案高手之所以称为高手，那是因为他们有缜密的洞察心思。“洞察”这个词很精妙，就像隔洞窥视，发现消费者心底的秘密。如果说文案只是写两句煽情的话，或是巧妙运用了排比之类的技巧，文案创作者就能写出一个走心的文案，那是不可能的。在走心的文案背后，一定有一个很牛的洞察，因为一个很牛的洞察能激发消费者的认同感。比如，文案创作者在做一篇销售文案时，完全可以给消费者造一座城堡，让消费者慢慢地顺着自己的思路走到城堡里，慢慢地就在他心中营造了一个非常舒适的购买环境，等到他发掘时也已经深深地陷进去了，激起了他们购买的欲望，这时再去销售产品那就变得轻松多了。

4.2.2 从“0”到“n”

某奶茶的广告：“连续六年销量领先，一年卖出7亿多杯，连起来可以绕地球3圈。”策划人通过奶茶销量高，想到产品线忙碌，一个接一个的奶茶排列成一条线，7亿多杯奶茶排起来会有多长呢？啊，可以绕地球3圈，多么丰富的画面感啊，看到这样的广告，大家是不是一下子就记住了呢？像上面这样的广告文案，给消费者营造一个舒适的场景，让消费者能深入文案所营造的画面中，那么这则文案就算是成功了。

新年快到的时候，百事可乐推出“把乐带回家”的系列广告，看到“把乐带回家”这个标题，很多人脑袋中首先想到的词就是“快乐”，由“快乐”就会想到“热闹”。于是，很多广告就会给大家描述一个过年时儿女们拿着百事可乐回家的乐呵呵场景，或者在吃年夜饭时大家喝百事可乐助兴时的热闹情景，这样的描述是司空常惯了。但百事可乐又由“热闹”想到了“冷清”。

近年来，留守儿童和空巢老人一直都是一个很热的话题，于是，百事可乐选择了几位由于儿女工作原因无法回家过年的空巢老人，他们独自过着冷冷清清的大年夜。广告中讲述的故事牵动了无数漂泊在外无法与家人团圆的观众的心，也感动了那些过年回家与父母团聚的儿女的心，让他们更加珍惜相聚的时光。

利用要点衍生法写文案时，文案创作者一定要注意，千万不要随意想象，而是用“洞察”的心思，对一个要点进行认真剖析，采用从“0”到“n”的思维，衍生出一个又一个让买家心动的点，这样写出的文案才能让买家动心。

4.3 五步创意法

文案需要有创意，关于创意，美国作家约翰·斯坦贝克(John Steinbeck)有一句名言：“创意，就像兔子。假使文案创作者手头上只有一对兔子，但如果他学会对这些小兔子细心呵护，那么他很快就会养出一窝兔子。”可见，创意并不是凭空产生的，它需要文案创作者用心思考，然后再一点一滴地积累起来。

4.3.1　什么样的电商文案是有创意的

对电商文案来说，它的创意是为了吸引买家购买产品，这是它与其他方面的创意所不同的，一般来说，电商文案创意的特征有哪些呢？如图 4-6 所示。

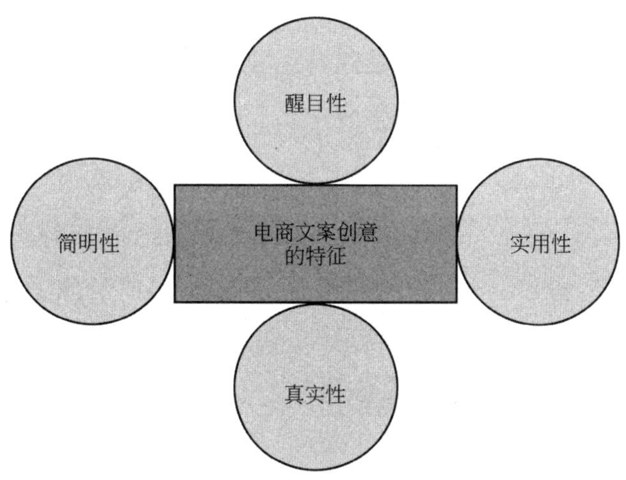

图 4-6　电商文案创意的特征

1. 醒目性

如今是眼球经济时代，抓住消费者注意力是电商文案产生效果的第一步。而要迅速抓住消费者眼球，文案要极具醒目性。为了突出醒目性，要做到以下三点。

(1) 对主要信息和次要信息进行处理，以便做到主次分明。

(2) 对模糊信息进行处理，以达到目的明确。

(3) 让信息的表述平中出奇，比如采用幽默、悬念、渲染等方式。

2. 实用性

电商文案写作的目的很明确，是功利的，要为推销产品服务。所以，文案创作者要处理好实用性与艺术性的关系，一定要清楚，艺术性只是手段，而实用性才是目的。

3. 真实性

电商文案的内容描述必须是真实的，一旦广告中出现虚假就等于是引火自焚。文案的真实性主要表现在以下三个方面。

(1) 以事实为依据。文案中所介绍的服务与信息是真实的，是客观存在的。

(2) 诚实守信。把承诺写进标题效果会很好，但要能兑现。

(3) 信息的完整。信息的不完整会构成不真实。

4. 简明性

语言叙述要简明扼要，这不仅是从成本角度考虑，而且还迎合了买家的阅读习惯。简明性主要表现在以下三方面。

(1) 语言通俗精练，保持日常会话特点。

(2) 诉求点必须单一，不能纷繁复杂。

(3) 考虑消费者的被动性。

创意的产生，往往来源于灵感，但灵感往往是在一瞬间产生的，如何才能精准地掌控这些创意呢？即在灵感闪现时，借助一些工具和经验，不要让它悄悄从指间溜走，并将抽象的理念转化为具体的解决方案，这样文案创作者才能够被称为真正有创意的人。

4.3.2 让创意变现的方法

为了让创意变现，苏联心理学家洛万和斯坦林兹创造了“五步联想法”，他们认为：“任何两个概念，哪怕它们相隔甚远，但只要经过四步五步，最多六步，就能构成联想关系。”对此，他们举了这样一个典型例子：木质—足球，其关联联想：木质→①树林→②田野→③球场→④足球。这种“五步联想”可以说体现了非常规思维，特别是使距离甚远的几乎风马牛不相及的两个概念建立联系，只要这种联系是自然的、合理的，这样的思维也就是成功的。

为两个概念建立联想关系并不难，难的是文案创作者所设计的联想关系是否别致，如果其联想没有任何独到之处，那么就会流于平庸。比如让“获奖”与“知不足才能进步”取得联系，如果文案创作者想到的是：获奖→①我的书法作品→②展览会上的书法作品→③大家都称赞一幅书法作品→④只有一人称赞我的作品→⑤原来获奖的是他→知不足才能进步。

上述这个联想就显得过于平庸，也有些粗糙。因为第一步和第二步联想，都有“书法作品”的概念，因此本质上没有建立什么联想关系，这就是平庸的联想。而且“知不足才能进步”是文案创作者自己说的，根本不具有说服力。联想法以“曲”为贵，而上面这个联想以某一事件为线，平铺直叙下来，当然就会显得平庸。所以，文案创作者在联想的时候，一定要放空自己的大脑，用一种新的视角去看待自己所描述的东西。

广告大师詹姆斯·韦伯·杨认为创意是对旧要素做新的组合，创意能力就是对事物间相互关系了解的能力。对此，詹姆斯·韦伯·杨提出了“五步创意法”，其步骤如图 4-7 所示。

图 4-7　詹姆斯·韦伯·杨的五步创意法

利用“五步创意法”时，文案创作者要对自己将要描述的事物做相容关系、相关关系、相似关系、相对关系以及无关关系等联想。例如，有人看到“一辆高速车”，他能想到什么呢？

(1) 相容关系(A 包含 B)，此人可能想到车型、车灯、玻璃、牌照等。

(2) 相关关系(A 与 B 有直接或间接关系)，此人可能想到红绿灯、加油站等。

(3) 相似关系(A 与 B 在某一方面相似)，此人可能想到奔腾芯片、绕口令等。

(4) 相对关系(A与B在某一个方面相对或相反)，此人可能想到乌龟、孕妇等。

(5) 无关关系(A与B无关)，此人可能想到熊猫、词典等。

对文案来说，它不仅要有创意的文字，还应有创意的图片。创意的图片是文案的重要组成部分，相对于文字来说，人们更喜欢看一张有创意的图片。利用五步创意法也可以制作出创意图，创意图制作步骤如图4-8所示。

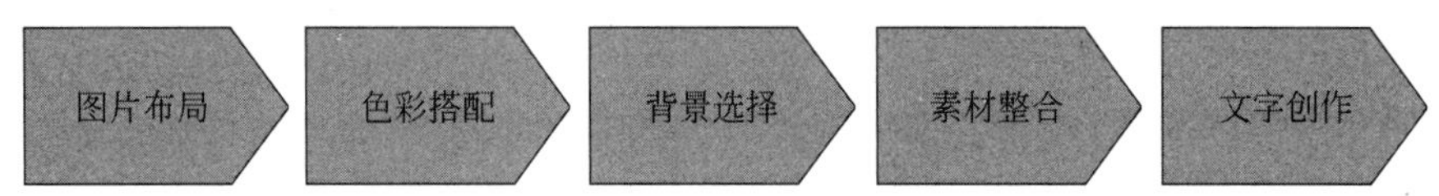

图4-8 创意图制作步骤

1. 图片布局

制作创意图之前，文案创作者首先要做的就是进行图片布局，即构图。新手往往对构图没有任何概念。图4-9讲四种常用结构，分别是上下、左右、斜角、居中，利用这些结构创作的图片效果会十分显著。

2. 色彩搭配

近年来，色彩搭配不仅用在了穿衣打扮上，还用在了促进新型营销、提高城市与建筑的色彩规划水平、改善全社会的视觉环境等方面。文案创作者千万不要忽视色彩在营销中的作用，不同的颜色、不同的色彩搭配，都会给顾客带来不同的感觉，色彩搭配得好不好同样也会影响人的购买欲，所以，文案创作者要掌握好色彩不同的搭配特性，用色彩为文案中的图片营造出丰富的购物气氛。比如美食类采用橙色、红色、黄色；家电类采用白色、蓝色这种冷色调；母婴类采用温馨暖色调。

3. 背景选择

选择好色调之后，文案创作者接下来要做的就是选择图片背景。例如，打算开一家淘宝店，图片的制作更不能忽视，因为在网上开店卖的不是产品，而是图

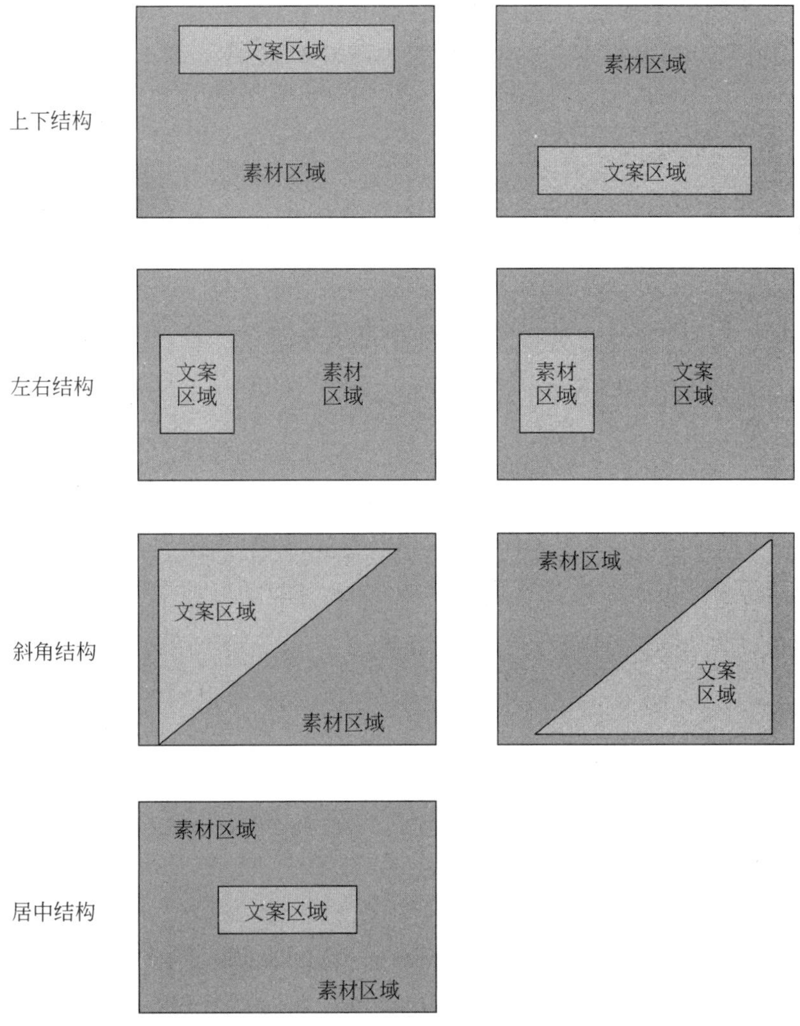

图 4-9　构图的四种常用结构

片。所以，在制作图片时要考虑各种因素，比如参加淘宝活动要求白色背景，所以制作创意图的时候不能过于花哨，要突出产品卖点，而且要求主题清晰。

4. 素材整合

背景图片选择好之后，文案创作者就要为自己所推广的产品选择素材了，素材的选择要求贴近主题。一张创意图内，素材图不能出现太多，否则无法辨识主题。另外，抠图时要求干净、无毛边，尽量保持原图画质，这样看起来才真实。

5. 文字创作

图片制作好之后，文案创作者就要为图片创作出一条引人注意的文字，文字的要求如下。

(1) 表达要明确主旨，通俗易懂。不过要注意的是消费者浏览的方向，广告词要令人记忆犹新。

(2) 需要突出的文字，最好改变字体大小、颜色、字样，让消费者更容易聚焦在主题内容上。

(3) 文字应控制在 12 个字以内，适当时候需要换行，避免文字遮挡图片主题。

(4) 切忌使用两种以上的字体和不规则的字体，适度的字体设计能增加视觉，但是过度使用则会使观者疲劳，觉得很怪异。

4.4 头脑风暴法

头脑风暴法是由美国 BBDO 广告公司副总裁兼心理学家亚历克斯·奥斯本(Alex Osborn)发明的，它是一种集体创意法，借助专家、学者、创意人员和其他人员的团体力量，以举行会议和专题讨论的形式，相互撞击，彼此激励来开展广告创意活动。

4.4.1 智力碰撞如何才能擦出火花

头脑风暴法通过参与者的智力碰撞，以及无限制的自由联想和讨论，来产生新观念或激发创新设想。头脑风暴如何才能激发创新思维？根据亚历克斯·奥斯本本人及其他研究者的看法，主要有以下几点，如图 4-10 所示。

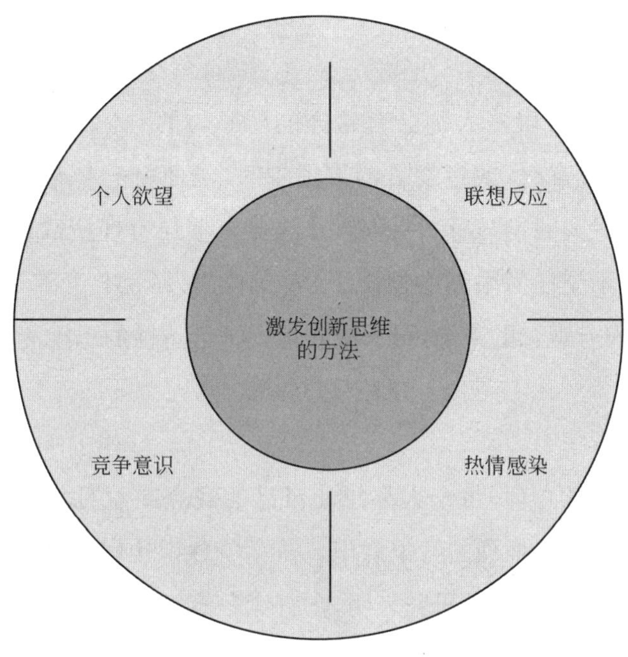

图 4-10　激发创新思维的方法

1. 个人欲望

头脑风暴法通过集体讨论来解决问题，提倡自由发言、任意思考。使用头脑风暴法应遵循一条原则：不得批评仓促的发言，甚至不许有任何怀疑的表情、动作、神色。所以，每个人的思维是不受任何干扰和控制的，每个人都可以畅所欲言，提出大量的新观念。

2. 联想反应

一些好的想法和创意都是通过联想获得的，所以联想是头脑风暴法必不可少的过程。与会者在畅所欲言的过程中，每提出一个新的观念，都能引发其他人的种种联想。在联想的过程中又相继产生一连串新观念，从而产生连锁反应，形成新观念堆，为创造性地解决问题提供了更多的可能性。

3. 热情感染

每次讨论问题时，很多人都会有这样的感觉，即发言的人越多，场面就越激烈，当没有一个人发言时，或者发言的人很少时，场面就会越来越冷清。可见，集体讨论问题能激发人的参与感。头脑风暴法要求参与者畅所欲言，不受任何限制和约束，所以，在不受任何限制的情况下，人人自由发言、相互影响、相互感染，能形成热潮，突破固有观念的束缚，最大限度地发挥创造性的思维能力。

4. 竞争意识

人类有争强好胜心理，每个人都想让自己的观点或意见得到大家的认同，这就在讨论中形成了一种强烈的竞争意识。在竞争意识比较强烈的情况下，人人都争先恐后，竞相发言。心理学研究表明，在有竞争意识的情况下，人的心理活动效率可增加50%或更多。因为每个人为了得到大家的认同，都会最大限度地开动思维机器，让大脑处于非常活跃的状态，力求有独到的见解和新奇的观念。

4.4.2 好的创意=集思广益

头脑风暴法是文案大师经常使用的文案创作方法，作为新手，文案创作者更应该多参与这样的讨论活动，学习一下其他人是如何思考的，这样将有助于开发思维模式。而且文案创作者在进行文案策划时，要多与其他人讨论，各抒己见，才能在讨论中想出好的创意来，如果只是闭门造车，那几乎是创作不出好的文案的。

广告总监王思洋刚做广告那阵儿，写文案可以说是非常非常用功。有一次，他负责一个摩托车的广告作品。为了写出一个好的文案，王思洋自己把自己锁在屋里两天，不和任何人接触，他绞尽脑汁写了足有十页纸的广告语，最后定了一句“一路春风，一路得意”，他自己觉得挺有力道的，又符合产品特性，也切合创意。

当王思洋兴高采烈地把这句广告语交上去的时候，总监建议他翻翻广告用语方面的书，他发现在摩托车广告用语中，使用“春风得意”一词的比比皆是，这时他觉得自己太好笑了，自己费尽心思想出的东西，竟然是大家都熟知的。总监让他回去重新做，还建议他要多和其他人讨论，这样才不至于做无用功。后来，王思洋和同事们讨论后，把广告语定为“向成功冲刺”，这个立意在当时非常新颖，做出的广告语也比较有新意。

为文案创作之前，要多参与讨论，多搜集其他人的意见和看法，这样不但可以避免雷同，还可以受到其他人的启发，挖掘潜力，进而找到文案的突破口。

有一个广告公司在接到“宁红好喝茶”项目时，他们先让策划小组收集了同类饮料广告着重的诉求点，然后，策划小组开会好好讨论研究了一番，发现大多侧重于表现产品的现代感、冰凉感。接着他们又对“宁红好喝茶”的产品特性进行了讨论，决定把广告的立意点定位在“解渴”“方便”这两大卖点上。

大家又围绕卖点展开了一番讨论，最后将广告文案的表现基调定为平淡、从容，带点怀旧的感伤，道出都市人渴望宁静、自然、友情而又迫于现实生活压力不得不整日忙忙碌碌的无可奈何。经过大家思绪的不断碰撞，他们为“宁红好喝茶”做出了一个广告系列，系列文案的标题：“没有茶叶好喝茶?”“ 解渴还是茶好喝”“出门上路茶好喝”“ 冻一冻，更好喝”“ 好喝不含糊”。这则广告在报纸上刊出后，一下子就引起消费者注意，唤起共鸣，收到极好的广告效果。中国台湾地区《动脑》也登出了这件作品，介绍给中国台湾地区广告人。

大家的力量是无穷的，个人的力量是渺小的。利用头脑风暴法创作文案，不仅能创作出好的文案，而且其效率较高。虽然头脑风暴法有些做法比较理想化，但写文案要大家不断“讨论”是毋庸置疑的。有时，文案创作者可能会因为时间的限制，不能把所有人的意见都整理出来，进行一一讨论，那至少也要把所有人的意见都听完，然后再开始动笔写文案。

4.5 案例：奥美广告：把需要转换成恐惧

本章的前四个小节分别介绍了电商文案创作的四种经典模式，除了这四种经典模式以外，著名的广告公司奥美还有一个常用的创作方法：把需要转换成恐惧。

奥美是由广告大师大卫·奥格威亲手创立的，大卫·奥格威对广告不同凡响的见解与理想，造就了奥美的传奇。在广告界，奥美广告一直坚持做极具销售力的“好”广告。

奥美广告公司在广告界颇有口碑。自创立以来，成功地帮助了很多企业推广新产品、建立产品品牌以及制订产品上市传播计划等。在奥美广告公司中，有一种创作文案的思维方法——把需要转换成恐惧。运用此思维方法，奥美广告曾为美商保德信人寿保险公司做了一个比较有效的恐惧诉求文案。该文案以一份空难书信的格式写成，其内容如下：

日航 123 次波音 747 航班，于 1985 年 8 月 15 日下午 6 点 15 分在东京羽田机场跑道升空，飞往大阪，机上搭载着 524 名机组成员、乘客以及他们家人的未来。

45 分钟后，这班飞机在群马县的偏远山区坠毁，仅 4 人生还，其余 520 人已成为空难的统计数字……

在空难现场，智子女士找到了一个血迹斑斑的文件袋，她发现了一张令人心碎的字条。当飞机失事、机上成员惊慌失措时，为人夫、为人父的谷口先生留下了对妻子的最后叮咛：智子，请好好照顾我们的孩子。似乎他只是要远行。

你在为谷口先生而难过吗？还是在感叹人生的无常？保德信成立的 117 年以来，一直致力于为客户免除后顾之忧。坦然面对人生，享受人生，没有恐惧，永远安心——如果你与保德信同行。

恐惧是众多感觉要素中最能左右人们心理的情绪，很多与生活相关的商业广告中，都加入了恐惧的元素，尤其是保险公司、汽车、银行、医药保健公司等，无一例外。同时，电商文案也要把消费者的需求无限放大，也许消费者需要的只是一支普通牙膏，不过广告应告诉消费者，为了避免选到市面上的黑心产品，推荐购买该厂家生产的原装进口牙膏。正是由于消费者都有这样的一些恐惧心理，他们害怕不可预知的未来，而这种心理是无法消除的。所以，消费者很容易被“恐惧”所把控。

奥美广告还有一个杰出的文案案例——《我害怕阅读的人》。这篇文案是由台湾奥美为了推广天下文化出版社 25 周年庆而做的文案，目的是动员目标消费者多读书。由于当时中国台湾地区的经济发展很迅速，每天都有一些创富事迹刺激着大家的眼球，所以每个人都有一股奋发向上的激情，大家每天都忙于工作、应酬、交际，很少有人能静下心读一本书。这时天下文化出版社想改变这种现状，于是便邀请奥美广告为它们策划出一个宣传文案，倡导大家多读书。

可能很多文案创作者拿到这个题目之后，他们会选择一种很常规的写作手段，比如大谈“富有的不该只是钱包，还有头脑”，或者“追求名利太疲惫，在书里找回自己”等类似观点，以此来劝服人们要多读书。

但是台湾奥美却没有采取这种常规套路，而是换一种思路：消费者不是追求名利吗？我理解你。你做生意，免不了应酬交际，在交际应酬中总有一些博学的人侃侃而谈，这时如果你脑袋空空，有些话心里明白，但总是说不出来岂不是难受？你在工作中，在开会讨论一些问题时，有些人能说得头头是道，甚至还能通过一些问题聊国际最新的创业理念，但你对他们所说的东西根本没有听过，即使你工作再努力，等到升职加薪时没有你的份，那你岂不是很悲哀？你在应酬时，当有人聊到茶杯，他能说出茶叶的发展历史，语句中总是充满魅力，这种人肯定能主导话题，当然也更容易赢得尊敬和订单……

通过上面这些思路，台湾奥美策划出了一则振奋人心的文案，其内容如下。

我害怕阅读的人。一跟他们谈话，我就像一个透明的人，苍白的脑袋无法隐藏。我所拥有的内涵是什么？不就是人人能脱口而出，游荡在空气中最通俗的认知吗？像心脏在身体的左边。春天之后是夏天。美国总统是世界上最有权力的人。但阅读的人在知识里遨游，能从食谱论及管理学，八卦周刊讲到社会趋势，甚至空中跃下的猫，都能让他们对建筑防震理论侃侃而谈。相较之下，我只是一台在 MP3 世代的录音机：过气、无法调整。

他们是懂美学的牛顿，懂人类学的梵谷，懂孙子兵法的甘地。

一本一本的书，就像一节节的脊椎，稳稳地支持着阅读的人。

我害怕阅读的人。我祈祷他们永远不知道我的不安，免得他们会更轻易击垮我，甚至连打败我的意愿都没有。

我害怕阅读的人，他们懂得生命太短，人总是聪明得太迟。我害怕阅读的人，他们的一小时，就是我的一生。我害怕阅读的人，尤其是，还在阅读的人。

大家可以来品味一下，是上面这样诉求好，还是一味地劝服人们多读书好？文案中所提到的一些现象，可能很多人读到都有一些感触，当读者意识到自己所经历的某些尴尬与读书有关，他们会提醒自己还是读点书吧，别被淘汰啦。

上面这两个案例，奥美都是运用消费者的恐惧思维去提出一些问题，从而将读者的需要转换成恐惧。为什么会出现这种效果呢？这要从"恐惧"本身说起，恐惧是一个心理学名词，被誉为心理学的重要元素。恐惧的力量有多大？尽管人们都说，真正应该恐惧的是恐惧本身，不过，毋庸置疑，恐惧对人类的影响力远远超越自欺欺人。由于对寒冷的恐惧，人类学会了使用火；由于对饥饿的恐惧，人类开始了圈养牲畜；由于对野兽的恐惧，人类建造了房屋……

一个好的电商文案创作者，也一定是一个好的心理学家，他们能抓住买家的心。有些人可能会认为对买家有用就是抓住了他们的心，其实不然，一则电商文案对买家有用并不能保证他们会选择文案所推广的产品，真正能读懂买家心理的人，他们往往会从买家内心真正的需求出发，也可以说是从最能让买家动心的地方出发，从而赢得买家的青睐。这时有些文案好手就会明察买家心理，把买家的需要转化成一种恐惧，这也是一种好文案的创作方法，人们把这种文案称为恐惧诉求型文案。

恐惧诉求型文案把买家的需要转换成恐惧，利用恐惧诉求，达到震撼和感染效果。这种方法比按照常规方法更能得到事半功倍的成效。因为人类的恐惧心理会促使其做一些防御措施，通常就是选择文案推荐的产品，作为远离恐惧的避难所。那么该文案的具体操作步骤是什么呢？

首先，提出一个与买家切身利益相关，但是买家很可能尚未发觉的问题。

其次，加剧买家对该问题的恐惧感。

最后，向买家兜售解决方案。

那么文案创作者应该通过什么样的方式加剧买家对该问题的恐惧感呢？其具体的操作方法主要包括如图 4-11 所示的三个方法。

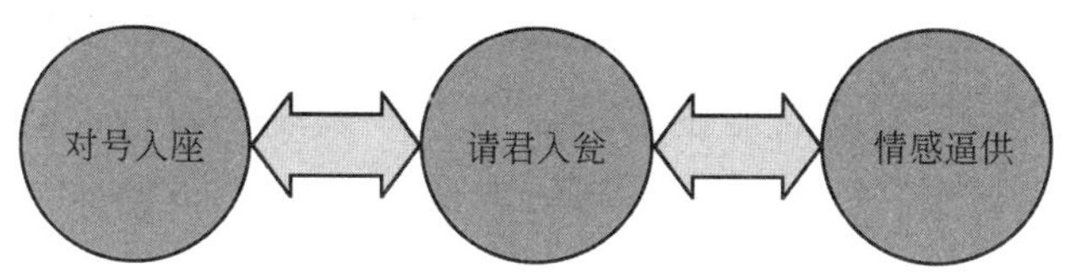

图 4-11　恐惧心理营销方式

1. 对号入座

广泛运用大众传媒，尤其是电视媒体，极力渲染问题的严重性，尽可能广泛地列举各种症状表现，从舆论上营造氛围，不断刺激顾客的神经，强迫买家采取解决措施（购买产品或服务）。

2. 请君入瓮

请君入瓮的营销方式适用于社区活动、实体店的推广营销。其方式主要是一问、二诊、三检、四恐吓、五售卖。

3. 情感逼供

情感逼供的营销方式适用于少儿产品的推广宣传。此文案的内容一定要在强调产品功效的同时，特别注意攻心！将矛头直指家长，而且常用反问、诘问等语句。

恐惧不能过于具象化，否则容易刺激买家产生心理应激反应，并把自己与"恐惧"隔离开。当恐惧已经成为事实时，文案创作者可以作为一个天然的"救助者"出现。同时注意避开人们的心理禁忌。

当文案创作者在把买家需要转换成恐惧的时候，一定要坚持先让买家恐惧，再让买家安心，不能把买家的恐惧感激起后，而没有给他们一个很好的解决方法，这样的文案同样也是一个失败的文案。所以，文案创作者在写恐惧诉求型文案时要把握住恐惧的度，这样才可以达到文案的宣传效果。

一项实验证明，当人们面临强威胁时，通常更容易感到害怕，不过一星期后，反而是受到中等程度威胁的受试者更能服从说服内容，而受到强威胁和没有受到威胁的受试者之间，他们对说服内容的反应效果大体一致。也就是说，威胁一旦过度，反而达不到效果。因为人们自身存在着一个知觉防御体系，感到过度的恐惧和威胁时会产生逃避、阻滞和反应缓慢的倾向。所以，恐惧诉求文案必须掌握一个适度原则，恐惧的强度太小达不到吸引买家注意的效果，而恐惧过大，可能导致买家的逃避。

这种恐惧诉求型文案被证明是一种很有效的营销策略，曾经在西方国家盛极一时，包括奥美在内的大型广告公司，都将之运用于汽车和保险行业的客户。不过，用得不好也可能是搬起石头砸自己的脚。有一个古老的笑话：报纸上天天都在宣传吸烟的害处，于是，我把报纸戒了。

不过，东方人与西方人的心理有所不同，对于恐惧诉求文案的接受度没有那么高，甚至打心眼里排斥这些不祥之兆。人们不愿意面对恐惧带来的心理负担，即使处在极端恶劣情况下，也总有人心怀希望。这也是为什么会有斯德哥尔摩综合征，这种症状是指犯罪的被害者对于犯罪者产生情感，甚至反过来帮助犯罪者的一种情结。这个情感造成被害人对加害人产生好感、依赖心，甚至协助加害人。

总之，对于恐惧诉求型文案要坚持适度恐惧原则，文案创作者要确保恐惧不要过了头，让买家躲避和排斥的文案，注定是失败的文案。

第5章

通过关联法找电商文案切入点

电商文案没有新意，注定是卖不上价钱的，甚至可能一文不值。与其浪费精力写一些没有价值的文案，倒不如多花一点精力写出受消费者欢迎的文案。文案工作就是发现的过程，发现某些东西与所宣传的东西有关联。本章将介绍几种寻找关联的方法，比如通过新闻故事、热点话题、普遍问题、逆向思维、制造冲突等方法，找出文案的切入点，从而写出让买家喜欢的好文案。

5.1 新闻故事，博眼球

新闻之所以称为新闻，其立足点就在于“新”，对于一些新的东西，大家都好奇，所以凡是新闻大家都喜欢看，不管是娱乐新闻、行业新闻，还是政治新闻，特别是一些热点新闻，大家的关注度都非常高。既然大家都喜欢看新闻，那么文案不妨从消费大众这个心理出发，策划撰写文案时把新闻写得味道十足，会起到很好的爆炸性效果，极易形成大街小巷谈论的焦点，形成口碑传播。

5.1.1 杜蕾斯“玩”新闻赚大钱

杜蕾斯产品是很敏感的，文案写得不好就会引来一群人吐槽。然而杜蕾斯的文案创作团队却“玩”得不亦乐乎，他们会想出很多意想不到的点子，让大家眼前一亮。电商文案要的也是能让买家眼前一亮的效果，所以，电商文案创作者要学习杜蕾斯的一些文案创作方法，按照他们的套路创作出的文案也定能赢得买家的青睐。下面就详细说一下杜蕾斯是如何玩转新闻，做出令人竖起大拇指的“牛”文案的。

以新闻故事为切入点做广告文案，杜蕾斯可以说是首屈一指，几乎很少有人能玩得过它。当“一场大雨淹没北京城”的新闻在刷屏时，杜蕾斯在微博上就发布了一则“北京大雨鞋子套避孕套”的创意广告文案，该微博一经发出，一个小时内转发过万，成为当年经典的营销案例。

当大家对“奥运会，刘翔旧伤复发，跨栏摔倒，但坚持走完全程”的消息议论纷纷之际，杜蕾斯对此发出如下微博：最快的男人并不是最好的，坚持到底才是真正强大的男人！乍一看感觉一般，但结合刘翔因伤失利却仍旧坚持比赛的事件来说，显得合情合理又充满人文关怀，而且关键人家是做避孕套的，“最快”“坚持到底”，简单的话里内涵十足。另外，“光大是不行的”“薄，迟早要出事的”等精彩案例,也是出自杜蕾斯策划团队之手。

杜蕾斯的文案策划团队总能做出令人拍案叫绝的文案,他们每次推出的文案,都极具个性,而且他们把握热点之准、反响之快、创意之巧妙,更是令人拍案叫绝。那么如何利用新闻故事写出营销推广的文案呢?下面先看一个创作实践。

有一天,威勃庞尔(webpower)中国区的 Dr. Jason 突然收到国外一家知名行业媒体的简讯,这是一篇关于预测特殊字符主题行可能大受欢迎的报道。看到这则报道,Dr. Jason 立即着手写了一篇《邮件营销流行趋势:特殊字符主题行》的文章,介绍了国内外如何应用特殊字符主题行的情况,同时以研究测试的方式,指导国内的邮件营销人员如何正确利用特殊字符主题行。

这篇文章完成以后,Dr. Jason 立即安排市场部快速地在威勃庞尔中国区的官网、行业媒体、博客、新浪微博等渠道上发布。由于这篇文案具有行业前沿新闻和操作指导性,所以该文章被大量的网站转载。仅用这篇文章,Dr. Jason 就为其官方网站带来了比平时多出 2 倍的点击流量,网站 SEO 排名也不断上升。

另外,由于 Dr. Jason 在文章中插入了 call-to-action(产品或服务链接),那些对特殊字符主题行业务有疑问的人员可以拨通威勃庞尔的 400 部热线电话,在 1 天内,威勃庞尔的客服人员就接到了 5 个关于特殊字符主题行业务的咨询电话,新浪微博上也获得 3 个 leads(lead 是指通过交流,得到的关于某人购买某种产品或服务的可能性的数据。有了一条一条的 lead,开展行销就有了量化的依据),而且销售人员对那些询问特殊字符主题行相关问题的咨询人员进行了针对性的沟通, leads 的转化率也提高了不少。鉴于为客户的邮件营销带来了更多的前沿信息和行业教育指导,威勃庞尔的行业地位和可信度进一步提高。

通过此次创作实践,可以看出 Dr. Jason 利用热点新闻故事,扩大了客户的关注。像这样的事件可能大家并不陌生,很多人都会针对某个热点新闻故事借机写一篇博客文章、新闻稿等,以扩大销售和市场营销的成功实践。

5.1.2 借新闻写文案真不简单

虽然通过新闻故事写电商文案能博得买家的眼球，但如果表述不当便会惹人生厌。如果文案创作者想要以新闻为切入点，写一则惹人喜欢的电商文案，需要注意以下几个方面的问题，如图 5-1 所示。

一	要了解新闻故事生命周期
二	做好获取新闻故事的前期准备
三	做好创作文案前的调查工作
四	快速准确地创作出文案内容
五	做好线上线下传播

图 5-1　以新闻故事写文案的注意点

1. 要了解新闻故事生命周期

在网络时代，人们想要了解新闻那可是轻而易举的事情，打开电脑或者手机就能看到最新新闻，可以说新闻在前一秒发生，下一秒人们就能看到。但是在这个每秒钟都产生新闻的信息社会，新闻产生速度快，被淹没的速度也快，所以，文案创作者要想利用新闻故事创作出一篇独一无二的文案显得更加难能可贵。要先了解一下新闻故事遵循怎样的生命周期，以便能抓住时机创作出有价值的文案。图 5-2 是以时间和兴趣度为坐标轴，制定的新闻故事生命周期表。

从新闻故事生命周期表中，可以看到创作文案的最佳时机就是在新闻发生到媒体记者挖掘更多信息的这段时间里，如果文案创作者能以最快的速度创作出与新闻故事有关的文案，那这个文案就很有可能会火。但如果错过了这个最佳时机，再开始创作文案，那么创作出的文案就很有可能一文不值，因为这时大家对这则新闻故事的兴趣点已经没有了。

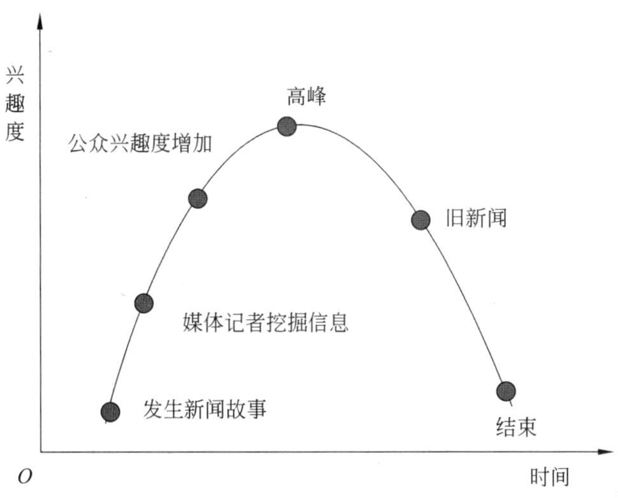

图 5-2　新闻故事生命周期表

2. 做好获取新闻故事的前期准备

想要以新闻故事为切入点创作文案，文案创作者除了要了解新闻故事的生命周期以外，还要做好获取新闻故事的前期准备，那么什么样的前期准备工作是必须做的呢？

文案创作者必须学会如何在第一时间抓取到新闻故事，并找出适合创作的点。虽然现在很多人都是从网上获取新闻故事，但是由于人的时间、精力有限，而网络上的信息量巨大，谁都不可能一天到晚都待在电脑前搜集来自各个新闻源的信息，那么有没有快速的方法让自己第一时间就能获取最新的新闻故事呢？有，最好的方法是利用技术手段。目前，文案创作者可以利用订阅、集成技术工具获取一手信息，这些工具如图 5-3 所示。

利用这些方式，文案创作者要设定关注的主题关键词，这样能减少信息负载，让有用的信息主动找自己。另外，社交媒体已成为重要的信息来源，不要忘了持续观察和倾听微博、博客上有关信息，通过博客、微博的搜索功能，或其他社会媒体信息搜集及监测工具获得相应的社交内容。

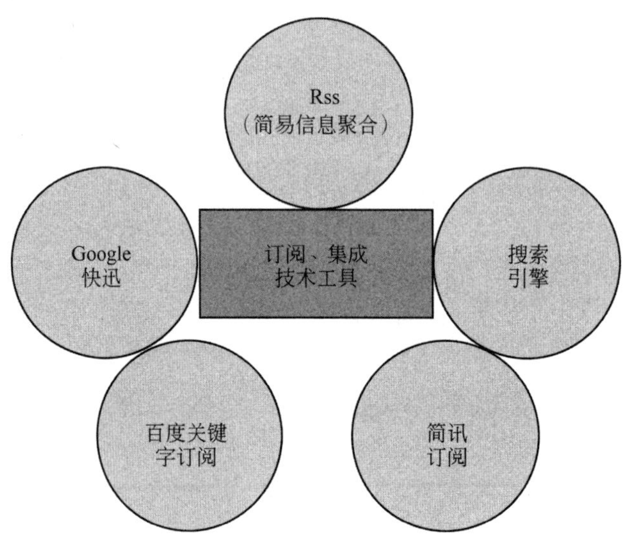

图 5-3　订阅、集成技术工具

3. 做好创作文案前的调查工作

一旦找到了一个你想要的新闻故事，文案创作者千万不要为了抓住时机，立即就着手写，这时要做的就是研究及查看关键字的搜索量。百度、Google 是我国目前使用的最大的搜索引擎平台，它们的文章排序在算法上更青睐于原创或初次发布文章，所以在写作之前，文案创作者要利用站长平台、爱站网、百度竞价后台、百度指数等工具查阅关键字的不同短语的搜索量，在写文案时尽量选择使用搜索量高的关键字短语。

在开始文案创作之前，文案创作者还有一个工作要做，就是查找到其他有关这个新闻故事的报道，在了解别人的写作内容的基础上进行创作，这样不仅能写出与事实相符的文案，还能保持自己文章的原创性和可信性。

4. 快速准确地创作出文案内容

文案创作者在做上面的准备工作时，要做到快速。这些准备工作做好之后，就要进入写作阶段，这时文案内容不要因太过于追求完美而耽误了首次响应的时间，所以，在以新闻故事为切入点写文案时，更多的是快速和准确地创作出内容。

5. 做好线上线下传播

文案创作完成之后，还有一个重要环节，即宣传推广渠道，这也是决定文案是否成功的最后一步。如果有条件的话，文案创作者可以利用线上线下多种形式的市场传播手段和各种推广渠道，将内容信息营销出去，而且不同的推广渠道，其内容最好依据不同的表现形式作出调整。

5.2 热点话题，获关注

2008 年，奥巴马在美国大选中获胜后，他在家乡芝加哥发表了题为“Change Has Come to America”（美国的变革）的胜选感言，称美国变革的时代已经到来。当时，处于金融危机的美国，每个人都忧心忡忡，而奥巴马在这时喊出了“我们将以无穷的力量来回应那些说我们不行的人，然后说：Yes，we can!”在每一段的结尾，他都重复这句“Yes，we can!”。

“Yes，we can!”从严格意义上来说，它并不是一句广告语，却感染了亿万个因遭受金融危机的美国人。奥巴马也正是因为“Yes，we can!”的“广告”，给了美国人战胜困难的信心和坚定信念。作为回报，美国人也选择相信他。

好的切入点是让买家把电商文案从头到尾读下去的砝码。一个没有任何含金量和吸引力的文案内容，即使买家点击进去也没有要读下去的欲望，更不可能感染买家或者吸引买家购买文案所推广的产品。

5.2.1 炒作炒作，关键就在“炒”

想让电商文案更具吸引力，文案创作者可以多关注一些相关行业以及当下业内一些热点话题。热点话题是什么，它是大多数人在一段时间内极为关注的焦点，这时可以把文案内容与最近流行的热点话题的某些特质相联系。热点话题的关注度越高，文案越能吸引买家的注意。

想利用热点话题作为文案的切入点，这就需要文案创作者在日常生活中多关注一些热点话题，对热点话题了解得多，文案才能给大家带来丰富的视角和独特的见解，文案才容易打动人。

2015 年 6 月，“东方之星”沉船事件震撼了大家的心，成为一时的热门话题；8 月，天津爆炸也成为大家一时关注的焦点……每隔一段时间都会有一个非常“热”的话题，大家都会在网络上搜集关于这方面的信息，文案如果能与该热点话题有一个很好的契合点，那么文案就一定能获得关注。

在《水浒传》火爆播出之际，大家茶余饭后都在谈论“水泊梁山，一百单八将”，这时古方三蛇胆创意出“孙二娘篇”《对付上火、长痘怎能心太软?》，利用《水浒传》人物孙二娘以及流行歌曲《心太软》，两个最红的流行元素拼在古方三蛇胆的广告中，引起了很多人的关注，广告效果自然非同凡响。在深圳“扫毒、扫黄”行动如火如荼地进行时，古方三蛇胆又推出“扫毒灭疮”篇广告，引起了大家格外关注。

在母亲节来临之际，中华豆腐在中国台湾借母亲节推出的《中华慈母心，中华豆腐心》亦妙不可言；一致药店在三八节推出的《三八节男人一致行动》的广告也相当有影响力。

上面这些商家都是利用当时的热点话题，创作出契合时机的电商文案，获得了大众的广泛关注。但是利用热点话题来赢得良好的广告效果并不是一件容易的事，并不是说只要利用热点新闻炒作就一定能赢得很高的关注度。当某知名演员出轨的话题被炒得沸沸扬扬之后，大家也慢慢地没有了新鲜感，慢慢地这个话题冷却降温，这时在各大微博和论坛上，依然能看到有些人在利用其妻子评论他道歉信的文字“婚姻不易，且行且珍惜”进行网络营销。一家卖衣服的网店说“穿衣虽易，品位不易，且遇见且珍惜”，一家做网络营销推广的网站说“建站虽易，营销不易，且推广且珍惜”……当话题的新鲜度已过后，文案创作者再“炒”其妻子的话，那就是“炒剩饭”，大家都不喜欢吃剩饭，所以再炒也没有什么效果，而且每天满屏的“××虽易，××不易，且××且珍惜”都已经出现视觉疲劳了，大家还愿意再看见吗？答案当然是否定的，所以，像这样的推广文案大家根本不可能有兴趣和耐心去阅读。

5.2.2　如何让“刷屏”信息帮电商文案刷屏

每次出现热点话题，大家都会不约而同地刷屏。“刷屏”信息天天有，想不想也让文案刷屏呢？文案创作者当然要合理利用这些“刷屏”信息。下面介绍几点写作技巧(图 5-4)，以帮助文案创作者成功实现刷屏。

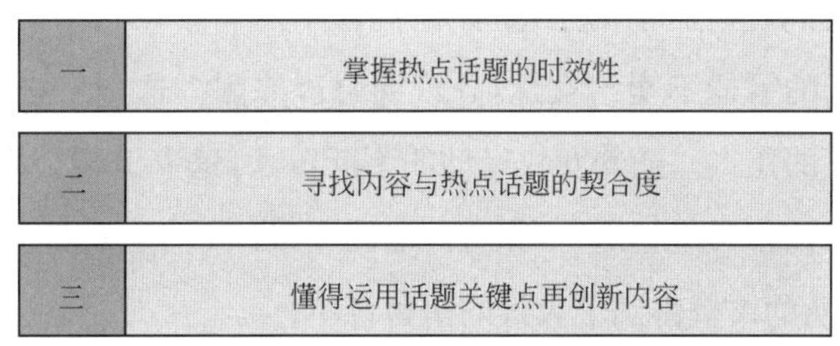

图 5-4　运用热点话题创作文案的技巧

1. 掌握热点话题的时效性

所谓热点话题就是大家在一段时间内经常关注的话题，可见，热点话题是有一定的时效性的。那么文案创作者在写文案的时候，选取的热点话题应注意时效性，不应选取时间久远的话题。在如今信息内容更新节奏惊人之快的时代，所有的新闻，特别是网络热点话题都不会持续太久，它们很快就会被一波又一波新的奇闻逸事或者爆炸热点给淹没在历史的话题中。例如，马航坠机这类牵动全球民众心弦的话题，在进行全天 24 小时直播动态进展的新闻后，也在知名演员出轨事件出现时戛然而止，而此事件的持续时间也不过两个多星期而已。

任何热点话题一般在炒一个星期后，人们的热情就会退却了。热点话题一旦过了热头也就没有什么炒作的必要了。所以，一个星期的时间，便是这个热点话题的时效性。如果文案创作者想利用热点话题时，在话题一出来的前三天内就好好运用话题进行炒作营销自然能博得大量的关注度，并形成良好的信息曝光度。

2. 寻找内容与热点话题的契合度

在利用热点话题创作文案时，产品服务和话题之间的关联要自然，切忌牵强附会。文案大师约瑟夫·休格曼曾为一家雪橇公司创作了一个经典文案。

文案的创作背景是在20世纪80年代的美国，当时女权主义盛行，大家都讨论女人的地位应该与男人的平等。那时候有一家雪橇公司的生意很冷清，即使在滑雪场上，它们的销售也十分不景气，购买的人也只有寥寥无几的男性。于是，约瑟夫·休格曼给雪橇公司出了个主意，让他们在华尔街日报刊登一则广告，内容讲的是他们滑雪场的雪橇不卖给女性，并说明合理原因。这则广告刊出之后，一下子成为大家争议的焦点。随着女权运动的不断深入，这家雪橇公司一下子被众多女性所知，这时，该公司又刊出一则广告，他们宣布：我们尊重女性与男性的平等，于是，那家滑雪场的雪橇得到了大量的销售订单。

总之，不管文案创作者是为哪些行业、哪些产品创作文案，最重要的就是要把握文案内容与话题的契合度。只有与热点话题有一定的相关性的推广文案才能获得更好的营销效果，这点是广大营销达人都明白的技巧。否则就会给人一种“驴唇不对马嘴”的感觉，让大家对文案产生反感。

3. 懂得运用话题关键点再创新内容

很多文案创作者都会抓热点话题写文案，但是他们的内容都是大同小异，没有一点新鲜感，这时如果文案创作者利用话题的关键点创作出新的内容，买家就会有兴趣看。比如，当知名演员出轨的信息爆屏时，其妻微博写出“且行且珍惜”，在那段时间，这几个字眼可谓是出现在了大街小巷，网店推广广告、图书等地方都有涉及。一段时间后大家再看到这样的字眼，肯定会产生极度厌烦的情绪。

所以，运用一个热点话题创作电商文案时，不仅要抓住热点话题的关键点，更要学会创新转换，而不是一味地去复制套用，这跟第一个将女人比喻为花的人是天才，后面一大帮再用这个比喻的人就是蠢材的道理是一样的。

5.3 普遍问题，找出路

想让文案引起人们的注意，除了利用新闻故事、热点话题以外，还可以选取一些与人们工作、生活息息相关的话题或普遍面临的问题、难题。如果文案若能针对这些问题有良好的解决方式，那文案创作者还可以额外地获得消费者对所宣传的品牌或产品的认可。

5.3.1 汉堡王让韩国人睡个安稳的回笼觉

现在，很多上班族睡觉的地方与工作的地方离得很远，他们每天都要早早起床赶公交坐地铁，难免会睡眠不足，有人就会选择在公交和地铁上补个觉，但是又害怕睡过头，坐过了站，所以他们在车上睡觉也不踏实，一会儿睁眼看一下是不是到站了，这让想在车上睡觉的人很苦恼。为了解决这个问题，汉堡王推出了"Morning like a King"的活动。

"Morning like a King"活动是这样的，汉堡王向大家发放写有"请在××站叫醒我"的眼罩，那些睡眠不足的上班族便戴着它在地铁上睡回笼觉，快到站时则会有好心人来提醒他们，而他们作为回报，则把眼罩中的汉堡王咖啡券送给那些好心人。

汉堡王的"Morning like a King"活动首先在韩国首尔的各个地铁口发起，顿时引起了广大上班族的关注，地铁上掀起一阵眼罩热潮。随后，汉堡王的"Morning like a King"活动又跑去了釜山，他们打算让釜山人也能在地铁上睡个安稳的回笼觉。通过本次活动，汉堡王不仅用送眼罩提升早间销量，也让韩国人睡了个安稳的回笼觉。

文案如果从大家息息相关的话题或面临的问题出发，帮助大家解决了问题，大家自然就会喜欢看，进而喜欢购买文案中所宣传的产品。

5.3.2 写文案需要“火眼金睛”

文案创作者应该有一双“火眼金睛”，找出普遍问题的突破口。其方法如图 5-5 所示。

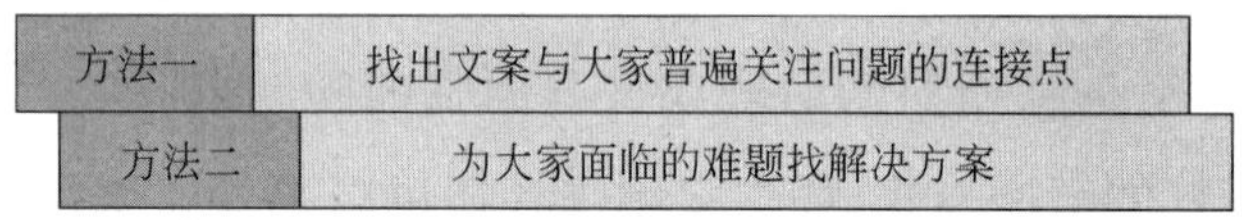

图 5-5 找普遍问题突破口的方法

1. 找出文案与大家普遍关注问题的连接点

想想大家目前最关注或者一直以来都很关注，但一直得不到解决的问题，文案创作者把这个问题列在文案写作本上，找到这个问题和宣传产品的联系，一定能写出一个令人刮目相看的文案。

如今，很多在外打拼的人，他们有的是自己创业，有的是给他人打工，无论他们干什么，都希望在自己所工作的城市买一套属于自己的房子，有一个叫华辰的房地产就把这些人定位成推销对象，根据这些人普遍关注的问题，分析他们的心理特征，推出了一系列广告文案。

这些人大多数都出生在农村或者是小县城，他们在外面待久了，习惯了城市中的生活，所以，他们都不想再回到老家，于是，该房地产根据这些人的这种心理特征，推出了第一则广告文案，标题为“回家路上，华灯开放”，内文如下。

生来就在这里。习惯了各式各样的店铺与商场，习惯了车水马龙、人流不断，习惯了城市每天都在变得更好，习惯了越来越多的人看好这里，习惯了城市这里的繁华，习惯了，回家，一路华灯开放。华辰 · 星光名庭，占据城市繁华中心，让城市取悦你的生活！

在外漂泊久了，这些人都想有一个安稳的家，即使他们现在没有足够的钱，他们贷款也要买一个自己的窝。于是，该房地产就推出了第二则广告文案，其标题

"决定留在这个城市",内文如下。

是时候选择留下来了。在很久的漂泊与疲惫之后,开始欣赏这里的繁华生活与经商活力,欣赏熟悉的生意伙伴与生活氛围,欣赏这里每天的进步、每天的完善,欣赏这个城市的质朴、勤劳与和善,欣赏,所以,选择华辰·星光名庭,选择不再犹豫。华辰·星光名庭,占据城市繁华中心,让城市取悦你的生活!

随后,该房地产还推出了两则广告文案,其标题分别为"从这里走向未来""无限城市生活",这些文案都是以很多人关注的问题着手,找到与该公司的连接点,然后内容就水到渠成了,而且也容易获得大家的关注。

2. 为大家面临的难题找解决方案

目前,大家都面临一个问题,比如食品安全问题、空气污染问题、养老问题等,除了这些大问题以外,有些可能还会面临就业问题、考试问题、学习问题等,这时如果文案创作者能给他们一个比较巧妙的解决方案,那么他们肯定会喜欢这则文案。

近几年,我国吹来了一股"留学风",很多人都想出国留学,但总是苦于学校申请烦琐、留学程序复杂,因此有商家就推出了"还在为美国留学苦恼吗? ××(品牌名),帮你实现美国梦"。该广告文案吸引了一些想要留学却无迹可寻的人的注意。

还有就是很多人都不止一次地下定决心说"我要学好英语",但总是学了两个星期或者一个月后就半途而废了,他们想也许跟一些不屈不挠的人在一起,坚持的可能性更大些。这时某培训机构就推出了"英语不好,处处碰壁? 来××英语,三个月英语听说无障碍"。那些想要学好英语的人看到这则广告文案后都决定去该机构看一看。

文案创作者帮助大家解决了面临的难题,大家自然也会帮它解决难题,关注文案中所推销的产品或服务,甚至促成购买行为。

5.4 逆向思维，反传统

有位伟人说过："第二名和最后一名没什么区别，人们只记得第一名。"的确，大家永远都记得第一个登月球的人、第一个登珠穆朗玛峰的人、第一个发明电话的人……可见，第二名和最后一名一样，都属于非第一名，人们往往会把主要的光芒放在第一名身上，第二名、第三名直至无穷，人们往往都不会记住他们，正如大家都知道三国时期武艺第一的是吕布，第二是谁则众说纷纭，没有确定答案。

5.4.1 做鸡头，还是做凤尾

"宁做鸡头，不做凤尾。"这就是人的传统观念，所以，一直以来，每个企业都想做行业的老大，每个人都想做第一。当所有企业、所有人都强调自己是第一的时候，有些人却甘愿说自己排名第二，这是为什么呢？因为大家都在说自己是第一，如果你承认自己第二，大家就会停下来看个究竟。

广告灵魂之父威廉·伯恩巴克曾为出租车公司艾维斯做广告文案的策划。在对出租车行业了解的过程中，他发现当时的出租车行业，赫兹公司一直位居榜首。近几年，艾维斯公司为了争夺出租车老大的席位，不时与赫兹公司进行激烈厮杀。无奈赫兹公司的实力太大，艾维斯公司屡战屡败，连年亏损，情况非常不乐观。

针对这种情况，威廉·伯恩巴克决定转变思维方式，不做第一，换做第二。确定方案之后，他就说服艾维斯公司同意他的想法，放弃第一的角逐。起初，艾维斯公司的高层不同意，毕竟，第一名相对于第二名有无法比拟的优势。最明显的是具有相当高的感召力，凭借第一的定位无须花费太大努力就能够争取到不少顾客。

当威廉·伯恩巴克把艾维斯公司之前的失败案例拿出来，并把当前的局势向这些高层介绍之后，艾维斯公司的高层同意了威廉·伯恩巴克的想法，让公司做第二。后来，威廉·伯恩巴克采用了“把缺点当特点，把特点当卖点”这个思路，创作出了文案标题：在出租车行业，艾维斯是第二位的。正文内容如下：

我们更努力，我们不会提供油箱不满、雨刷不好或没有清洗过的车子，我们要力求最好。我们会为您提供一部新车和一个愉快的微笑——与我们同行，我们不会让您久等。

当时，艾维斯公司把这篇广告文案发布出去之后，立即引起了轰动。在营销广告传播领域，威廉·伯恩巴克的这则广告算是非常另类的，当时网络上针对这篇文案的评论都是讲他的文采如何好，其实他背后的策略才是真正牛，他采用逆向思维，通过反传统的说法，让广告不同凡响。这就是大师和新手的差距。

5.4.2 别人说“红”，你就说“黑”

当别人都说“红”，只有你说“黑”，大家就会把目光转到你的身上；当其他人都传递越多越好的理念时，你却告诉大家少才好，就会出人意料。这就是一种逆向思维。

很多人都说：“人生就像一场马拉松。”但有人在为日本马拉松做广告宣传时，他们拍摄了 TVC（电视广告片）“人生各自精彩”，以一种逆向思维，取得了非同凡响的效果。其文案内容如下：

今天我们继续跑着，每个人都是奔跑的人，时钟无法暂停，时间往前不停流逝，这是一场不能回头的马拉松比赛，边跟对手竞争着，边在时间的洪流这条直路上跑着，想比别人跑得更快，相信前方有美好的未来，相信一定有终点，人生就像一场马拉松。

但真是如此吗？人生就是这回事吗？

不对，人生不是一场马拉松。这比赛谁定的？终点谁定的？该跑去哪才好？该往哪边跑才对？才有属于自己的路？自己的路？真的有吗？我不知道。我们还有没看过的世界，大到无法想象。没错，偏离正轨吧。烦恼着，苦恼着，一直跑到最后，失败又怎么样，绕点路又怎么样，也不用跟别人比，路不只一条，终点不止一个，有多少人就有多少可能。

人生各自精彩，谁说人生是一场马拉松的？

对电商文案来说，从反方向突破常规，是一种非常容易吸引消费者注意力的方式。人们都习惯做正向思考，所以通过正向思维想到的东西，很多人都能想到，但通过逆向思维的东西很少有人能想到，所以，看到这些东西，大家都会觉得很好奇，这也是文案创作者通过逆向思维写出的东西，大家都喜欢看的原因。

目前，很多广告中也开始运用逆向思维，比如，大多数房地产都说自己的楼盘处于“黄金地段”，而有一个房地产却说他们的楼盘在“白银地段”，主要诉求它“升值有潜力”；当大多数英语培训机构都在夸自己的培训是国内一流时，某英语培训机构却说“对不起，我们只会教英语”，此机构专注英语教学 14 年；当大多数做衬衣的厂家都在高调宣布自己的衬衣是国内一流时，而某衬衣却向大家说“一件不合格的衬衣”；当大多数医药厂商都在宣传自己的药品 100%有效时，某厂却说“请别相信 100%有效”……

与别人不同，你就真的不同，而大家就偏偏喜欢与他们不同的东西。因为相同的东西大家看多了，就会觉得反感，而偶尔出现一些不同，大家就会觉得很有新意，这时不同的东西就会获得很大的关注。特别是电商文案，最大的忌讳就是相同，除非文案创作者是第一个发布这种类型文案的，否则它们几乎是不可能受到广泛关注的。

5.5 制造冲突，巧嫁接

看到有人在街上打架，你会忍不住去瞧瞧；看到网上有一篇“可乐杀精”的文章，你会忍不住点进去看个究竟；看到一篇“吃柿子会死人”的文章，你也会想了解一下。而且不只是你，很多人都会如此，这是很常见的现象，毕竟人都有喜欢看热闹的心理，特别是在互联网比较发达的时代，“温和”的东西大家看得太多了，偶尔出现一些意外“冲突”，肯定会引起不小的动静。

5.5.1 “可乐杀精”引发的大动静

当看到“可乐杀精”四个字时你会有何感想呢？大家肯定不会没有任何想法，事实也表明，“可乐杀精”引起了很大的动静。因为可乐是很多人都喜欢喝的饮料，而且在全世界都非常流行，这时竟然有人说它会杀精，这不是让人类断子绝孙的节奏吗？且不说这则消息是真是假，但凡看到这些字眼的人，特别是那些喜欢喝可乐的人都会感到很恐怖、很意外，正是这种感觉才促使他们要看个究竟，所以，这则文章一经发布，就引起了广泛关注。

“杀精”两字就是文案创作者制造的意外“冲突”，如果文案创作者把“可乐杀精”换成“可乐危害健康”，这样的说法肯定就没有那么大的杀伤力，因为现在市面上危害人类健康的东西实在是太多了，大家看得多，听得多，自然也就见怪不怪了，但“可乐杀精”这样的说法人们第一次听说，自然觉得很意外。

除此之外，目前在网上流传的各种养生帖中，也给读者制造了很多意外“冲突”，比如“喝水也会死人”“吃香蕉会死人”“吃土豆会死人”等。人活着不管怎样都会死，但上面这些死法确实让人很意外，毕竟这些事都是大家经常在做的，与大家的日常生活发生冲突，这也是这些帖子吸引很多人转发和传播的最重要原因。

难道这些文案的目的真的是要告诉大家人喝水会死、吃香蕉会死、吃土豆会死吗？当然不是，这些帖子背后的目的是什么呢？他们只是想用这个意外的“冲突”来吸引大家的眼球，让大家阅读这篇文章，其实他们会在文章中自圆其说，然后抛出一些正确的观点，这时候人们才会说：“哦，原来是这样啊。”

在这里反反复复举了这么多例子，其目的还是让文案创作者清楚这也是一种写文案的方法，以“冲突”为切入点，巧妙地把所推广的产品或服务嫁接在里面，文案就能收获到意外的效果。

5.5.2 麻辣烫“勾搭”女朋友

有人曾为一家麻辣烫写了一批文案，其内容如下：

我的女朋友最近每天都很晚回来，回来的时候都是小脸通红的，嘴里不时地轻喘，而且我总是在她身上闻到一些男性的味道。直到有一天，她回来的时候披头散发、衣冠不整地进门了。我实在忍不住了，上前抓住她吼道：你知道我不爱吃辣的！还天天去楼下的麻辣烫吃重辣的！你看楼下那么多人吃，有什么好的，不就是使用了无添加的安全食用油、特制的麻辣调料和通过卫生检疫的蔬菜和肉制品吗？据说他们最近还在搞加盟店，你还想让我免费加盟是吗？

在上述这篇电商文案中，大家一看到“很晚回来”“小脸通红”字眼就会联想到“他女朋友是不是出轨了？”有了这样的疑问大家自然就会继续往下看，看着看着就明白了：“哦，他女朋友爱吃麻辣烫呀。”这还不算完，文案中的主人公还和这家麻辣烫较上劲了，这家麻辣烫有什么好的，不就是“好吃”“人多”“安全”吗，最后还升华到“你还想让我免费加盟是吗”，道出了这家麻辣烫原来还可以免费加盟。主人公的这些表达让人觉得他是在和这家麻辣烫“吵架”，而实际上他是在为这家麻辣烫做宣传。这种通过“冲突”的写作手法的确很高明，让人误以为他们是发生了冲突，纷纷过来看热闹，看完之后，让人觉得这家麻辣烫原来这么好呀。这就达到了宣传的目的。

目前，市面上很多电商文案都是用最美的词语和句子描述产品，而这时文案创作者如果在文案中制造一些意外“冲突”，就会很容易赢得关注。文案创作者在运用能引起“冲突”的这类话题时，应先找到一个大家都认可的关注点，然后马上来一个意外的转折，往往能给买家带来一种出其不意的感觉，买家也就顺着文案创作者造的滑梯迅速地滑下来了。另外，可以在电商文案标题中制造一些冲突，也可以在正文中以“冲突”为主线引起大家的注意，但是最好的方法是把冲突体现在标题中，毕竟大家先看到的是标题。

5.6 案例：戴·比尔斯钻石：钻石恒久远，一颗永流传

戴·比尔斯(De Beers)集团已有120多年的发展历史，它凭借举世无双的精湛工艺，充分激发钻石本身无与伦比的天然光芒，从而推出许多独一无二的经典设计，每一件钻石珠宝都充分彰显钻石本身的恒久魅力，戴·比尔斯也因此成为卓尔不群的权威钻石珠宝厂商。如今，戴·比尔斯钻石珠宝对于优质钻石有最专业的话语权，还是钻石珠宝商中公认的光影大师(Jewellerof Light)，光影是钻石的灵魂，于是戴·比尔斯便把钻石作为文案创作的出发点。

"钻石恒久远，一颗永留传。"这句闻名于世界的经典广告语是戴·比尔斯集团于1947年巧思出来的。这句广告语带着戴·比尔斯钻石走入了寻常百姓家，也使戴·比尔斯成为钻石的代言词。

凡是经典的广告语都有一个共同点：优美语句与丰富内涵的完美结合体，戴·比尔斯的这句"钻石恒久远，一颗永留传"也不例外。在1945年以前，钻石只是钻石，它只是一种稀有的矿石，在当时只有皇室贵族才能佩戴它，以展示他们的权力和地位。

1945年的奥斯卡颁奖典礼之后，钻石的意义与爱情联系到一起。当时影后琼·克劳馥在奥斯卡颁奖典礼上面对一条镶有24克拉钻石的项链，忽然变得很伤感："要是一个人能拥有像钻石一样的爱情，那该多好啊!"如此光鲜、耀眼的明星，却有着如此平凡的感情流露，这让戴·比尔斯敏感地觉察到钻石的灵魂就在这里——一个关于永恒爱情的故事。

真挚永恒的爱情是人世间最美好的东西之一，也是每个人都渴望得到的东西。于是，戴·比尔斯从琼·克劳馥身上找到了适合戴·比尔斯产品特性的故事主题——永恒的爱情。那么钻石有哪些特性呢？如图5-6所示。

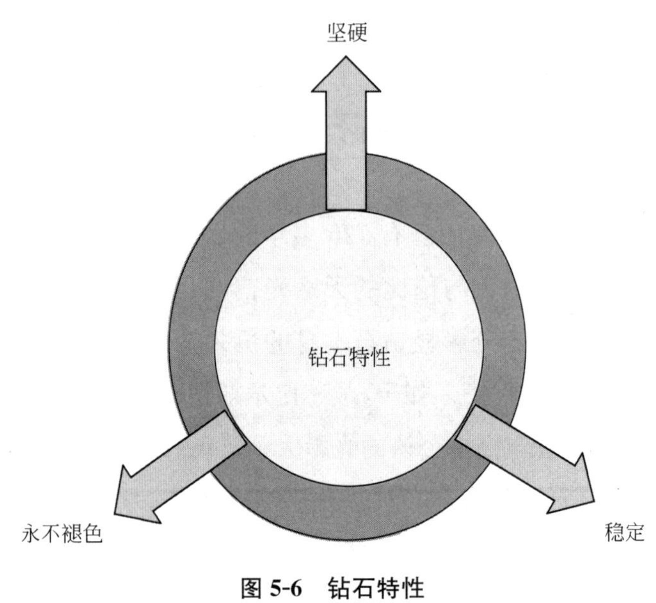

图 5-6　钻石特性

1. 坚硬

钻石是坚硬的，目前地球上所发现的物质中，硬度最高的就是钻石，没有什么可以击碎它。

2. 稳定

钻石是稳定的，任何酸性或其他药品对它都不起作用，不会因时间的变化变质。

3. 永不褪色

正是由于钻石比较稳定，所以它不会随着时间的流逝而褪色。

美好的爱情也具有坚硬、稳定、永不褪色的特质，可见，钻石＝坚硬＋稳定＝永恒＝爱情。这些构成了戴·比尔斯钻石意义的核心：

在时间的轮回中，唯有钻石是永恒的——"The diamond is forever"。所以，两个人的爱情是否能够永恒也只有钻石才能见证。戴·比尔斯提出了用钻石来表达爱情，如果他永远爱你，他就会送你永恒的钻石。

人都有七情六欲，人性是无法改变的，无论穷人还是富人，都需要爱情，所有的爱情都同样伟大。而爱情又和钻石联系到了一起，这就使得钻石从非必需品变成了必需品。消费对象也从极小部分高端人群扩展到所有人。

一旦把消费对象定位到所有人，其销售市场的潜力无疑是惊人的。自从戴·比尔斯在 1947 年推出“The diamond is forever”广告文案以后，仅十几年的时间，80%的美国人在订婚时就开始选择钻戒作为信物。1993 年，戴·比尔斯开始占领中国的钻石市场，“The diamond is forever”被翻译成“钻石恒久远，一颗永流传”，并把戴·比尔斯把钻石比作爱情的故事带入中国，钻石市场在中国打开了。

“钻石恒久远，一颗永流传”这句广告语不仅道出了钻石的真正价值，而且也从另一个层面把爱情的价值提升到足够的高度，使人们很容易把钻石与爱情联系起来。这的确是最美妙的感觉。

好的文案都有一定的切入点，而“钻石恒久远，一颗永流传”的切入点就是“浪漫”，将钻石与浪漫永久地结合在了一起。下面通过 5W 传播理论分析戴·比尔斯的“钻石恒久远，一颗永流传”的经典之处，如图 5-7 所示。

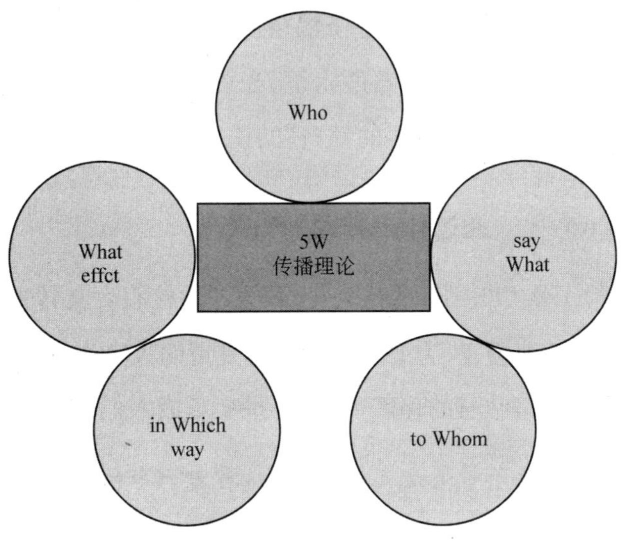

图 5-7　5W 传播理论

1. who——谁

戴·比尔斯用“钻石恒久远，一颗永流传”这样一句广告语将钻石与浪漫永久地结合在一起，开启了用钻戒订婚的历史，也让钻戒成为世人表达坚贞爱情约定俗成的习惯。

2. say what——永恒的爱情

每个人都需要爱情，每个人都渴望永恒的爱情，象征永恒的钻石，人们看着它，就会觉得这光彩夺目的爱将会陪伴你一生。在马斯洛理论中，人的基本需求是安全，对于难以预料的未来，人们是没有安全感的，谁都没办法确定两个人的美好爱情在未来是否依然存在。于是，人们需要借助外物作为有形的参照，这时他们就选择了象征永恒的钻石，来慰藉内心的恐慌。所以，男士为了表达对女士真挚永恒的爱意，都会选择钻石作为定情信物，而不会选择其他同等价值的物品。

3. to whom——对谁

戴·比尔斯的目标消费群体定位于渴望获得永恒爱情的男女：他们相信爱，渴望爱，希望自己拥有的爱情如钻石般永恒，光彩四射。于是，戴·尔比斯就有了“如果他永远爱你，他就会送你永恒的钻石”的说法。

4. in which way——通过什么方式

戴·比尔斯为了将“The diamond is forever”的核心意义传播出去，他们在全球约 34 个国家，以 21 种语言，为渴望获得永恒爱情的人宣讲一个拥有永恒爱情的故事，深深影响着人们对钻石的理解，甚至一举变革成人们的婚恋习俗：

一位 20 多岁的小伙子带着女友挑选婚戒，看着一个硕大的钻石说：“媳妇，虽然我们现在买不起这么大的钻戒，但是以后我一定给你买一个比这个还大的。”女孩眼睛里泛着泪花，激动地说：“我不在乎你送的钻石有多大，我只用知道你对我的爱像钻石一样永恒就足够了…… ”最后他们挑选了一个小巧的钻戒，十指紧扣地离开了。

一位 40 多岁的成功男士指着柜台的钻戒，对着身边漂亮的女朋友说：“你选最贵的吧，这样才能配上我对你的爱。”

一个衣衫褴褛 60 岁左右的老大爷走进来，这是他第三次来到这个店里，这次他还带来一个满脸皱纹的老婆婆，今天是他们的四十年结婚纪念日，他们精心选了好久，选了一对白金心形钻戒，老大爷给老婆婆戴上戒指后，托起她的手欣赏了半天，轻轻地说了一句：“在我心中，你最珍贵。”

5. what effct——达到的效果

送钻戒已经成为全世界一种婚恋习俗，钻戒几乎成了新人喜结良缘必不可少的配件之一，而在我国每年 800 万～900 万结婚人口中，全国每年新婚消费金额已达到 4 000 亿元，其中当然缺不了买钻戒。步入 21 世纪，戴·比尔斯公司依然牢牢占据着钻石行业的龙头老大，每年的销售额超过 60 亿美元。

如今，人们看到钻戒，都会想起戴·比尔斯的经典广告词“钻石恒久远，一颗永流传”。这就是经典广告的力量！它给钻石重新做了定义，大家现在不仅把钻石当作财富、权力和地位的象征，而且把它作为珍贵、永恒、忠贞、纯洁无瑕以及坚不可摧的爱情的象征。

在前面小节中也说过，好的文案都是利用关联法找到内容的切入点，并借助比喻、夸张、拟人等修辞手法，将某一事物的特点与另一事物关联起来，也许就会产生意想不到的效果，例如“××(品牌名)，把外教装进口袋!”“暑期特价英语课程，白菜价，学英语。”“2011 年××英语培训暑假住宿班，打架报名中。”看到这样的文案，大家是不是觉得有些意思。值得注意的是，不同事物之间的联想，要自然不生硬，二者之间确实存在某些共同的特征，联系起来才能博大家一笑。

第6章

如何在电商文案中体现产品优势

文案是写给消费者看的，它在写作方法上除了要博得消费者的喜爱之外，还有最重要的一点就是宣传产品，把产品的优势在文案中充分体现出来，并引起消费者的购买欲望。本章讲述了如何在文案中体现产品优势的技巧，比如，将产品的特点转化为利益，强调产品的"附加值"，为消费者提供"次要承诺"以及从用户体验的角度出发等。

6.1 将产品的特点转化为利益

有些人特别爱说话，这是他们的优点还是缺点？说这是缺点的人会说“言多必失，祸从口出”，说这是优点的人会说“能言善辩，纵横捭阖”。其实无所谓优点或缺点，关键看环境和形势。

对产品也是一样，对有些人来说，有些产品特点会是优点，而对有些人来说，产品的这些特点就是缺点。比如，某火锅有麻辣火锅也有清汤火锅，对麻辣火锅而言，喜欢吃辣的人会说“这个辣真带劲”，对不喜欢吃辣的人则会说“这是什么东西呀，辣死了”；对清汤火锅而言，喜欢吃辣的人会说“这叫火锅吗，没有一点味”，喜欢吃清淡的人会说“这个味道刚刚好”，所以，该火锅就推出了“鸳鸯锅”，一边是麻辣味的，一边是清汤味的，这就满足了各种口味的人。

6.1.1 变个说法就能赚大钱

产品的功能或特点如果能找到适用的对象那就是优点，找不到自然就是缺点，当然对于产品研发人员来说，他们要尽可能改进产品使之更适合大多数消费者，但对于文案创作者来说，产品的功能和特点是不能改变的，能改变的只有观念，所以，文案创作者在做产品广告方案的时候要始终坚持一个原则：凡是我有的别人没有的都是优点，相反别人有的我没有的那就是缺点！总而言之，只有把产品的特征转化成利益，满足了买家的需求电商文案就成功了！

张某是热水器经销商，他卖的热水器功率是1 500W，他同行卖的热水器的功率是1 800W，如果有位顾客来到张某的店内问他家的热水器功率是大还是小。这时你认为他应该怎么回答呢？

如果张某说他家热水器是大功率的，也许这位顾客想买一个小功率的热水器，但如果他说热水器是小功率的，也许这位顾客想买一个大功率的热水器。总之，无论他怎样回答都有 50%的可能会失去这位顾客。

但如果张某的转化能力强，他就可以把产品的特征转化为顾客的需求。这时他可以和顾客沟通，问："别人买热水器都是关心质量，你怎么关心功率大小?"

顾客可能会说他家是新房子，他原来用的热水器加热慢所以想买一个大功率的，这样顾客的需求就轻而易举地了解了。了解了顾客的需求之后，张某可以向顾客推荐，1 500W 是大功率的，加热快，冬天也不用等，也许顾客还犹豫，他还可以再为顾客加一把火："你算算家里的电饭锅的功率才 250W，这款热水器相当于 6 个电饭锅，加热当然很快。"这样回答不就 OK 了吗?

但如果顾客说："我是因为担心线路问题，所以想买个小功率的热水器。"这时张某可以告诉顾客："1 500W 的热水器一般家庭都能用，不会出现跳闸现象。"这样的回答当然也是 OK 的。

文案创作者在写电商文案时，最重要的就是引导或改变消费者的观念，从而实现销售。比如，文案创作者所宣传的产品是空调，它的显著特征是有负离子发生器，其优点是可以净化室内空气，转化为消费者的利益是保护家人不得空调病。但如果这款空调没有负离子发生器怎么办？这时可以这样说："负离子发生器虽然有一定的作用，但作用效果并不明显，其实只要开窗半小时就能达到室内既能通风，空气又新鲜的效果。而且从成本上来说，负离子发生器的成本不过 35 元，但是价格却比一般的空调价格贵 800 元，我觉得这是完全没有必要的。"可见，对产品的某项功能来说，换个角度思考，说法不一样，产生的效果也会不同。

6.1.2　产品有的特点就是优点，没有的就是缺点

文案创作者在写电商文案的时候，要记住一个原则：产品有的特点就是优点，没有的就是缺点，或者有没有无所谓。要知道，电商文案的目的只有一个，那就是引导或改变买家的观念，将产品的特点转化为利益(图 6-1)，做到了这点那就是好的电商文案。

将产品的特点转化为利益，中间要有一个过程，即要先把产品的特点转化为

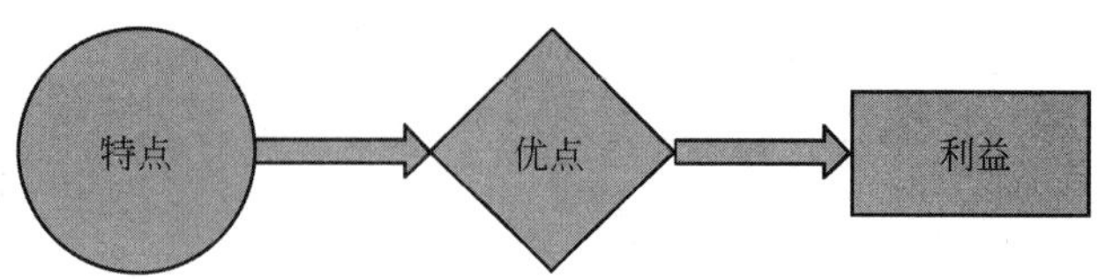

图 6-1　将产品特点转化为利益的过程图

产品的优点，然后再把产品的优点转化为利益，但是这个利益一定是消费者认可的或者是消费者喜欢的。所以，文案创作者要想写出一个好的电商文案，要从产品的特点中努力挖掘产品的优点，那么应该从哪些方面找出产品的优点呢？如图 6-2 所示。

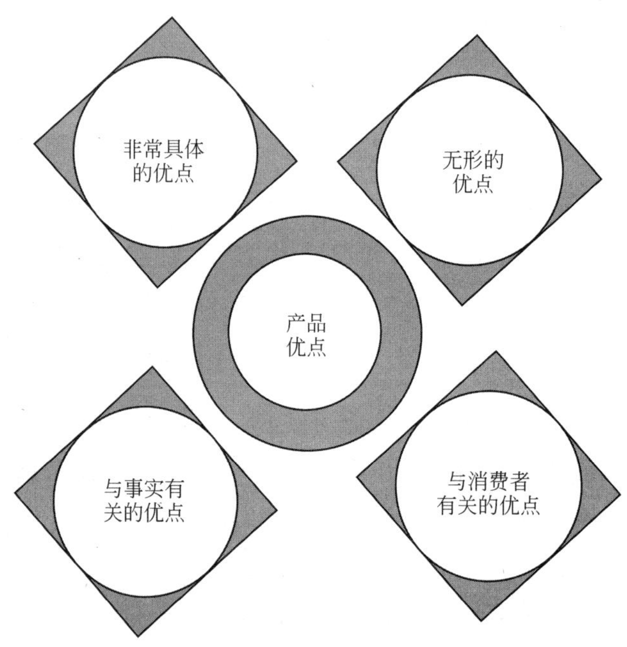

图 6-2　产品优点

1. 非常具体的优点

某个产品都有一些非常具体的优点，具体优点是指一些直接的、有力量的，以及能让消费者产生浓厚兴趣的优点。

2. 无形的优点

产品也都有一些无形的优点，这时就看文案创作者是否用心去发现。无形优点主要包括以下三个方面：

一是指没有传递特定的具体的利益；

二是指能够表现品牌价值，邀请消费者与品牌产生联系；

三是能依靠强大的情感共鸣产生效果。

百事可乐一直以来的竞争对手——可口可乐，其实力非常强悍。在被长期的挤压下，百事可乐终于找到了突破口，即从年轻人身上发现市场，把自己的产品定位为“新生代的可乐”，邀请新生代喜欢的超级歌星作为品牌代言人，终于赢得青年人的青睐。“百事可乐：新一代的选择?”，这句广告语明确地传达了品牌的定位，创造了一个市场，这句广告语居功至伟。

将产品利益对象定位在“新生代”身上，这就是百事可乐的无形优点。无形的优点用得恰到好处，文案就会有效果。

3. 与消费者有关的优点

消费者觉得某产品或服务好，那是因为产品或服务有些特点是消费者所需要的。哪些是与消费者有关的优点呢?

一是传达实实在在的利益，但有关于消费者自身。

二是包含了情感的利益。

4. 与事实有关的优点

最犀利的广告文案是说出一些对产品销售有利的事实，这些有利的事实也是产品的优点。比如，这个产品曾荣获哪些类型的奖，这个产品是哪个当红名人代言的，这个产品源自哪个知名品牌，这个产品是目前哪个销路的销售冠军，或凸显这个产品的绝对价格优势(例如全国最低价)。如果文案创作者所宣传的产品有这些优势，记得把这些事实强调出来，那文案就非常有可能获得关注。

6.2 强调产品的“附加值”

美国的“广告超人”乔治·路易斯说：“要在文案中创造产品的附加价值。”附加值(value added)是在产品原有价值的基础上，通过生产过程中的有效劳动新创造的价值，即指超出产品本身价值的那部分价值。而在电商文案中，强调服务能提升产品的附加值，好的创意能增加产品的附加价值，创造出一种形象也是产品的附加价值……

6.2.1 让“附加值”为产品说话

在电商文案中，为产品赋予附加价值，主要是基于产品本身，而不是预算的多少，与预算的多少比起来，更重要的是广告的创意，好创意能增加产品的附加价值，使消费者看到产品比之其他品牌带来更多的利益。

乔治·路易斯对此深信不疑，不过，当他结束了一场相关主题的演讲后，有一家广告代理商批评他的观点，说他对广告的兴趣远远超过产品。在广告界，大部分人都和这个广告代理商一样，不认同乔治·路易斯的信仰，但乔治·路易斯一直坚持，广告有着坚定不移的力量，能够排山倒海，也能够创造奇迹，所以，乔治·路易斯从不讳言自己对广告的魔力有着不由自主的迷恋。

许多广告公司的总裁并不相信自己的工作真的能创造出多大的戏剧性结果，反正这都是工作。他们只是对广告预算的多少感兴趣，而不是创意。认为钱多声音大，这种以金钱为导向的广告创作潜规则，模糊并减少了广告这一行应该而且能够被看到和被肯定的地方。

在麦迪逊大道上的大型行销公司中，大预算能够为平庸的广告找到支持的理由。但是，高风险广告只要运用得小心谨慎，就能产生重量级的宣传效果；平庸的广告只配得上平凡的产品。

在广告界，那些少有的优秀广告，通常能使 100 万美元的预算看起来像花费了 1 000 万美元，而大多数广告都是在耗费了 1 000 万美元之后，看上去只值 100 万美元。有很多真实的例子，都可以说明大部分广告人传统上对于预算的依赖超过创意。

被《广告年代》杂志评选为最佳行销人的汉堡王总裁说："我们只用 8 000 万美元做广告，而麦当劳有 2 亿美元，8 000 万美元是无法和全美国的每个人对话的。"尽管广告预算达 8 000 万美元的惊人数字，汉堡王总裁仍然宣称，应该花更多预算才能达成更令人满意的效果。

然而事实是怎样的呢？乔治・路易斯说，如果把这笔钱(8 000 万美元)给他，他只身行遍美国的每一个乡镇村落，拜访每一个家庭，与这些人一起切面包、比腕力，个别地说服他们试试看汉堡王的东西，做完所有事情之后，还可以留 4 000 万美元风风光光地退休。

对广告公司来说，预算当然是多的好，不过，要使平凡的产品有效打赢广告大战，只能向广告本身寻求，而不是预算之中。就本质而言，出色的广告就是产品的利益点，就是能使平凡的产品从大量相似的品牌中脱颖而出所衍生的附加价值。正是这种利益促成了自由市场的运作，使产品品牌的演出效果更精彩、更有活力。

6.2.2　"阿净嫂"如何玩转市场

在家庭健康一把手——阿净嫂品牌问世之前，公司的品牌特性易被混淆和模仿，因为它当时的产品普遍属于低档品，比如，冰箱灭菌除臭剂、衣物防蛀剂、防霉剂、保鲜剂等系列家庭用品，消费者对这类产品的关注度低，所以，为了提高产品的关注度，广告策划人员将公司品牌命名为"阿净嫂"，巧妙借用了"阿庆嫂"这一戏剧的女主角，为产品塑造了一个温柔、聪慧、能干、热爱家庭的女性形象，从而加大了该品牌的人格化诉求，使之成为中国女性心目中的理想化身。同时"阿庆嫂"在人们心中有很高的知名度和美誉度，能将产品属性与能干、麻利、活泼、亲切、机智等概念紧密结合在一起。

“阿净嫂”这则广告文案的最大成功之处在于品牌形象策略的塑造，它通过一个极富亲和力的人物形象，使消费者与产品有一个良好有效的沟通，成功找到拓展家庭用品市场的金钥匙。另外，公司还专门策划了一个“阿净嫂诚聘健康大嫂”的招聘活动，又将该品牌与下岗女工联系起来，以公关活动为中心的事件行销，引起传媒关注，短期内使产品知名度大增，其现场促销更是效果斐然。“阿净嫂”仅用半年的时间就成功打开了市场，成为区域市场上的领导性品牌。

由于市场的发展，绝大多数新的产品来自新的企业，不过这些产品并不见得有多少创新，要么是某种产品的衍生物，要么就是用来打击同类领导品牌的类似产品。几乎同类产品的不同品牌之间差距甚微，甚至完全相同。于是市场上充满类似的产品，文案创作者很难在今天的市场上找到一种不可替代的、无可否认其独特性的产品。乔治·路易斯曾认为全录影印机是那样的一种产品，不过后来的事实证明，全录终究还是丧失了市场优势。既然独一无二的产品不存在，那就为收买买家的心而努力。

要区别这些相同类型的产品，买家的看法是关键，换一句话说，就是该产品在买家心中树立的产品形象。一则出色的电商文案，能够让平凡的产品在一众同类品牌中脱颖而出，因为，广告本身就赋予产品更多的价值和利益，让买家立即接收到这种附加价值。文案撰稿人马丁·梅耶说：“广告能赋予产品附加价值。”也就是说，如果文案创作者为产品创作了一则生动又好记的电商文案，将会为产品带来一连串的好处，包括增加产品的附加价值。因为从本质上，广告成为产品的利益点。凭借着赋予产品附加价值，出色的广告能够让快餐更美味，让汽车更安全，让啤酒更香醇。

广告的魔力不应该被轻视，尤其是对于文案创作者来说，要坚信自己的文案能够为产品带来附加价值，促进产品的销售，评判广告为企业、为产品树立的形象，除了道德准则，还应该考虑产品的附加价值，包括对销售的促进作用。

关于产品树立的形象，广告评论界一直以道德准则作为主要考量，将矛头对准文案创作者的事业。他们认为，是广告人为制造了人们的欲望和需求。其实不然，广告是触动经济这个大机器的火花塞。通过广告赋予的附加价值，同类型产品中更好的那些才能在市场中存活繁衍下来。

必须特别注意，这里指的是同类型产品中的优秀产品。不管为了成功而投资了多少广告费，自由市场制度对于那些半吊子产品从来不会心慈手软。让快餐更美味、让汽车更安全、让啤酒更香醇的广告魔力，只对名副其实的优秀产品发生作用。为优秀产品而作的杰出广告，能增强广告的附加价值，这样会使产品从同类型市场的茫茫大海中脱颖而出，散发诱人的魅力。

6.3 为消费者提供“次要承诺”

电商文案要向买家提供“次要的承诺”，次要承诺指出的点比较不那么令人难以相信。对电商文案来说，其“次要承诺”是指产品能够带来的功效有实实在在的意义，能为产品的价值做一个完美的补充，从而促使买家下单。

6.3.1 不可忽视的“次要承诺”

英国评论家塞缪尔·约翰逊曾说：“要在众声喧哗中凸显自己的广告，同时创造能够带来收益的回应，任何直复营销(direct-marketing)都必须做出一个重大承诺。”一则电商文案中对买家有一个“重大承诺”自然是必要的，特别是在直复营销(即以盈利为目标，通过个性化的沟通媒介向目标市场成员发布发盘信息，以寻求对方直接回应、问询或订购的社会和管理过程)中，对消费者做出“重大承诺”更是必不可少的。下面看一个承诺式直邮广告的范例：

月付 600 美元就能在国外享受退休生活。专门为您保留的免费资金，肯尼迪总统有，黛安娜王妃有，迈克尔·乔丹现在也有了。这就是为什么他们能受到数百万人的敬爱。打开我们的信，一探他们究竟有什么，以及您如何得到它。

像上面这样的广告文案，其内容极富有吸引力。根据实地调查，消费者对与那些听起来较小的承诺一般都采取无动于衷的态度，至少在直复营销这一块，如果承诺并不那么有吸引力，消费者并不会对产品显示出丝毫兴趣。这时文案创作者往往会为了得到消费者的注意，让消费者感兴趣，而做出更大、更有力的承诺。

可是问题随之出现，万一消费者心存怀疑呢？毕竟太过美好的承诺听起来总像天上掉馅饼，而消费者一直都被“教导”，天上不会掉馅饼。针对这一点担心，有一个绝佳的解决方法，文案创作者不妨为文案再添上一个次要的承诺。美国国家图书奖获奖诗人罗伯特·布莱曾说：“如果买家不相信重大承诺，就为他们提供次要的承诺。”

所谓的次要承诺，是指在产品能够为买家带来的功效中，那些比较不那么令人瞩目的好处。这些好处可能听起来不如那些重大承诺那般美好，不过它们的存在还是有一定程度的重要性的。但是“次要承诺”也要有足够的吸引力，足以成为吸引消费者购买产品的理由，同时，还要保持又不至于好得难以相信的程度。

6.3.2 用“次要承诺”让消费者“闭嘴”

次要承诺的存在，就是为了让买家对电商文案中的重大承诺抱有怀疑态度，让他们在看到里面的次要承诺时，能增加这则电商文案的信任度，然后，根据这些次要承诺作出购买决定。例如一则投资广告在标题给出一项重大承诺：“听起来不可思议，但这间小研发公司的股价今天虽然只有 2 美元，不久的未来却可能飙到 100 美元。”

这的确是个很大的承诺，正如宣称的那样，股价从 2 美元涨到 100 美元，那么该公司的股票可以让股民赚 49 倍。也就是说，如果消费者认购 1 000 股，最后将会有 98 000 美元落袋。不过，正处熊市时，这种收益对于部分股民来说简直高得无法置信。这时只有在一种情况下，可能有例外：假如这间公司发明的一种新药获得食品药物管理局（FDA）的认证，那么完全可以预期股价能够上涨 50 倍。否则，很多的股民都不会相信这件“天上掉馅饼”的事。所以，这家公司这时就要在广告文案中加一些能够让股民相信的“次要承诺”。比如,“我认为这项治疗肝病的新科技将可奏效。如此一来,公司的股价上涨 50 倍完全不是问题。但就算新药未获成功,这项疗法完全失败,这间公司的股票还是可以在未来 2 年内,为初始股东赚进 5 倍价差”。

这则广告文案的诱人之处在于,即使新疗法没能通过 FDA 的认证,公司仍然会将同样的研发科技发挥在其他应用上,为投资者赢得丰厚利润,虽然所获利润会少于被 FDA 认证的情况。在这种情况下,就算“股价上涨 50 倍”的重大承诺没能成真,但是“赚进 5 倍价差”的次要承诺也足以让股民觉得这只股票值得拥有。

关于面临买家怀疑广告承诺的情况,文案创作者还可以把许多其他技巧派上用场。包括提供那些使用之后感觉满意的顾客的证词,如一些个案研究,研究机构做的测试结果,一些对产品有利的使用者的说法,以及优越的产品设计、业绩表现、研究方法、生产厂家的良好声誉等。

6.3.3 如何做有价值的“次要承诺”

“次要承诺”并不是随随便便就可以许诺的,它既不能夸大其口,又不能不痛不痒。如何才能让电商文案中的“次要承诺”发挥其应有的作用呢?文案创作者一定要注意如图 6-3 所示的三点。

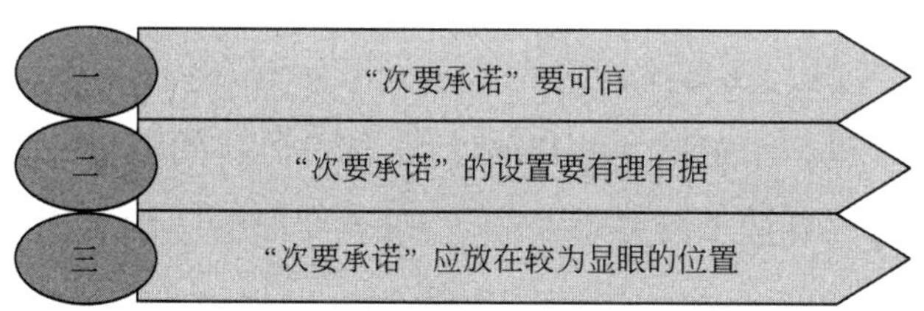

图 6-3　次要承诺的注意点

1. “次要承诺”要可信

在文案中向买家提供次要承诺,就是那样听起来可能没有重大承诺那么有吸引力，但更真实、更可信的较小承诺。因为有的主要承诺可能会让买家产生不值得相信的感觉，这时，如果他们能够在文案中找到次要承诺，还是会选择相信文案内容。

2. “次要承诺”的设置要有理有据

次要承诺的设置必须有理有据，这一点很重要，而且承诺越具体越好。“让你美丽”的承诺不如“为你消除你脸上的色斑”及“让你的皮肤变得洁白、有光泽”来得有力；“为你省钱”的承诺不如“让你省下 9.9 元钱”来得有力！不要写下连文案创作者自己都不能相信的承诺，承诺靠什么来保证在文案中要考虑清楚。文案创作者还要知道，次要承诺的存在就是为了说服那部分不相信主要承诺的买家，所以，文案创作者需要向他们提供看起来颇具说服力的次要承诺，让买家认为这则文案的真实性绝对不容任何人质疑。

3.“次要承诺”应放在较为显眼的位置

在文案中加上次要承诺，而且，最好在文案中彰显这个次要承诺。除了最应该突出的主要承诺放在主标题上，次要承诺可以设置为副标题或者文案内文的第一句话，也可以直接设置在标题中，这样不仅会让那些拒绝相信主要承诺的买家认为次要承诺值得相信，而且还会让他们认为次要承诺颇具购买吸引力。

不过，一旦买家认为文案中的重大承诺太不靠谱，他们会变得不屑一顾，那么无论文案的后面提供多少证据支持这种说法，都难以打破买家既有的成见。

如果文案创作者真的不幸遇到这种情况，那此时就要向买家提供证据，然而，克服重大承诺造成反感的最好方式，仍然是加上同样值得买家考虑，不过是更具有可信度的次要承诺。次要承诺最大的作用是，让那些不相信主要承诺的买家乖乖掏钱埋单。他们会觉得：“假如主要承诺碰巧成真，那么这项产品当然值得买。假如主要承诺夸大不实，光是次要承诺也还是值得我花这笔钱，次要承诺总不会也是骗人的吧。所以无论如何我都没有吃亏。”所以，次要承诺在文案中扮演辅助角色。

如果一则广告同时包含重大承诺和次要承诺，那么两者之间要有着明确的分工，其中，“重大承诺”负责吸引买家，但文案创作者要提供让买家相信的充足证据，这样才会有许多买家选择相信文案中的重大承诺。“次要承诺”负责留住买家，特别是对于那些无论电商文案的内容是什么都不肯相信的销售对象，更要向他们抛出有价值的“次要承诺”，否则，他们可能会直接扔掉广告，懒得回应。

“次要承诺”的作用是无可取代的，所以，在下一次文案中，文案创作者在向买家作出主要承诺的同时，千万别忘了加上次要承诺，反正这样做你绝对不会吃亏，消费者也不会吃亏，这是一件一举几得的美事，为什么不做呢？

6.4 从用户体验的角度出发

优秀的文案是围绕用户的感受设计的，它从用户的角度出发，是视觉化的、直指利益的，其主要目的是吸引用户购买产品，强调产品功效，提升用户体验，从而让用户付出简单的行动。

6.4.1 学小米收拢人心

提升用户体验的最终目标是让消费者对产品或服务有更加深刻的认知。在文案中，文案创作者要让用户对产品和服务更加有信心，例如通过增加用户安全感、正能量、鼓励等形式，让用户的体验不断加强。

比如，小米有一个米粉节活动预约，你要想小米以短信的形式通知你该活动安排，你就要在“想要，就设置提醒吧”的页面输入手机号，这样小米就会在米粉节活动前以短信的形式提醒设置短信提醒的用户。但由于现在手机号泄露很严重，很多人几乎每天都能接到几个来自不同行业的推销电话，这让他们很烦恼，所以，为了自己的手机号保密，他们一般不会轻易就把自己的手机号告诉别人，更不用说是放在网上了。

为了消除用户的这种顾虑，小米在该页面的下方对手机号码的用户声明："手机号仅用于米粉节提醒，我们会严格保密，请放心输入。"这样就可以让用户认为隐私不会有太大的威胁，用户也乐意把自己的手机号码输进去。

小米的这种做法就是通过提示文案来收拢用户的心。特别是网络中的提示文案，对用户的安慰鼓励也是不可缺少的，现在有很多网络抽奖活动，电商、微信等一大堆的网络抽奖更是层出不穷，但是中奖的概率却很小，一般来说，这些抽奖活动95%以上的人都不会中奖，如何安慰抽奖失败的失落呢？这时就需要对界面上的提示文案进行精心策划了，不然用户来了一次，第二次就不会再来光顾了。最终会导致用户的体验度下降。

6.4.2 全方位提升用户体验

设置提示文案只是增加用户体验的一小部分，为了能够从各个方面提升用户的体验，文案创作者应该从哪些角度出发呢？如图6-4所示。

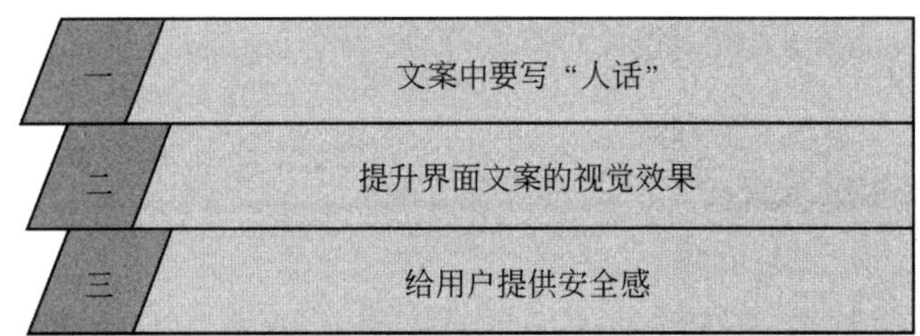

图6-4 从用户体验的角度出发写文案

1. 文案中要写"人话"

"人话"就是大家都看得懂的语言，有些人写文案写得"像代码语言"或者"感觉诡异"，不要以为这样的文案很高明，其实它的阅读价值是非常非常小的，像这样的文案没有人会喜欢看。下面介绍几种写"人话"的方法，如图6-5所示。

1）使用用户的语言

电商文案是让消费者看的，它的目的是与消费者沟通，让消费者了解产品功

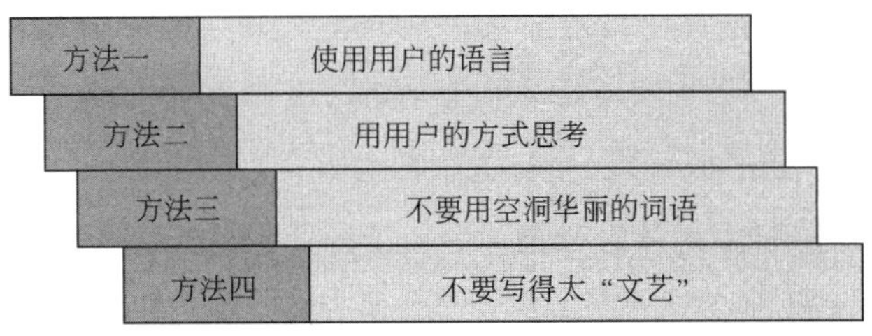

图 6-5　文案中要写“人话”的方法

能里的卖点。而使用用户的语言是一种沟通的技巧，这种语言能让消费者了解产品的卖点。例如，软件产品，它会涉及各种各样的技术和功能，但生僻晦涩的专业术语只会让产品离用户越来越远。这里有一个非常经典的笑话：一名 IT 销售员走进一家略有规模的连锁餐饮店，问老板：“你们需要客户端吗?”老板羞涩地回答：“一般都是伙计端，实在忙不过来时才需要客户自己端。”可见，用用户听得懂的语言销售产品是一件多么重要的沟通方式。

2）用用户的方式思考

写电商文案的时候要多用用户的方式思考，这样写出的东西用户才愿意看。用用户的方式思考，不是强调“产品能做什么”，而是问问自己“产品能帮你做什么”“产品卖点能帮助用户解决什么问题，对用户的价值在什么地方”。归结一句话，其实就是解决用户为什么要购买产品的问题，如果这个问题的答案在产品文案里能体现出来，那样就更能打动用户。

3）不要用空洞华丽的词语

有些产品文案中经常会出现“统一的”“强大的”“可扩展的”“彻底提升”“大幅提高”“持续完善”“闪亮登场”“隆重推出”等词语，这样的文案给人的感觉就一个字“假”，这些词很空，如果把这些修饰的文字和夸张的言辞剔除掉，可能这篇文案就没有什么字了，消费者自然也不可能获得一点真正有用的东西。

写电商文案不是为了炫耀文采，不要写成优美的散文，因为这些华丽的文字看上去很美，但是有一个致命的问题——这些文字描述换到任何一个产品上面，都适合。因此，用户读完后，也不知道产品究竟对他有什么好处。要知道，写文案的目的是宣传，它让消费者读完后，一下子就能了解产品对自己的价值。文案中只要有一两点触动了用户，尤其是老用户，他们也许就会有进一步了解或者购买的想法，这样产品才能形成销售。作为文案创作者，要想写一个实用的文字，具体的优化方法就是，多在纸上写写，对比一下，问一问周边人的看法，当然快速问一下目标用户的看法最好。

4）不要写得太“文艺”

有些文案创作者认为让人看起来“文艺”的内容就是好的、有创意的，其实这种人陷入了一个误区，太“文艺”的东西会让人看得云里雾里。也许他们的目的是想把文案写得更有人情味、诗意一点，结果弄巧成拙，让人无法直观地识别和理解其意思。

小米申请退货后的通知短信，就有这种问题。当购买小米手机的用户申请退货后，小米官网订单就会发出退货的短信提示：“舍不得您离开，我含泪忍痛提醒您记得在 7 个工作日内申请退款，这将不影响您的二次销售退货……”在垃圾短信满天飞的当下，大家看到这样的短信第一感觉肯定会是“这是什么鬼?”然后就去看下一条了。在这种情况下很多人就会因为没注意手机短信提醒而错过退货时间，自然就会引起很多人的不满。

虽然情感化是一个文案设计的高级目标，但是要确保主要的信息能传达和表述到位，让人一看觉得好像有那么点感性的东西在里面，但是又能明白其中的意思，这样的做法才会比较简单的直白表达更加有味道。

2. 提升界面文案的视觉效果

界面文案主要是界面中的提示文案(包括短信文案)、控件中的文案以及功能或者运营入口的引导文案。

1）发现界面文案

如何让界面文案的视觉化效果更好呢？这就需要文案创作者对视觉层的问题进行强化。强化界面文案的视觉层，需要考虑如图 6-6 所示的几点。

其中，文案容器是指模态弹窗、浮层、按钮、运营图片、提示块、纯文本等。

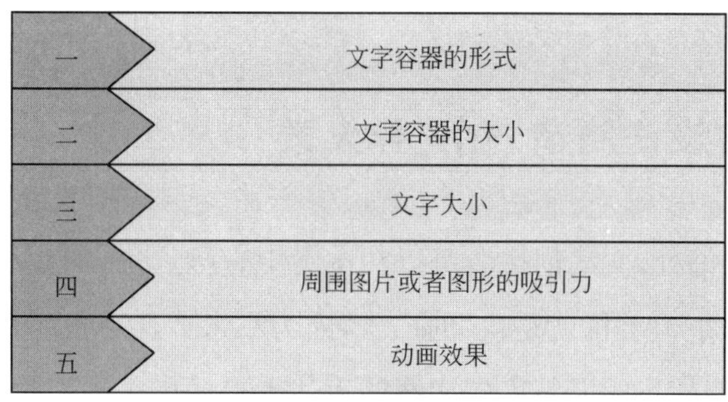

图 6-6　强化视觉层的注意点

2）理解界面文案

文案创作者除了要写出直击人眼球的文字，还要学会看文案界面，能看懂什么样的设计是最好的，对一些不好的设计给出合理的建议。例如，文案界面效果要保证识别度，这是制作界面文案最基本的要求。但是有些视觉设计师会为了视觉效果，在设计时可能为了美化页面或者依据现成的 UI（user interface，用户界面）的简称规范，而给出了不合适的方案。这时要么能和视觉设计师交流达成共识，要么给出有说服力的证据和对方交流，千万不要把这完全当成视觉设计师的工作而立马妥协。

3. 给用户提供安全感

网络诈骗、手机诈骗事件的报道已经见怪不怪了，正是由于这样的事件大家看得多了，所以人们的警惕心变得越来越高。如果文案创作者总是一味地劝消费者相信文案中写的东西，几乎所有消费者都会对此很反感。所以，文案创作者要在文案中给用户一些安全感，例如，小米官网的预约提醒设置对话框中，特意声明了手机号的隐私安全问题。用户会觉得文案创作者是为他考虑，他们就会信任文案中的内容。对文案有了信任感，接下来的事就容易办了。

6.5 想方设法制造一个“导火索”

有些产品的好处，文案创作者可以在文案中直接点出，例如小米手机 2 推出时，他们推出了“小米手机就是快”的广告，因为小米 2 代手机的核心卖点是性能翻倍，全球首款四核。所以其广告文案的表达上更倾向突出高性能的特性，“快”是核心关键词。他们之所以选择“小米手机就是快”这句广告词，主要是因为它文辞直白。

但有些产品文案中的表达比较含蓄，他们不会直接把产品的优点提出来，而是给消费者提供了一个显著的“导火索”，所谓导火索，原意指引爆爆炸物的引线，又称引火线，是一种火工品。而引申到文案中，是指一种能显著引起人们购买欲望的因素。例如食品文案中，一个正吃得津津有味的食客，或者展示的鲜美诱人的食物就是显著的导火索，通过这个导火索进而引发一系列连锁反应，让消费者想都不用想，就知道下一步要做什么。

6.5.1 克洛格玉米片让人动起来

广告界的领导者李奥·贝纳曾经为克洛格玉米片创作过一篇广告文案，文案给大家展示了一个正在吃着食物的小男孩。其标题为“这个戴着帽子的小男孩正一心一意地吃着他的克洛格玉米片”。正文是这样的：“这样可以吗？画面上这个孩子的妈妈在哪儿？她可能在别的什么地方，她很放心地把他给留在这里。小男孩很高兴，他弄来了牛奶，然后用勺子把那金黄色的克洛格玉米片倒进里边去。”

然后，文案详细描写了小男孩吃玉米片的整个过程。“这金黄色的东西看起来真还不错，往牛奶中倒的时候发出沙沙的声音。”（亲爱的读者，你有没有心动）“吃起来也很可口，又薄又脆，还有一种甜甜蜜蜜的味道。小男孩正举着勺子，真是好吃极了！”文案直接点出了食物对消费者的诱惑，克洛格玉米片当时已经有 50 多年的历史了，大人和小孩都喜欢吃，这种细腻的描述能激起大人和小孩想吃克洛格玉米片的欲望。

当画家洛克维勒画这个小男孩的时候，他把小男孩吃玉米片的神情淋漓尽致地展现在大家面前。也许这个神情会给消费者一个提示“快去把你所储藏的克洛格玉米片拿来”，一旦有了一大包，接下来的事情就是“你会把这些玉米片统统吃光，一片不留”。

对于那些家里没有克洛格玉米片的消费者，他们看完这篇文案后也会想直接冲进超市，购买一大包克洛格玉米片，然后，学着文章中的小男孩，把它倒进牛奶里，并全心享受文中小男孩享受着的满足感。这就是文案中提供导火索的作用，把阅读者变成消费者，冲进卖场，购买产品。

撰写文案的目的不仅仅是吸引消费者的注意，如果只是通过一些别具一格的形式让消费者“心动”，却没能让消费者采取进一步的行动，没有对消费者的行为作出一点改变，这篇文案可能功亏一篑。对此，李奥·贝纳给了一个答案，他说：“最好的办法就是提供一个显著的导火索，让别人想都不用想就知道现在应该怎么做。”就像大家看了克洛格玉米片文案后，他们想都不用想就会冲向冰箱或冲进超市拿一大包克洛格玉米片来吃。

导火索在文案中的作用，就像心理学“破窗效应”中第一个打破窗户的人。只有显著的导火索的存在，才会引发后续的一系列购买决策和购买行为。

要让消费者看到文案后立马就有反应，文案中的导火索越明显越好，文案创作者永远不要低估消费者的“懒惰程度”。有时可能只是一句话、一个词的差距，如果文章没有直接指明，就会带来天差地别的效果差异。

6.5.2 想方设法给买家一种“诱惑力”

美国南加州大学为了提高学生破伤风疫苗接种率，每年都会征集一些患者的恐怖图片，希望以此警示那些不打疫苗的学生。不过，不管这些图片多么骇人听闻，每年到校医院接种疫苗的学生还是寥寥无几。直到一个创意组学生突发奇想，在宣传手册的下方附了一张校医院地图，并标明疫苗时间。最后问题解决了，究其原因，原来学生们都懒得去网站查地图和接种时间。

向消费者提供显著的导火索有多么重要，这个观点在心理学领域也曾得到验证。心理学家做过这样一个实验，给一个装满食物的冰箱加一个透明的玻璃门，大部分实验对象都会不自觉地去偷食物；但是只需做一点改变，就可以杜绝这种现象——给这个冰箱上把锁，而且就把开锁的钥匙放在锁旁边，结果几乎没有人再去偷食物了。因为打开冰箱偷食物这件事，已经由“根本不用想直接就去做”变成了“需要好好想想才知道应该怎么做”，这样一来就显著降低了人们做这件事的欲望。

在电商文案中，导火索的存在能引发买家的购买行为。导火索在把买家从旁观者变为买家的过渡中起了一个关键的作用。导火索具体包括产品的优势、卖点，或者一些极具诱惑力的描述，能够对消费者的购买决策起一定的催化作用。从另一方面看，消费者也需要文案能给他们提供一个显著的导火索，这样能让他们确定自己的购买行为是正确的。

总之，电商文案所描述的内容要让买家有认同，而文案创作者所提供的“导火索”就是让他们能够最快认同文案内容的关键因素。而且在买家做出最终的购买决策之前，“导火索”也是决定购买行为发生的关键因素。如果没有这个导火索，很可能看到文案的人就不会成为产品的买家，这则文案可能起不了丝毫作用。所以，文案创作者在创作电商文案时应该为买家提供一个显著的导火索，让买家直接冲出去购买，或者直接拿起电话预订。

6.6 案例：小米：一块钢板的艺术之旅

如何提高写产品文案的能力呢？下面看两个描述一款衬衫的文案。第一个文案的描述：它来自意大利最优秀的工匠，使用最优质的工艺，完美地设计出一款抗皱、免熨衬衫。第二款文案的描述：100％阿克苏长绒棉，提高舒适性；完美接缝，时刻保持平整；独特剪裁，保持骨感；鹰抓口子，容易系带。

上面这两个文案，大家最喜欢哪一个呢？可能90%以上的人都会选择第二种文案的描述方法。这种文案采用的是分解产品属性的方式，把产品分割成一个个独立属性，让消费者看到了该产品的实力和极致追求。

分解产品属性这种文案写作方法是小米的创始人雷军惯用的手段，他每次在产品发布会上，都会给大家举办一场知识的"盛宴"，他先是给大家普及了CPU(中央处理器)、GPU(图形处理器)等知识，到了小米4，他给大家普及的是材料学知识——一块钢板的艺术之旅。

2014年7月22日，小米手机公司召开发布会，旗下两款重磅产品小米手机4、小米手环正式登场。它们依然是顶级的配置，搭载高通骁龙801四核2.5GHz处理器，并拥有3GB的LP-DDR3大内存，高性能低功耗。配备5英寸夏普/JDI OGS的1 080P全贴合屏幕，以及后置1 300万与前置800万F1.8大光圈/80度超广角索尼相机，3 080毫安时电池支持一天半的使用。

雷军指出，小米3的钢制边框从一块309克的钢板到最终成型19克的精致工艺的边框，加工过程长达32个小时。而小米4金属边框的加工更是"一块钢板的艺术之旅"：在193道工序的规划、设计、精密加工与生产过程中，它逐渐焕发出生机。融合工程与艺术，追求极致的精密与品质，赋予一块309克的钢板以生命。历经32小时的加工雕琢，最终凝结成您手中的19克。雷军还在发布会现场用"婴儿皮肤一样的手感"来形容小米4的金属边框。

此次推出的小米手环采用铝合金表面，激光微穿孔，更是配备了业界最低功耗蓝牙芯片及加速度传感器，可实现续航30天的超长待机，是普通手环的5倍。小米手环拥有众多功能，包括监测睡眠质量，查看运动量，智能闹钟震动唤醒，防水等级IP67，洗澡时无须摘下，等等。而且小米手环可以作为用户的ID(身份标识号)，支持手机免密码解锁。

无论小米推出的是手机还是手环，其各项工序都要求做到极致，在小米4发布会上，雷军对新产品的宣传不是说小米的产品有多么好，而是把产品的属性进行分解，用一个又一个"证据"向大家讲述小米的产品为什么好。在此次发布会上，雷军还透露了小米的产品观，其内容概述如下。

1. 稳固供应链

雷军指出："硬件不是那么容易做的，供应链是关键。"做一款小小的智能硬件产品，需要从外观到结构，从体积到温度，从硬件到软件……这一套工序下来，需要几家合作供应商进行多种沟通，结合多个环节。更别说是一款手机了，稳固的生态链绝对是做硬件最大的门槛。对此，雷军开玩笑说："小米和 500 家供应商已经建立了真金白银的战斗友情。"随着小米销售额的节节攀升，小米与供应商共同的利益关系将使得小米的供应链越来越稳固。这是小米能够把手机的每一个硬件产品做到极致的关键环节。

2. 关注身边的需求

小米手机特别关注用户身边的需求，比如，有些手机存储空间不大，但有些 APP(手机软件)，比如买个火车票、打个的、叫个快递，这些都需要安装，但安装后发现根本用不了几次。为了满足用户这些身边的小需求，"小米黄页"诞生了。以前都是多个 APP 各自解决，如今，"小米黄页"一统江湖，它已经引入 20 余家服务提供商，包括快的打车、大众点评、申通快递、58 同城等服务商，用户还可以在"小米黄页"享受充/查话费、查/寄快递、买火车票、打车、叫代驾、挂号、买电影票等服务。而且，小米还会根据用户的需求不断载入更多的服务供应商，力求将 MIUI(米柚)打造成一个更完整的生活服务平台。

3. 追求细节，发现用户痛点

小米非常注重发现用户日常生活中的痛点，比如，当有人忙得不亦乐乎时，突然来了一个电话，他根本腾不出手接电话，这会让他觉得很不方便。于是小米推出"智能通知"，在顶部出现提示信息。正是因为小米关注用户痛点，倾听消费者的意见，追求产品的完美，使得小米在世界各地拥有了大量的"米粉"。

4. 产品简单透明可视化

在发布会上，雷军演示了一个查询移动话费的场景，本次操作需要收听 68 秒的电话录音，而且涉及的菜单层级也烦琐复杂。对这种占用大量时间的操作，MIUI 做了优化。在拨打运营商客服电话时，MIUI 可以将语音菜单翻译为文字，实现了语音菜单可视化，用户通过触屏操作选择服务内容，甚至一键直达人工服务。更深一层，用户在拨打订餐电话时，可以直接看到餐厅菜单，给用户快速下单提供参考。目前 MIUI 为了满足用户的需求，已深度定制常用的服务号码，大约覆盖了近 50％的呼叫需求。

5. 做精品的极致追求

小米做的就是精品，然而做精品需要很大的勇气和耐心。小米三年，五款手机，款款爆品。特别是小米 4，2013 年 2 月立项，历时 18 个月，6 代工程机，新增设备投入高达 19 亿元。在发布会刚开始时，小米 4 工艺视频现场播出，那块钢板的工艺和磨砂的工艺，堪称工业时尚大片。可见，小米对追求极致的执着。

在小米 4 第一次工程机的试验过程中，采用过不锈钢的边框加中框，机身重量为 159 克，但雷军觉得“有点重”，为了减轻 10 克的重量，中框结构改为铝镁合金，整个项目组几个月的工作就要推倒重来，导致开发周期延后了两个半月，增加了数百万研发成本。最终研制出的不锈钢金属边框用了 40 道制程、193 道工序，这复杂工艺，真绝了！正是因为雷军的这种极度追求极致的精神，才让小米产品在四年中完成了小米公司的成人礼。

在小米 4 的发布会上，雷军无疑是在一一分解新产品的属性，让消费者了解小米为了追求极致而做的努力，从而赢得了满堂喝彩。像雷军这样给自己的产品做广告文案的大佬还不少，凡客的创始人陈年也喜欢用分解的方式让消费者了解他们的产品，他曾在凡客推出的一款新衬衫的发布会上为大家普及了化学知识——如何让衬衫不皱，即在纤维素大分子间增加横向共价交联。

为什么很多大公司的广告文案都采用分解产品属性的方式创作呢？因为这

有助于它们弥补和大品牌之间的劣势。消费者在选购产品时有两种模式：低认知模式（即不花什么精力去思考）和高认知模式（即花费很多精力去了解和思考）。

大部分的消费者在选购产品时都采用第一种模式——低认知模式，他们懒得详细了解并比较产品，更多的是简单地通过与产品本身无关的外部因素来判断——“这个大品牌，不会坑我，就买这个！”“这个德国产的，质量肯定比国产好，就买这个！”这就是产品品牌的力量。而在这种情况下，小品牌是打不过大品牌的，因为消费者直接通过“品牌”来推测产品质量，而不是详细比较产品本身。

所以，文案创作者在写电商文案时，要充分挖掘产品的属性，把买家变到“高认知模式”，让他们花费很多时间精力来比较产品本身，而不是简单地通过品牌和产地来判断。而“分解产品属性”就是一个很好的方法，可以让买家由一个“模糊的大概印象”到“精确地了解”。

雷军在 2011 年产品发布会上，就开始巧妙地用一张图来分解产品属性，让很多人认识到了小米手机的性能，让大家看到小米敢于直接向苹果、三星等资金丰厚的高端手机供应商发起挑战。事实也证明，小米在这些巨头面前，不仅坚守住了自己的阵地，还给了其他高端手机巨大的冲击。这也是为什么大品牌的广告往往强调一个整体的印象（即再一次、改变一切、极致设计等），而小品牌往往会详细地分解产品属性，让消费者进入“高认知模式”。

第7章

如何拟出一个让人疯狂的标题

标题是电商文案的灵魂。如果一则好文案满分是十分的话，那么好的标题起码可以值七分。一个好的标题，买家可以瞬间被吸引，勾出他们的好奇心和阅读的欲望；一个好的标题，可以是行业真实视角的审视，可以是犀利的言语，可以是来自大众心中的疑问，还可以源于买家的猎奇心理。无论文案创作者从哪方面着手，优秀的标题都应是源自对买家的深刻洞察。当然只有这种对买家深刻洞察力的标题，才能让买家恍然大悟，心有所感。

7.1 标题不够吸引人，正文怎么写意义都不大

很多文案创作者都有这样的困惑，自己费尽心思写出了一篇内容超棒的文案，但阅读和传播量却少得可怜。大家是不是也有同样的困惑呢？文案内容超好，为什么不能吸引到买家注意呢？下面先看一下表 7-1 中的这几个例子。

表 7-1　标题对比

序号	标　题　1	标　题　2
1	文案写作方法	月薪 3 000 和 30 000 的文案写作区别
2	加多宝的营销策略	营销策略：加多宝 1 亿到 200 亿
3	管理者如何用人	马云、任正非等十个大佬的用人之道

对比一下标题 1 和标题 2，大家是不是明白了什么呢？没错，问题就出在标题上！比如，Angelababy 是公认的美女。那为什么说她是美女呢？一是她的脸美，二是她的眼睛美，这是大家第一眼看到的。同理，一篇好的文案第一眼能给买家带去怎样的感受呢？自然全在标题上了，标题起得好，那给买家的第一印象就好，如果标题名字平平淡淡，没有一点吸引力，买家自然也会认为文案的内容也没有可读性。所以，标题不吸引人，即使文案正文写得再好，买家不去看，一切都毫无意义。

7.1.1　标题要有灵魂

纵观那些新闻头条，它们都有一个共同点，那就是有一个诱人的标题。比如，“支付宝突现幽灵账户，打款验证曾出漏洞”“如果非要延迟退休　请把它变成选择题”。支付宝、延迟退休是最近比较热门的话题，大家看到这样的标题，肯定会忍不住点进去看看。不过如果大家看到，“××产品风靡网络，月销一亿，欢迎来咨询”这样一个标题，又会是怎样一个感受呢？一定会认为这样的标题太直接了，

也太空了。对买家来说也没什么感觉，产品就是月销 100 亿元，估计也很难吸引买家的眼球，所以像这类标题是失败的标题。

标题的重要性是毋庸置疑的，作为一篇文案的灵魂，它不仅是正文的高度浓缩，还要具备上头条的特性，可以说，标题是来自正文但又高于正文。可是要创作出一个既能概括文章，又自带上头条属性的标题是很难的。文案创作者会担心意思传达不明，担心话都说明白了标题又太长，担心太正经了显得无趣，担心追热点会落俗，更别提让标题承担流量、品牌、营销上的任务了。可标题还是要取，传播和营销同样要做。

7.1.2　广告标题有哪些特性

在创作标题之前，要先搞清楚什么样的标题才是有效的，有效广告标题的特性如图 7-1 所示。

一	能对消费者产生立刻打动效果
二	促使消费者阅读广告正文
三	能够诱导买家继续读下去
四	使买家产生联想，加深对广告信息的记忆

图 7-1　有效广告标题的特性

了解了有效广告标题的特性以后，文案创作者在创作前，还要弄明白广告标题创作的内容要求，其要求主要表现在如图 7-2 所示方面。

1. 信息新

标题就要突出“新”，让大家能闻到新味道。人人都有一种猎奇心理，如果标题没有新意，或者标题内容老俗套，那肯定没人关注文案。但如果文案创作者在标题加入了新点子，或者在标题中注入新信息，那就能使标题收到意想不到的效果。

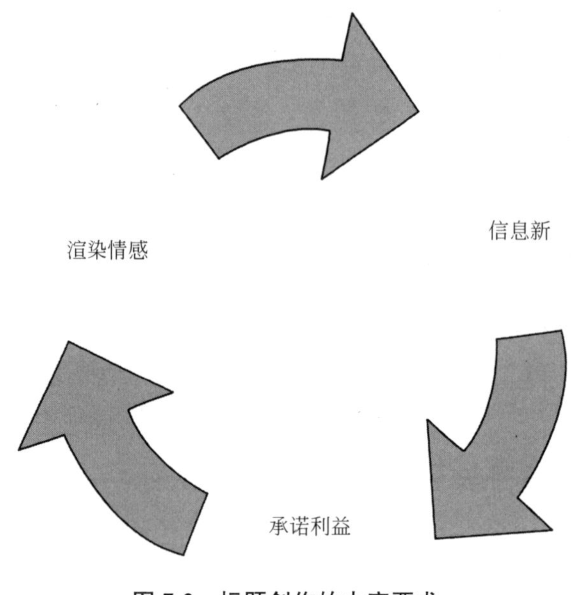

图 7-2　标题创作的内容要求

2. 承诺利益

广告标题的目标买家对象就是消费者，消费者都有一种贪利心理，他们喜欢用最少的钱买最好的东西，他们渴望自己获得最大的利益。所以，广告标题中就要向消费者做出利益承诺。承诺是多方面的，既可体现在精神价值方面，也可提供实际的优惠。一般情况下，承诺应该对应消费者内在的消费欲望，承诺要基于消费者认定的产品特征。

3. 渲染情感

广告标题要注入一定的情感，但要合理诉请，用情，煽情，这样才能令人对广告标题过目不忘。

广告标题除了对创作内容有一定的要求以外，在广告标题的创作形式中，还要善于对熟悉事物作陌生化处理，对陌生事物作熟悉化处理。

熟悉事物陌生化主要表现在下面两个方面：

一是陌生化手法常常借助另类思维、另类语言来表现；

二是陌生化可以借助特殊的表现技巧，比如，加入悬念、戏剧性、提问法等手法来表现。

文案创作者还要使陌生事物熟悉化。陌生事物熟悉化关键要找到与产品有关联性的“旧要素”，新旧转接，妙趣横生。

7.2 运用数字和数据吸睛

数字和数据代表的是精确、权威、客观和专业，其中数据不单单是数字，也可以是文字、图表、声音等。通过数字和数据既能很快地在消费者面前建立可信度，还能以一种丰满有力的、有冲击力的方式迅速准确地抓住用户的注意力。而运用数字和数据吸睛，并不是简单地罗列数据，而是要事出有因，描述要有理有据，这样文案标题才能获得好感和信任。

7.2.1 数字和数据要有冲击力

有一段时间，微信朋友圈内流行一篇标题为《月薪 3 000 与月薪 30 000 的文案区别！》的文章，一时间，这篇文章的阅读量不仅超过了 10 万，而且还得到了很多人的转发。其实，这篇文章刚发布时并不受买家欢迎，原因是这篇文章最早的标题是《李叫兽：7 页 PPT 教你秒懂互联网文案》，当作者以该标题通过微信发布后，并没有带来多少关注度，只有 1 万多阅读量，作者把文章的标题换成《月薪 3 000 与月薪 30 000 的文案区别！》后，就得到了很多网站和微信号的转载，引曝大量消费者关注。

为什么《月薪 3 000 与月薪 30 000 的文案区别！》这个标题能够吸引到大量读者阅读呢？其主要原因就是“3 000”和“30 000”这两个数字，作者通过简单的数字对比，让读者一眼就能感觉到这是一篇值得阅读的文章。

好的文案标题一定是要带有冲击力，有时还会给人一种紧迫感，例如，“天猫双十一，全场五折”“0 首付，日付 50 元，QQ 带回家”“新品 99 元，超低价，限量发售”“谁说高档沙发都要上万？3 749 就够了！”“亏本甩卖，最后一天！”好的文案标题与差的文案标题到底区别在哪里呢？概括地说，好标题的特点如图 7-3 所示。

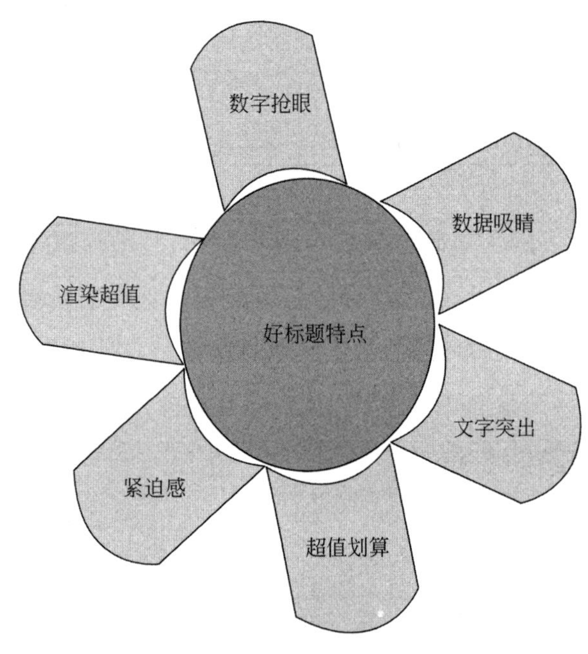

图 7-3 好标题的特点

数字和数据的重要性是毋庸置疑的，很多文案写手也知道这点，虽然他们在文案标题中也用到了数字和数据，但他们写的文案标题却不能让买家眼前一亮，这是什么原因呢？下面举个例子，有的文案写手在文案标题写道“××，省钱 30%”，这确实用对了方法，不过点不到位。干巴巴的数字很难让人信服及产生价值联想，而且省钱 30%到底是省多少钱？是打 7 折？还是打 3 折？所以，这样的文案标题非但没有让买家感觉打了折扣，还给他们留下了一系列的疑问，增加了他们的疑虑。

7.2.2 写出买家最想要的数据

文案标题中的数字和数据不能牵强附会，写的数字和数字要有冲击力，而且还要能抓住买家的心思，写出买家最想要的数据。

“小米移动电源，10 400 毫安时，69 元”是 10 400 毫安时小米移动电源的产品文案标题。在该产品发布之前，小米的文案策划团队想说明本款移动电源小身材大容量，也试图强调 1 万毫安时能够让手机持续多久。当时甚至还出现一些没节操的描述方案，比如“不但大，而且久”之类的，但都被上级领导否定了。下面介绍一下小米的文案策划团队在给小米移动电源做文案时，他们提出的各个版本的文案。

第一版：小身材，大容量。

否定原因：写的内容太虚了，即内容不可感知，该移动电源到底多小多大还要消费者自己去想，如果想从这些点出发，策划人员还要想多一层。

第二版：重新定义移动电源。

否定原因：内容也太虚了。而且从本质上来讲，小米对移动电源也没有重新定义，这样写容易扣上一个很大的帽子，但与事实不符。

第三版：超乎想象的惊艳。

否定原因：内容显得太高大上，不抓心。

第四版：最具性价比的手机伴侣。

否定原因：内容写得不够直接，消费者看后，根本不知道你宣传的是什么样的产品，而且消费者看到“手机伴侣”四个字，可能第一时间想到会是 WiFi(无线网)。

第五版：一掌之间，充足一天。

否定原因：内容平平，让消费者看不出小米的这款移动电源与其他电源有什么差异点。

第六版：小米最来电的配件。

否定原因：内容不够具体，用“配件”两字，有人第一时间会想到的可能会是手机壳。

第七版：69 元充电神器。

否定原因："神器"这个词小米曾在红米和活塞耳机上都用过，如果再用一次，就是一种很偷懒的做法，而且还会给人一种视觉疲劳。

这样一路 PK 下来，后来他们决定把文案的标题定在"大小和价格"上面，这是最直接的。于是，"小米移动电源，10 400 毫安时，69 元"的文案标题就产生了。

从小米的这个案例中，文案创作者除了要学习他们精益求精的态度，还要学习他们更倾向于用具体的数字把小米移动电源的优点突出出来，而不是用一些高大上的空话喊口号。而且这些数据还必须是消费者最想看到的数据。

7.3.3 如何用数据增加买家的信任度

数字和数据的魅力是巨大的，那么文案创作者在写文案的时候完全可以采用这种方法。如果选择了用数字或数据来写文案，那就要写出让买家信任的文案。那么文案如何善用数据取得信任呢？其方法如图 7-4 所示。

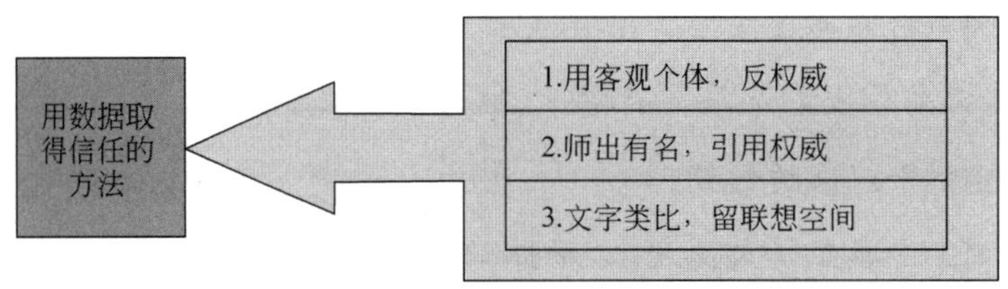

图 7-4 用数据取得信任的方法

1. 用客观个体，反权威

一则成功案例抵得千言万语。在这个人人都自称专家的互联网时代，通过个体的亲身经历得出的说法往往更具有说服力和感染力。例如，一则"12 名大汉假扮少妇，用情话手抄本骗 50 多名男子"文案获得了不少点击率，作者在文案中一一罗列个体的数据，这种做法给人的印象更加深刻。

2. 师出有名，引用权威

很多人对一些权威的说话比较信任。在文案中文案创作者可以通过权威部门或专家增加文案的信任度。比如，根据世界银行的统计显示，家庭收入在 GDP（国内生产总值）中的比重已经降到 48%左右。另外还可以借助一些行业大佬的名人效应，比如互联网中的大佬马云、李彦宏、马化腾，SEO（搜索引擎优化）中的牟长青、卢松松等，通过名人效应增加文案的全文性这在本书的后面章节中有详细介绍，这里就不再赘述。

3. 文字类比，留联想空间

好的文案有时会给人留下一些联想，这也是优秀文案的高明之处。比如，“一个人也享团购价”，在大部分的认知里，团购就等同于便宜，现在一个人也能享有团购价格，这无疑是一个比较诱人的折扣，用这种说法比高喊数字更具吸引力。

7.3 做出看似矛盾的说法或承诺

标题对文案来说，其主要功能是引起买家的注意，而引起注意是说服买家信服文案内容或者购买所宣传产品的第一步。耍噱头、卖弄文句或夸张吹捧，都不是构成出色标题的要件。对电商文案来说，一则好标题的精妙之处就在于强化销售信息、加深买家印象。下面看几个电商文案标题的案例，想一想它们具有什么样的共同点。

1. 不需要开冷气，您家里的每个房间就能立刻凉爽无比！
2. 吃得越多，瘦得越快！
3. 吃饭不排队，快用淘点点！

看到这些广告标题，大家会读下去吗？答案是肯定的。那么这 3 个案例有哪些共同点呢？即这些标题的说话看似矛盾，往往更能引起买家的注意。传统的逻辑是“因为……所以……”而矛盾说法的逻辑是“虽然……但是……”这种利用伪逻辑或者逆向思维的文案，在吸引买家时屡试不爽。享誉美国广告界的传奇文案写手罗伯特·布莱也曾说：“标题是广告的一部分，功能在于引起注意，而引起注意是说服买家购买产品的第一步。做出看似矛盾的说法或承诺。”

7.3.1 自相矛盾获好评

日本五十铃汽车公司在美国推出了一则轰动一时的电视广告，广告主角是谐星大卫·里特，他饰演“五十铃约瑟”。广告共有五个镜头，在第一个镜头里，约瑟说：“五十铃房车被汽车杂志权威评为汽车大王。”字幕打出了一行十分醒目的字：“他在说谎！”第二个镜头是，约瑟说：“五十铃房车最高时速可达 300 英里。”字幕同样出现了这样一行字：“他在说谎！”在第三个镜头里，约瑟说：“五十铃房车经销商非富即贵，因此，他们把它贱卖，只售 9 美元。”字幕打出：“他在说谎！”第四个镜头，约瑟说：“假如明天你来看看五十铃，就可以获得一栋房子作为赠品。”字幕再次打出：“他在说谎！”最后一个镜头，约瑟说：“我从来不会说谎，而且，我绝不是一个吹牛皮的人。”字幕仍打出：“他在说谎！”

这则广告充满了自相矛盾，在当时不仅引起了人们的热烈反响，还获得《广告时代》周刊的好评。五十铃汽车由此在美国一炮而红，迅速打开市场。这则利用矛盾说法的广告后来被评为 20 世纪美国经典广告创意之一。为什么利用“看似矛盾的说法和承诺”就能吸引买家的注意呢？概括地说，其主要原因包括如图 7-5 所示几个方面。

1. 大家都喜欢有创意的说法

广告最本质、最核心的要素就是创意，只有好的创意才能吸引买家的注意，进而带来实质性的效果。而看似矛盾的说法，利用逆向思维，从反面推导出正确的逻辑。这种与众不同的做法，能给人一种新奇的感觉，自然也就达到了意想不到

一	大家都喜欢有创意的说法
二	抓住了买家的猎奇心理
三	能给人一种新视角

图 7-5　看似矛盾的说法或承诺能吸引买家的原因

的效果。

2. 抓住了买家的猎奇心理

看似矛盾的说法能激起买家的好奇心，渴望达到或者实现文中的说法，虽然明知不符合常理，仍然希望文案能给一个合理的解释。或者，买家仅仅抱着看看文案怎样自圆其说的心理，也会认真阅读文案正文，从而达到吸引眼球的目的。

3. 能给人一种新视角

看似矛盾的说法或承诺打破了对传统逻辑的彻底颠覆，打破了原先固定的思维模式，不是对逻辑思维的背叛，而是从相反的角度看待事物，认识事物，实质上是提供给买家一个全新的视角、一个全新的观点，重新认识世界。

7.3.2　"蠢"方法套住了聪明人

看似矛盾的说法是对文案创作者的创意方式提供的一个新思路。一家投资公司曾经以"我是如何运用一个蠢方法致富的?"作为标题，推出了一则投资计划推广海报。这是一则看起来相当矛盾的广告，以至于公司里的人都对它不抱任何希望。然而，广告推出一周后，出人意料的事发生了，前来咨询、认购这项投资计划的人比公司之前推出的投资计划多了 5 倍，而且，最重要的是，该广告让该公司扭亏为盈，迅速在市场上打响了知名度。其实，这项投资计划比起之前的那些根本就没有什么差别，都是大同小异。只是在标题中加进了一个矛盾的说法，取得的效果就完全不同。

因为在一般人看来，致富通常需要大量的初始资金，需要强大的社会关系网，还需要聪明而复杂的投资理财技巧，但是，几乎每个人都有发财梦，而且都有轻松致富的愿望。虽然明知可能性渺茫，但是，只要有一丝希望，谁都会抱有侥幸心理。

自相矛盾的、与常规不合的说法，更能激起买家一探究竟的兴趣。买家渴望相信广告中的说法，虽然明知有违常理，但还是会义无反顾地去探究其可能性。在这里，买家的好奇心和参与感完全被调动起来，想一辨真假。达到了吸引买家的目的，就是好的文案。

另外，使用那些看似矛盾的说法创作文案时要注意，能否自圆其说往往不重要，也不是最终目的，重要的是买家被成功地吸引去阅读文案正文。不过，要让买家决定是否采取进一步的行动，则要看正文内容的说法是否合理、是否得到认可。

7.4 让买家感兴趣，就是好标题

无论电商文案的正文多么具有说服力，或者所要宣传的产品多么杰出，如果无法使买家感兴趣，广告就无法成功。大部分的广告专家都认为，能够使买家感兴趣的标题才是文案成功的关键要素。然而许多文案写手纯粹是为了创意而创意，导致自己精心设计的文案标题反而模糊了销售信息，最后也没有赢得买家的喜爱。买家喜爱的标题一定是买家感兴趣的标题。

7.4.1 顶级文案标题的特征

文案创作者都想写出一个让读者感兴趣的标题，下面来看两个例子，看一看什么样的标题，买家才感兴趣。

先看一个例子，有两个意思一样的标题："为了留住司机，滴滴雇人打车：这样牛的互联网公司，初期都咋推广？”和“你一定不知道，滴滴、美团、陌陌是如何积累种子用户的？”看到这两个标题，大家更喜欢哪一个呢？很多人的回答肯定都会是第二个，而且以第二个标题命名的文章在某网站的阅读量超过了 10 万次。不得不说，第二个标题的确好！分析原因如下。

首先，这个标题突出了三个互联网公司——滴滴、美团、陌陌，这 3 个互联网公司的拥护者看到了这个标题，肯定会想点进来看一眼。

其次，这个标题的指向性更明确，而在第一个标题中“牛的互联网公司”，这样的互联网公司有很多，它到底指的哪一个呢？还需要读者猜，所以读者对这种不明确说法的兴趣度会直线下降。

最后，第一个标题中“初期怎么推广”也不如第二个标题中“积累种子用户”明确、有吸引力。毕竟“推广”这个词是个大概念，涵盖的范围太广，这样大家的兴趣度就又降低一个层次。而“积累种子用户”则不同，这是很多创业公司的痛点，他们迫切的需要知道如何积累用户。

接下来再看一个例子，“一个站长的经历”和“一个黄色网站站长的不归之路”，看到这两个标题，大家对哪一个更感兴趣呢？不用多说，大家肯定会对第二个标题更感兴趣，的确，以第二个标题命名的文章在某网站阅读量已经超过 60 万次。为什么大家对第二个标题感兴趣呢？其原因分析如下：

首先，第二个标题中的“黄色网站”，这四个字就能吸引屌丝一族驻足围观了。

其次，第二个标题中的“不归之路”，给人一种很神秘的感觉。再加上“黄色网站”本来就有很多秘密，这样的一个标题无论放在哪里都会吸引无数的读者围观。但是第一个标题“一个站长的经历”没有特点，根本不可能吸引到访客的眼球。

总结上面两个事例发现，能引起大家感兴趣的标题都有干货，有戏剧性的冲击，事件本身就有很高的话题性等。但是要注意一点，除了标题起得好以外，文案也要有实际内容的支撑，否则该标题就成了标题党，其结果除了招人反感以外没有任何实际的意义。

7.4.2 如何写出让买家感兴趣的标题

电商文案的标题如果能让买家感兴趣，那这个文案离成功就不远了。下面介绍几个方法（图 7-6），按照这些方法就有可能写出让买家感兴趣的标题。

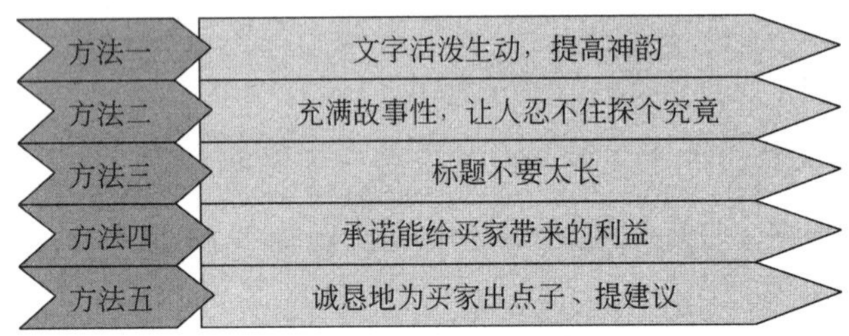

图 7-6 写出让买家感兴趣标题的方法

1. 文字活泼生动，提高神韵

“传神”是标题制作的关键点，所谓传神就是既要表现出别致、雅致，又有动感、美感，还得有文气、灵气，最后还得让买家有看头、有想头。比如《产后“千千劫”》，内容讲述的是主人公分娩之后的种种不舒服：荨麻疹、骶髂关节炎、乳腺管堵塞，最后还差点得了产后抑郁症。这个标题与琼瑶的小说《心有千千结》很相似，既表达出了产后所经受的苦难之多，又韵味十足。此标题采用的是“移花接木”，效果不错。

除了“移花接木”以外，市场上的很多让人眼前一亮的文案标题，大多数还采用了拟人、比喻等修辞手法或者是利用已有的成语、诗词。当把产品拟人化之后，一般都会有好的创意。例如，视力 1＋1 眼睛营养液创意的广告《别让我一辈子“嫁”给它》（“我”指眼睛，“它”指眼镜）、三点摩丝创意的广告《你的头发在生气?》、千仟玉手足柔嫩剂创意的广告《北京人，谁的手足在哭泣?》、火王燃气炉创意的《我天生一肚子火气》……上述这些例子都采用的是拟人化的手法，相当生动，有一种身临其境的感觉，这样的文案买家才感兴趣，并吸引买家购买产品。

2. 充满故事性，让人忍不住探个究竟

大家都喜欢听故事、看故事，所以，一则具有故事性的标题更能吸引人去读，标题具有吸引人的故事性会吸引人认真读正文，例如《意想不到，一部赛车开进了厨房》这是我们为火王 97 新款燃器炉“赛车一族”创意的广告，“赛车”开进“厨房”产生了故事性，吸引人产生看广告的兴趣。

3. 标题不要太长

大家都喜欢用简单的文字说出不简单的道理，因为标题文字太多或者描述过细，反而不容易被人记住，所以，文案的标题也要简单。标题除了简单以外，还要有料，即标题中要有亮点，把买家最感兴趣或者最关心的点指出来。

4. 承诺能给买家带来的利益

买家购买一个产品，他们最关心的就是产品能够给他带来什么，用处有多大。如果想从这方面出发拟文案标题，首先就要弄清楚买家最想得到、最为关心的利益。这种利益除能满足买家物质上或心理上的要求外，还包括价格实惠、省时、安全、方便等方面的好处。这类标题中所允诺的利益越大，越能引起买家的兴趣，但应注意给买家的承诺，一定是负责任的，对，一定要做出负责人的承诺，是能兑现的。而不能为了吸引买家夸下海口，否则那真是自掘坟墓。

5. 诚恳地为买家出点子、提建议

市面上有很多为买家提出建议和点子的广告标题，例如，“‘果珍’建议：‘冬天要喝热果珍’”“‘龙牡壮骨冲剂’建议家长：‘别让孩子输在起跑线上噢。’”这类标题主动地劝说或强烈地暗示买家去做或去思考某些事情。如果想从这方面出发拟文案标题，应用平缓、礼貌、恭敬的言辞来敦促人们采取行动，一般句中多采用“请”“欢迎”等字眼，且不宜用惊叹号。

7.5 一个标题可能要改五六十次

没有一开始就完美的标题，即使是世界上公认的最好的文案大师，他在把一个优秀的作品呈现出来之前，文案的标题通常都会修改几十次。而一个标题改五六十次都是很正常的。要知道，文案创作者写的东西越改越好，这一点不仅对于新手，即使有一定文案经验的人来说都适用。而且，通常是越熟练的文案创作者，标题改的次数越多。

7.5.1 好标题的创作步骤：修改、修改，再修改

文案大师大卫·阿博特曾说："为了找到对的想法和均衡，我有时会重写一个标题五六十次，常常令我大吃一惊，因为发现已经与字句痴缠了三个小时。"从与沃尔沃汽车合作的第一天起，大卫·阿博特就一直在广告中吹嘘沃尔沃车上的每一个焊接点都十分牢固，以至于可以承受整辆车的重量。虽然市场反应较好，但始终达不到十分出彩的效果。

直到这样一个全新的标题冲击而来："如果焊接不牢固，这辆车就落到了本文作者身上。"在画面中，一辆红色的沃尔沃车被悬挂起来，大卫·阿博特自己钻到了沃尔沃车底下。当然，沃尔沃车不负众望，大卫·阿博特也活着出来，并能够将自身经历讲给读者听。

这则广告的要点是告诉人们，沃尔沃 740 不仅外形独特，而且发动机速度快，价格便宜，有着全新的内置和悬置系统。不过，在某种程度上，沃尔沃 740 与以往的任何一款沃尔沃车都没有什么明显的区别，同样制造精良，同样值得每一位乘客把生命托付给它。

在文案末尾，大卫·阿博特写道："我明白这一点，而且也这样做了。"这则文案的标题花了大卫·阿博特近一个月的时间，修改，戏剧化，再修改，直到把自己

也加了进去。

可见，文案大师创作出的一个又一个优秀的广告文案，其标题也不是一蹴而就的，它也是需要大师们反复琢磨，改一遍不行，那就改第二遍，改第二遍不行，那再改第三遍……这样反复修改再修改。要知道，每个标题在成形前或许有成吨的草稿纸以及不成熟的想法都丢弃了。总之，文案创作者要保持精益求精的态度，直到满意为止。

7.5.2　如何为波旁酒设计一则电商文案的标题

文案创作者要为波旁酒设计一则电商文案的标题，经过深思熟虑后，决定把窖藏时间作为标题的切入点，因为波旁酒一般要窖藏 9 年才上市，有的甚至更长。

在写广告标题时，如果初步确定“要一杯陈放了 9 年的酒”。这个表述显得过于平淡，如果改成“想知道它是怎么酿制的吗？9 年才出窖，你知道吗”？这样一来吸引点有了，不过不够精简。“在阴暗库房的橡木桶里搁放 9 年，才算得上醇香”，这个说法更好了，不是吗？

事实上，这个标题还需要修改，波旁酒的窖藏时间是 9 年，那么在这 9 年中可能会发生什么事？如果时光倒转，会不会给买家全新的体验，所以，让买家体会时间缓慢流逝的感觉也是可选的。例如，“大陆板块漂流的速度比波旁酒的成熟快多了”。如果再进一步加工为“风化使山变形，时间造就波旁”“3 圈年轮乘以 3，冰河匆匆移过，而这桶波旁仍在等待”。或者“第一瓶酒装瓶时，美国历史还只是开始”。这样看起来会好很多。但如果再加上了买家的参与感，吸引力就更大了，例如，“经过了 9 年的点滴酝酿，现在正熟透待品”。但这种说法有点平铺直叙，那么再修改一下，可能标题就会变成“悠长桶中 9 年整，荣耀杯中 1 小时”。这时如果还觉得不满意，那么还可以再仔细斟酌，直到想出一个令你自己和大家都满意的标题为止。

波旁酒的标题还可以加一句话，例如，“如果你记不清酒的名字了，就问在切斯特·阿瑟任总统期间装的那第一瓶酒是什么酒。”“已经 110 多岁了，每晚还被锁在窖里。”“如果我们还能推迟开瓶时间，我们一定会那样做。”“陈酿导致的狂喜。”甚至还可以具体化：“送给父亲一件比他那条桑萨带宽松裤还老的礼物。”“第一瓶酒装瓶时，广告牌还没问世。”“这瓶上乘波旁威士忌最先是用牛驮着上市场销售的。”“这瓶酒上市 50 年后人造冰块才问世。”

对文案的标题文案创作者只有经过这样反复的修改，最终才能达到理想的效果。虽然上面这些标题可能用得上，但更有可能用不上。不过有总比没有好，多总比少好。此外，尝试站在产地、喝波旁的方式上选定标题也未尝不可，只有反复的修改，才能精益求精，这正是文案创作者要追求的，因为买家只给一次展示的机会，错过了就再也回不去了。在此之前，任何时间上的付出都是值得的。

在文案创作中，文案创作者可能会列出很多不同的切入点，然后在不同切入点之下列出很多个标题。如果每次列出的每个标题都做修改，那么文案创作者的工作量会非常大，所以，这就要求在修改时，选出一个或两个值得修改的标题，对它们进行不断的修改。而且在反复修改时，不只是停留在“改”的阶段，要不断地思考，不断发现问题，不断解决问题，只有在改的过程中同时加深对产品、对客户、对买家的认识，尝试从不同角度，深入不同层次，挖掘各方面信息，才能成就好的文案作品。

标题是决定一个文案是否成功的关键，在标题的选用上，任何一点马虎都可能让整个文案毁于一旦。阿迪达斯曾发布了一张海报，标题名为“一咬牙就过去了”。然而，该则广告的创意源自苏亚·雷斯咬人事件，而标题曝出后，文案中含有对苏亚行为的姑息之情，迅速引起了一片争议。阿迪达斯不得不立即撤下该广告。

由此看出，标题作为文案中最重要的一部分，向买家传达的价值观一定要健康，要能代表社会正义，如果不加斟酌，随意面世，一石可能激起千层浪，让商家得不偿失。大多数文案都会考虑消费者的意见，不断地修改，主动对工作作出改进和提高。

7.6 案例：苹果 iPod：把 1 000 首歌装进口袋

2001 年 10 月 23 日，苹果公司创始人乔布斯在苹果总部库比提诺举行了一次发布会，他在发布会上向世界介绍了苹果新推出的产品 iPod——一款小巧的音乐播放器。当时这款音乐播放器虽然只能与 Mac（移动代理服务器）兼容，但是此时的乔布斯明显已经知道他就是胜者。

因为在发布会上，他以“1 000 songs in your pocket”（将 1 000 首歌曲装进口袋）为愿景，说了这么一番话：“iPod 最大的特点就是它可以容纳 1 000 首歌曲。这是一个突破，因为很多人的音乐库中的歌曲就是这个数量。”在这场发布会上，乔布斯还说出了一句经典的话：“iPod 最酷的事情就是将音乐库随身携带。”让大家了解到苹果推出的 iPod 音乐播放器，能使欣赏音乐变得随时随地、触手可得。乔布斯称 iPod 是一个里程碑。它不仅带领苹果走出了低谷，同时也对便携音乐行业进行了一次革命，因为它改变了人们聆听音乐的方式。

“1 000 songs in your pocket”这句看似简单的广告语，意味着这是人类音乐史的转折点，至今被广告界奉为经典。

下面分析一下“1 000 songs in your pocket”这个广告标题。该标题属于卖点型文案标题，即用产品的卖点来吸引消费者。在那个时代，CD（光盘）已经开始流行，而 iPod 最与众不同的就是它可以将 CD 格式的音乐转换为无损的 Apple Lossless 格式，由此大容量的存储介质才有了用武之地。或许当时人们还停留在磁带随身听和 CD 随身听时代中，没有人能够想象出门旅游时还要背着一堆磁带和光盘是什么景象，对于这个问题，微硬盘 MP3（音乐播放器）给出了最好的答案。

乔布斯宣传 iPod 时，以“1 000 songs in your pocket”为口号，要知道当时主流的台式机硬盘容量不过 60GB，主流闪存型 MP3 的容量最多也不过 128MB。如果一首音乐容量为 4MB，那么后者仅能装下 30 首，这对于音乐达人来说是远远不够的。而乔布斯以能装进“1 000 首歌”为突破，用“1 000”这个数字吸引买家的眼球，激起了很多音乐爱好者对 iPod 的兴趣，并有了购买该产品的欲望。

卖点型文案标题能让目标消费者阅读完标题之后，立刻产生购买欲望。另外还要注意的是，对于卖点营销文案的标题来说，一定要通俗易懂，一两句话就要把事情说清楚。例如，“小米体重秤：一杯水可感知的重量”；“360 儿童表：随时知道孩子在哪儿”；“直达价格：不为中间环节埋单”；“亲，忘掉邮费吧，它已经被包了”。卖点型文案标题有一个共同点，就是以卖点赢得买家的购买欲望。

本章主要教大家拟出一个让人疯狂的标题，什么样的标题才能让买家疯狂呢？下面介绍几种设置文案标题的模式（图 7-7），可能有些点在上面小节中已经提到过，这里就整理下来，供大家参考。

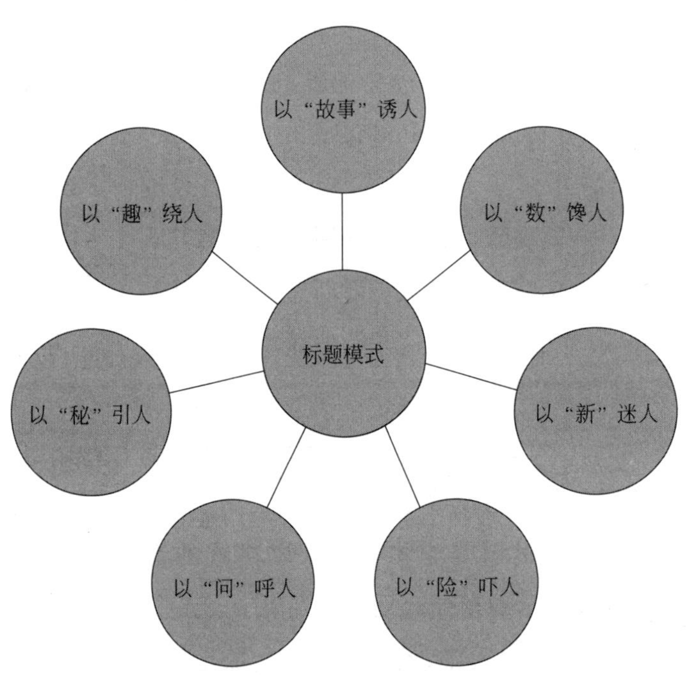

图 7-7 诱人的标题模式

1. 以“故事”诱人

大家都喜欢听故事，如果文案标题具有吸引人的故事性，这将会赢得很多人的眼球。火王 97 新款燃器炉“赛车一族”曾以“意想不到，一部赛车开进了厨房”为标题，制作出一个富有创意的广告，想必大家看到这个题目都想看看究竟“赛车”是如何开进“厨房”里的。又如“‘95 后’小姑娘邂逅微商，月入 20 万”“奥格威为舒伟思饮料作的广告”等类似的标题，我们看到这样的标题，首先就想知道这个故事是如何发生的呢？可见，以讲故事的口吻写出的标题，可对客户起到“随风潜入夜，润物细无声”的作用。

2. 以“数”馋人

好的标题必须有冲击力，最好的冲击力手段莫如运用数字了。比如，客户今年要推一款××品牌的护肤品，这时文案创作者不妨给现有的××护肤品列个排行榜，比如以“你不能不知道的十大××护肤品品牌”之类的文字为标题。如果客户推出的是一款知名度很大的护肤品，那可以把该产品排在第一位；如果客户推出的是一款新品牌，最好把该产品列入第二位或者第三位。为什么不把该产品排在第一位呢？因为新品牌知名度肯定比不上老品牌，排第一的话会引起大家的怀疑，所以为了不失公平，还是给一个比较客观靠谱的排名比较好，但文案创作者可以对该产品进行隆重推荐。

物以稀为贵，任何东西的价值有多高，就看限不限量。在节假日期间可推出“五一大回馈，100 张××面膜等你免费领取”“前十名的××彩妆顾客，可享受五折优惠”等类似的标题。

3. 以“新”迷人

人人都有猎奇心理，对于新鲜的事物，谁都有一看究竟的兴趣。所以可拟新奇性的标题，加一些关键字：惊天秘闻、首度公开、史无前例、封杀等。比如“胖子变帅哥，3 个月瘦 50 斤，秘密首次公开”“独家披露被子里的新闻”“ 苹果 AIR 创、新、薄（世上最薄的笔记本电脑）”等，这类写得像新闻的标题会很受人瞩目，还会引发巨大的轰动，特别是在网络传播的时候，可以获得更多的转载。

另外，文案创作者还可以把标题与当时的新闻热点相联系，从而获得极大的关注度。比如结合某个女明星60岁的年龄，18岁的容颜，来引出护肤品的功能性等。

4. 以“险”吓人

纵观保健品的宣传，大家不难看出人的身体是多么需要保养。尽管我不太建议用这类手法进行产品宣传，但不得不说这是一个可以借鉴的方法。

比如，“糖尿病，坐轮椅的前兆！”“30岁的人50岁的心脏”“200万人的健康和这个观点有关”等带有恐吓性的标题，以此来吸引买家对文案的关注，特别是有某种疾病的患者，看到相关文案后更能引发共鸣。

作为微商，同样可以以此来操作，只需要适当地在安全上加大些宣传就可以。当然这种手法要适可而止，否则消费者最终会识破这种方法。

5. 以“问”呼人

有些文案被很多人接受，因为它让人感觉很亲近。以对话、发问的形式拟标题，更容易让人接受。

当然，这类文案要分清几个要点：一是写什么内容；二是写给什么人看；三是这些人的内心需求是什么。这类定向的文案，大家可能经常会看到。例如，“××，老板他们都来了，你呢？”“1998年出生的人来聊聊人生好吗？”等。

6. 以“秘”引人

许多秘密其实就是一层窗户纸。写文案时，就要把这层窗户纸神秘化，让人有了解秘密的冲动。文案创作者可以根据人的这种揭秘心理为自己要宣传的产品写上标题，例如“揭秘广西巴马长寿之乡的保养秘诀”“掀开英国女星保持童颜的面纱”等，如果看到这则标题的人平时喜欢保养，那他肯定会想一探究竟的。

7. 以“趣”绕人

任何人都喜欢趣味性强的事物，所以这也是一个机会。常见的就是幽默、诙谐的关键字。大家有时路过一家美容院，可能会看到它们做的广告，如“赶快下‘斑’，不许‘痘’留”“不要脸的时代已经过去”等。

其实，还有很多关于文案标题的写作方法，比如对比型、情感型、新闻报道型、励志型等。总之，只要标题有创意，立题新颖，文案自然也就能够勾起目标客户的欲望，还怕没有人阅读吗？

第 8 章

如何写出一个吸引人的开场白

文案创作者在用诱人的标题成功吸引了买家的注意力以后，接下来还要做些什么呢？那就是让买家阅读文案的第一句话，即文案的开场白。开场白写得好不好，决定着买家是否要继续往下读，所以，文案的开场白也是文案创作者不容忽视的环节，它要能激发买家阅读文案剩下部分的欲望。

8.1 撰写有力的开场白

如果说文案标题能够起到画龙点睛的作用，那么文案的开场白则起着开宗明义的作用。奥美公司的全球品牌服务总经理史蒂夫·海登说："如果你想当个收入丰厚的文案，取悦客户。如果你想当一个很会得奖的文案，取悦自己。如果你想当一个伟大的文案，取悦买家。"

这个过程就好比销售人员和客户正一起从15楼坐电梯下楼，销售人员只有几秒钟的时间向客户介绍他所推销的产品或服务，那销售人员当然要选择产品的一个方面进行介绍，并且还要用让客户感兴趣的方式推销，让客户在离开大楼时思考销售人员的话，等红绿灯时还在思考，过了马路后还在思考。所以，文案创作者也要想尽方法用文字讨好买家，但不能耍鬼把戏，只能想出一个具有吸引力的高招，几句话就能快速击中消费者的心怀。要不然，迟早会完蛋的。

有个文案策划人员在为上海东方航空公司创作介绍书时就碰到这样的问题。大部分消费者都是在买票时才关心与航空公司相关的事，那么航空公司如何在平时就能把公司的形象及有关事项传达给消费者呢？策划人员思虑了许久，最后他在介绍书的封面上写了这么一句话：翻过这一页，也许会跟你有关。就这么一句模棱两可的话，一下子吊起了大家的胃口，激起了人们的好奇心，试想有谁不关心跟自己有关的事情呢？这个文案本身的高明之处就是人为地制造了一种可能性，为文案撰写了一个有力的开场白，这可以说是个极好的创意，或者说，能在创作策略下自由主导广告创意，这就是创作文案的最高境界。

假如文案创作者要为一瓶价值60美元的波本威士忌写文案，那么首先应该好好想一想，怎么写才能让消费者觉得他们这60美元没有白花呢。下面看看文案大师迈克·雷斯卡保奥是怎么做的吧。

迈克·雷斯卡保奥整个文案都带着对酿造过程的敬意，以一种近乎尊敬的语气，向消费者传达酿造者布克·诺伊家族长达200年酿造历史的悠远。他以布克·诺伊说的一句话为标题："我知道波本威士忌酒随着岁月的沉淀而变得越好，因为我年纪越大越爱喝。"

正文的开头是："布克·诺伊将永远记得他初尝祖父吉姆·比恩的酒厂里传奇般的波本威士忌的时刻。甚至今天我在讲述这个故事的时候，他还做着鬼脸摇来摇去，用他胖胖的胳膊做了几下空击……"迈克·雷斯卡保奥以这种写作方法作为开场白是正确的，而且也确实奏效了。因为这样的开场白给人的感觉是要讲故事，"故事"本身就很有力度，大家都对故事感兴趣，自然也会对该文案感兴趣，所以这样的写作方法能够引起消费者注意。

从上面两个实例可以看出，文案的力度够不够，关键是看文案开场白是否能给买家留下一个好的第一印象，无论是哪一种形式的广告，买家的第一印象——也就是他们读到的第一句话，看到的第一个画面，或者听到的第一个声音，可能就是决定这则广告成功或失败的关键。

如果文案给人的第一印象是无聊或跟自己的相关性不强或者没有相关性，那么，这则文案就不可能吸引到目标买家；但如果这则文案向买家提供了新信息或有用的信息，或承诺看完这则广告会带来好处，那么这份文案就给买家留下了比较好的第一印象，它就有望赢得买家的注意力——这是说服买家购买产品的第一步。具体来说，到底是什么决定文案的"第一印象"呢？

对平面广告来说，它的第一印象取决于标题和视觉设计；对宣传手册来说，它的第一印象取决于封面；对电视广告或电台来说，它的第一印象取决于播出的前几秒钟；对产品目录来说，它的第一印象取决于封面；对产品说明会来说，它的第一印象取决于前几页幻灯片或活动挂图；对直效邮件来说，它的第一印象取决于封面文案，或销售信的前面几句话；对公关新闻稿来说，它的第一印象取决于第一段文字；对公司网站来说，它的第一印象取决于首页设计；对电子邮件广告来说，它的第一印象取决于寄件人和主旨栏。

明白了不同类型文案的第一印象的取决因素之后，接下来建议文案创作者准备一个资料夹来收集一些精选范例，以便在构思自己的营销素材时作参考。假如一时想不出文案的开场白应该怎么写，这些范例会是最有帮助的灵感来源。但无论文案创作者选择什么样的方式出场，为了使它有力度，在动笔之前要做到如图 8-1 所示的几个事情。

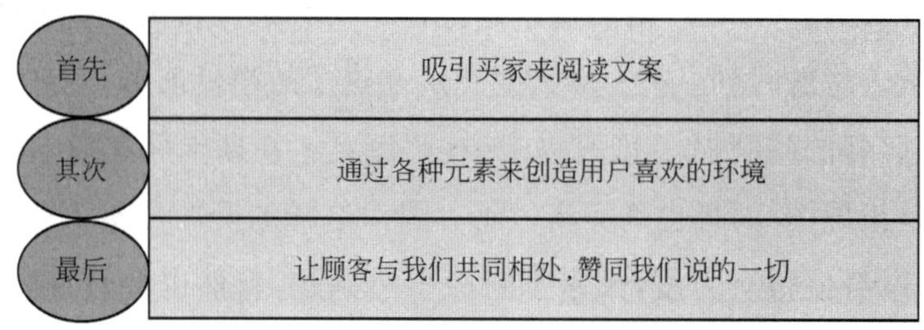

图 8-1　写开场白之前需要考虑的事情

以上这些事情考虑清楚之后，文案创作者就可以根据自己的灵感写下去了。在文案呈现中，只要吸引住买家阅读第一句话，那么就会更加容易吸引他们去阅读第二句话，接着是第三句话，直到买家读完。

8.2　开头第一句可能比标题更重要

电商文案的开头第一句可能比标题更重要，文案创作者必须将受众一击即中。如果买家没有兴趣阅读第一句话，那么他们根本就不会再继续阅读下去。第一句话本身的目的是什么？对，就是吸引买家去阅读第二句话。那么第二句话的目的是什么？自然就是让买家去阅读第三句话。如果买家觉得文案的开场白很有意思，那么他们就会继续往下读。可以说，广告开篇的唯一目的就是不惜一切代价去吸引买家的注意力，诱使他们接连不读地去阅读文案的每一句话。

博达大桥广告公司(Foote Cone & Belding，FCB)的创意总监认为，只有 4%的买家会在无论这则文案写得多烂的情况下都坚持读超过 70%的内容。所以，文案创作者的任务是，不仅让 4%的人读超过 70%的内容，而且还要让其余的 96%的人尽可能都读完你的文案。

乔治是一个喜欢耳机的人。在一次逛数码店时，他先试听了 beat 耳机，不过发现并不喜欢它的音质，刚刚把耳机放下，无意中，他瞄了一眼包装盒，结果第一句话就深深打动了这位耳机爱好者。看到这句话后，乔治买了这款耳机。

这句话是这样写的："People aren't hearing all the music."（当你听音乐的时候，你并没有听到全部内容。）这句话出自 Dr. Dre，一名说唱歌星，他是公认的西海岸痞子说唱的创始人和领军者，尤其受到《滚石》杂志的推崇。

好的文案有"先声夺人"的功效，这种文案的开头模式有如图 8-2 所示四种。

模式一	开门见山式
模式二	情境导入式
模式三	名言名句式
模式四	修辞式

图 8-2　文案开头模式

1. 开门见山式

文案采用开门见山式开头，特点在于直截了当，直奔主题，而不是拖泥带水。在文案开头第一句引出文中的主要人物，或者表明发生的故事，揭示文章主题，点明文章描述对象。文章采用开门见山式开头，必须运用朴实的语言，快速切入中心，将自己希望向买家传达的内容直接摊开来。

例如，健身达人保持健美身材的运动技巧分享，非常值得大家学习，多亏了一种新兴的健身软件的出现，掀起了一股科学健身、健康一生的风潮。

2. 情境导入式

文案采用情境导入式开头，有目的地给买家引入或营造一种文章行动目标所需要的氛围、情境，以激发买家的情感体验，调动大众的阅读兴趣。情境导入式开头写作一般运用在情感类文案写作中，主要起到渲染氛围、预热主题的作用。

例如，春暖花开，阳光明媚。在这美好的阳春三月，我们选择了彼此作为相伴终身的伴侣。选一块绿意浓浓的草地，让蓝天白云见证我们的幸福，接受大自然赐予我们的幸福和亲朋好友的祝福。这个春天，让我们走出教堂、迈出酒店，来一场最自然、最明媚的户外婚礼。

3. 名言名句式

采用与文章主题相关的名人名言、经典语录作为文案开头，一般能留住买家的眼光。文案创作者在文章的开头精心设计一个短小精练、意蕴深厚又紧贴主题的句子，或者直接选用名人名言、谚语、诗词等，凸显文章的主旨、情感，往往能起到出其不意的效果。买家看到这样的开头，一般会向内心释放一种心理暗示，认为文章的作者文采飞扬。

名言名句式开头既能吸引受众，又能提高文章的可读性，还可以引申出故事导入。文案创作者也可以在文章开头引出一个富有哲理的小故事，或者与文章的中心思想相关的小故事，以一句话揭示道理。

例如理财类文案采用股神巴菲特的投资名言“在别人贪婪时恐惧，在别人恐惧时贪婪”，提醒投资者在任何时候都应该保持理性、冷静，不盲从。

4. 修辞式

还可以采用比喻、比拟、借代、夸张等修辞手法作为文案的开头第一句。例如采用比喻的修辞手法：大学校园青春烂漫的时光，犹如手中的细沙，稍不留意，就纷纷从指间流逝，而且一去不复返。又如采用夸张的修辞写法：人们都说，西沙群岛，一半是水，一半是鱼。

文案的第一句和标题一样难写，既要有对标题概念的延伸，又要能够引起买家读下一句的渴望。所以，文案创作者要注重文案开头第一句话的写作。

8.3 提前为文案找作料

其实，在开始写电商文案之前，创作的过程就开始了。文案创作者必须做好早期计划，写些什么，从什么角度写，采用哪种形式，这些都是你在动笔之前就要决定好的。而要想让文案有吸引力，你的前期准备中最重要的就是为你的正文找好作料，而且这些作料还要在文案的开场白中就加上。

8.3.1 文案开头要有“料”

英国 Sainsbury 超市出售皇后橄榄，其文案的第一句是：“皇后橄榄比老百姓橄榄大两倍。”强调橄榄更大，第二句：“果肉肥嫩，却有嚼劲，更有种清香的果味使它成为美味的开胃小品。”强调“加倍美味”。这些都是文案的作料——以产品的利益为出发点。对产品文案来说，文案创作者应该尽可能地把利益点放在文案开头，突出的利益点是对买家最具吸引力的、唯一的焦点。

然而许多文案创作者以文字游戏、双关语以及一些与产品毫不相关的信息作为正文的开头，希望借此吸引买家，打算在文案末尾给买家留一个惊喜，来一个漂亮的收尾，于是把产品最有吸引力的利益点留到文案最后。但这样做是大错特错。因为如果买家不能在第一时间就看到产品最吸引人的好处，他是不会继续往下读的。

电商文案开头要有料，什么是“料”呢？下面通过苹果的例子说明一下。

苹果公司不仅在美国家喻户晓，而且全世界人都对它有所耳闻，不仅是因为它的创始人乔布斯——一个改变世界的人，更因为它“有料、任性”。在乔布斯时代，苹果没有把消费者当上帝供着，他们只是向消费者提供最优秀的产品，让其他人的上帝去通宵排队购买。乔布斯就是这么傲慢，虽然现在他已经不在了，但“乔布斯”三个字一直根植在每一位苹果工程师的观念里，那些年轻的天才设计师依旧傲慢，但他们之所以能继续帮助苹果赚钱，就是源于对产品和服务的精细打磨，这是苹果的料，也是他们能任性赚钱的主要原因。苹果每次推出新产品之后，他们都会在文案中抖出一个料，比如，“让妈妈开心得开了又开的礼物”“迄今为止改变最大的 iPhone”“这再次改变了一切”“苹果颠覆了手机行业”等。

最近，苹果又打算推出苹果音乐（Apple music），它只是一个刚刚上线的服务，但已经有了一些非常不错的资源，比如陈奕迅、林俊杰、邓紫棋等老鲜肉们的歌曲，还有类似泰勒、EdSheeran 这些国际大牌的歌曲，将成为 Apple music 的料，以撬开消费者的钱包。

文案的“料”来源渠道相当多，可以来自其他同类别产品的广告，可以来自到产品的生产工厂转了一圈之后的收获，可以来自到大自然中享受闲情逸致，也可以来自偶然间听到的一句话，甚至可以来自一个梦……也许刚开始时，由于找到的作料有限，汤看起来寡淡无味又没什么内容，但是只要继续加，最后一定会煮出浓稠又好喝的汤。

还有，记得写一大堆文案标题，即使最终全部都会被艺术总监毙掉，也存有万一有一个能够通过的“侥幸”，而且，在拜访工厂时，文案创作者做的那些笔记一定会成为好作料。当然，如果文案创作者从来没有做调查笔记的习惯，也许正文文案会成为自己开始做笔记的好理由。

接下来，做好同类产品广告调查，尤其是产品之前采用的电商文案，它们绝对值得文案创作者的细细研究。只要自己认为是相当有趣或有说服力的东西，都要记得写下来或者记在头脑里。即使最烂的广告也暗含最有趣的事实，所以，尽可能地调查竞争者的所有广告。

然后，文案创作者也不要放过那些产品宣传册子、技术说明书、独立研究结果报告，以及那些能找到的所有关于消费者和产品的剪报，甚至是消费者公司的年度报告，这些都有可能藏有奇珍异宝。

8.3.2 最有价值的东西往往蕴含于最显而易见的事实中

“最有价值的东西往往蕴含于最显而易见的事实中”这一点在文案界同样是

真理。文案创作者能找到的大部分产品资料，能够为文案提供消费者购买该产品的理性理由。至于消费者购买产品的感性理由，还要向消费者本身寻求。

首先，摸清目标消费者定位，他们是哪一群体，母亲、青少年、时尚女性，还是商业人士？在他们眼中，什么才是最重要的？他们如何看待产品、生产商和市场？对于他们来说，这些东西扮演着怎样的角色？

在向这些消费者进行头脑诉求的同时，也要提供针对他们的心灵诉求和感情诉求，这是大部分决策的发源之地。

找到这些作料之后，文案创作者还要把这些事实按照某种逻辑顺序进行排列组合。因为每一则广告对于消费者来说，都是挨家挨户上门的推销员，是对正常生活的打扰。想让人们为文案打开大门，巧妙的标题可能就是入场券，而有理有据、滔滔不绝的正文内容才能让文案一直待在那儿。

记得添加形容词这个作料时，要慎之又慎。它们并不总像想象中那样能发挥巨大的作用。大家都希望厨房能保持清洁，可是有谁会光顾一家叫作“卫生咖啡馆”的小店呢？关于在文案中使用形容词，用得好于产品是锦上添花，用不好可能将产品毁于一旦，而且，好文案从来都不是用形容词堆砌起来的。

就像做菜时有菜谱一样，一开始，文案创作者可以模仿那些写得好的文案，但时间一长，就没有花样了。而聪明的文案创作者会在一开始就抓住所崇拜的文案高手的风格和精髓，然后延续下去，并在不知不觉中要么将这种风格运用得更上一层楼，要么提炼出一种独特的个人风格，无论是两者中的哪一种，对于一个新手来说，都很有用。

如同加入的第一勺作料奠定汤的基调一样，文案最重要的是开头一句，所以，最惊人的、最有说服力或者最引人深思的事实应该放在最前面。这大概是全篇最有意思的一句话。而且，文案必须具有某种统一的语调或声音、一种说话的方式。文案创作者必须让自己听起来具备权威性和值得信任。这碗汤看起来不错，才可能得到人们品尝之后的夸奖，不是吗？

总之，文案开头第一句要有料。成功吸引到买家的注意之后，还要让买家尽可能把文案内容阅读完，因为任何一件产品都可能在某种程度上为人们解决某个问题或是满足某种需求。买家只有将文案阅读完才能从中找到更多自己所需要的东西，进而激发他们购买该产品或服务。

8.4 别忘了幽默感

在演讲中，一段精彩的开场白有三种作用：一是吸引听众的注意力，激发听众的好奇心；二是概述演讲的主要内容；三是向大家阐明听本次演讲的必要性。为了达到上述这种效果，很多人都会用一个幽默的开场白。白岩松有一次去美国的一个大学演讲，他的开场白：欢迎大家向我扔靴，但最好是两只，还有就是我的脚是42号的。他一开口，就把台下的观众逗笑了。演讲的第一句话就应该"逗笑"观众，所以演讲者可以讲一些新奇的、与众不同的甚至是搞笑的话来使观众眼前一亮，激起听众的兴趣。

幽默不仅适用于演讲，而且还适用于文案。例如，某品牌的驱虫剂推出一则幽默的广告语："您不能反咬它，您却能反击它。"这是一则反意对仗的文案，其结构工整完美，仅两字之差，意义却大变。夏天的时候人们最害怕被蚊子咬，怎么办？广告幽默地告诉大家不能反咬它，最好的办法就是使用驱虫剂予以反击。这种简短有趣的广告语言就是文案给人的启迪和回味，较之直露的语言表述对广告的成功往往有更大的促进作用。

8.4.1 幽默广告的特征

写幽默广告之前，首先要了解幽默广告有哪些特征。幽默广告的特征如图8-3所示。

1. 含蓄

"请飞往北极度蜜月吧，当地夜长24小时。"这是荷兰一家旅行社的广告文

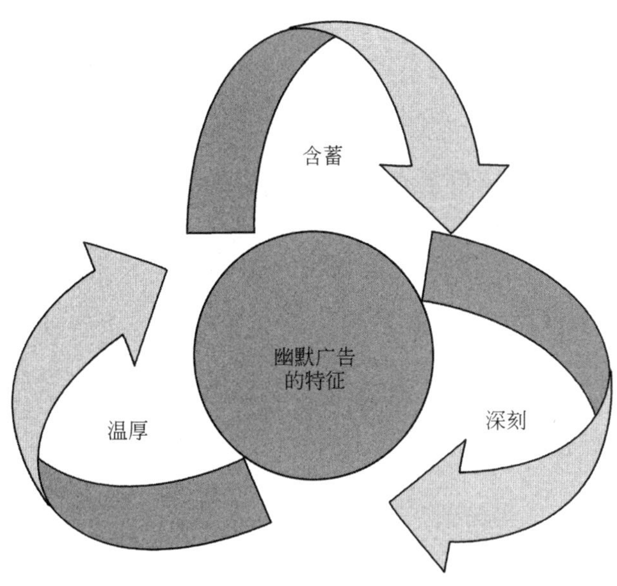

图 8-3　幽默广告的特征

案。像这样的幽默广告，它们所表达的内容往往比较含蓄，即将其所意欲表现的意义隐藏起来，接受者必须透过表层的文字符号，才能在微笑之中领悟到它的“言外之意”。利用幽默的写作手法，不仅能让买家领悟到它的“言外之意”，还能给买家留下一些想象的空间。

2. 深刻

法国交通警察常常会在一辆满载复印机的大型货车上贴一则告示：“小心驾驶，阁下无法复印！”这张告示可清楚地让司机看到。从这则文案的内容来看，它不仅充满了幽默意味，而且饱含深意，不仅传达出警察维护交通安全的职业道德，还给司机们传达出一种深沉的热爱生活的生命意识。从纯艺术的角度看，幽默不仅超越了一般的理性探求，而且还带有哲学的沉思性。虽然广告幽默的深刻性比那些纯艺术幽默要浅一些，但其所达到的浓度还是毋庸置疑的。

3. 温厚

说服消费者购买产品是电商文案的宗旨，它不应去嘲讽自己所推介的消费客体，更不能嘲笑有购买欲求的消费主体，而必须分外“和颜悦色”。如某饭店的广告：“请到这里用餐，否则你我都要挨饿了！”幽默之中洋溢着对顾客的关心之情。

8.4.2 幽默广告的写作方法

幽默广告具有无穷的魅力。但真正要把这一策略运用好，运用得精彩，除了要了解幽默文案的特征以外，还需要掌握一定的写作方法。对此，有人就将喜剧研究方面的一些研究成果用到文案的写作中，其总结的方法如图 8-4 所示。

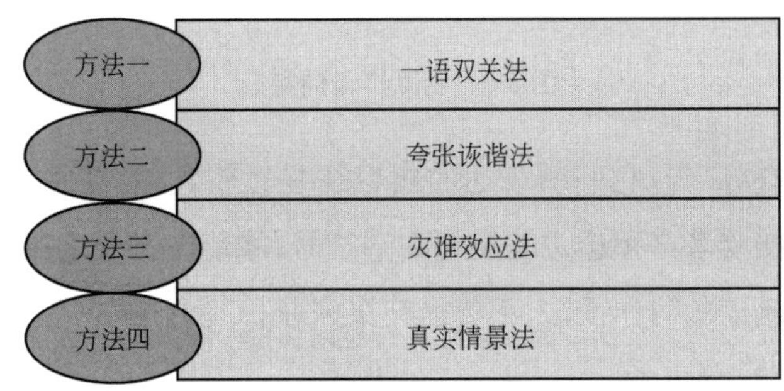

图 8-4 使文案具有幽默感的写作方法

1. 一语双关法

一语双关是指一个词或一句话有两个意思。简单来说，一个词表面上是一个意思；暗中又含另一个意思，像这种似是而非，利用语言上、文字上的误解，有助于形成幽默的氛围。

例如，腾讯新闻的 Logo“‘十四’我们绝不说成‘四十’”。新闻媒体是事实派，一是一，二是二，必须以尊重事实的基本准则发声。腾讯新闻用这句双关语来表达自己网站尊重事实的新闻态度，可谓妙不可言。这样的方法有人也用在电商文案上，例如，香港一家化妆品公司的广告语：趁早下“斑”，请勿“痘”留。双关能如此玩，也是满满的心机味扑面而来了，不过，这样的文案的确很牛。

2. 夸张诙谐法

采用夸张的修辞方式是为了达到某种表达效果，对事物的形象、特征、作用、程度等进行有意的夸大或缩小。而诙谐是谈话富于风趣，引人发笑。夸张又不失幽默的写作手法，能营造出戏剧氛围。

例如，美国一家报纸登了这样一则招聘文案。

招聘女秘书：

长相像妙龄少女；

思考像成年男子；

处事像成熟的女士；

工作起来像一头驴子。

上面这则文案的独特之处：短短四句话，将招聘要求表达得十分清楚。虽说有些夸张，却将主要事实生动地描述了出来。传统的招聘者会要求应聘者的年龄、相貌、举止、做事态度等一些细节，但是这些要求过于模糊，而这则文案更加生动、具体。

3. 灾难效应法

“灾难效应”利用人的恐惧心理，让大家知道：有些事情一旦发生，结果会很惨；但是如果知道了这种事情并加以预防，这样的事情就不会发生，当人们了解之后就会本能地松口气，然后用一种偏侥幸的“笑”进行回应。灾难效应法经常被埋在电商文案中，但产生的喜剧效果却挺给力。杜蕾斯就是这方面的高手，下面看一则杜蕾斯在父亲节发布的文案。

致所有使用我们竞争对手产品的朋友：

父亲节快乐

当父亲的代价：

奶瓶费 保姆费 童车费 玩具费 童装费 奶粉费 尿不湿 学费 生活费 买车 买房 结婚……

不当父亲的代价，仅为小杜杜

一个不期而至的小生命，对一些年轻人来说那是可喜可贺的，但给那些还没有做好准备的年轻人带来的却是惊吓。这则文案向那些没选对装备的准父亲祝快乐，帮还在犹豫的小青年做产后预算……这种写作方法利用的就是灾难效应，“威胁”那些还没做好准备的小青年购买一包杜蕾斯。

4. 真实情景法

生活中常常会发生一些搞笑的事情，如果文案创作者把这些真实发生的事情用在电商文案中，就会给人带来一种有人情味的幽默。情景的选择可以是成长的故事、第一次约会的窘迫、某个吹破的牛皮……这种把生活中的真实场景以幽默、诙谐、极具创意的方式出现在电商文案中，除了会给买家会心一笑之外，还能让人感觉很有洞察感。

例如，某猪饲料 Logo：“世界上有两个地方，体重就是地位；一个在相扑场上，一个在猪圈里。”在真实情景中，大家都知道相扑手的重量很重要，猪的重量也很重要。但是却很少有人把这两种真实感受关联起来，在这则文案中，文案创作者却把它们联系了起来，效果自然非同凡响。

总之，做电商文案最重要的就是让买家开心，引起大家的共鸣，而高明的幽默能引起更多人的共鸣，那么何不让文案内容幽默起来呢？

8.5 案例：加多宝：凉茶从 1 亿到 200 亿

王老吉和加多宝是凉茶业中的两大巨头，这两大巨头的热闹劲一直不减。当加多宝与广药王老吉的“改名案”和“怕上火案”闹得不可开交的时候，争夺红罐成为两大凉茶巨头的首要任务。

不过，失去了王老吉品牌运营权的加多宝，仍然打造出了正宗凉茶的品牌形象，让新品牌取代王老吉。在营销策划中，加多宝沿袭了王老吉品牌一贯的定位思想，将加多宝凉茶定位为正宗凉茶领导者。加多宝公司利用媒体大张旗鼓地宣传加多宝是正宗凉茶，直接挑战王老吉的凉茶地位。

加多宝冠名浙江卫视的《中国好声音》栏目，以"正宗好凉茶，正宗好声音"为该节目的开场白。为了有效狙击王老吉品牌，加多宝又以"全国销量领先的红罐凉茶改名加多宝，一样的配方、一样的味道，怕上火、喝加多宝"为广告语。该文案的开场白"全国销量领先的红罐凉茶改名加多宝"响遍大街小巷，其本身没有什么特别，但"改名"两字却成功挑起了大众过剩的好奇心。

不过这则广告很快被叫停了。输了与王老吉的"广告词"官司的加多宝，两个小时之内，在官方微博连发四条微博予以回应。这四条微博实际上是一组平面创意，画面中的主角是一位天真可爱但却不知为何而号啕大哭的小男孩，像是被夺走心爱的玩具那般委屈。并以"对不起"作为文案开场白，其内容如下。

1. 对不起！是我们太笨，用了 17 年的时间才把中国的凉茶做成唯一可以比肩可口可乐的品牌。

2. 对不起！是我们出身草根，彻彻底底是民企的基因。

3. 对不起！是我们太自私，连续 6 年全国销量领先，没有帮助竞争队友修建工厂、完善渠道、快速成长……

4. 对不起！是我们无能，卖凉茶可以，打官司不行。

大红色的"对不起"，以及后面的细述，看似悲情、可怜、无助，但可怜背后又透着义愤填膺，无助背后更透着强大气势。这是加多宝推出的最有"互联网思维"的广告文案，也的确让人脑洞大开。

后来，加多宝又推出了另一个广告，其开场白"全国每销售 10 罐凉茶有 7 罐是加多宝"，让大家看出加多宝的实力。加多宝面临的最大对手是王老吉，然而在凉茶、配方、历史等方面，加多宝都不及王老吉。因此，加多宝公司唯一能够宣传的是自己的行业地位。通过市场份额领先的诉求，加多宝公司建立起市场领先的优势，并将这一销售额领先的诉求传递给消费者，打压王老吉。

加多宝与王老吉的官司风波、仲裁，广告语一改再改，清理库存，向媒体亮明合同、专利，请求公正，产品被查扣等信息，成为吸引媒体和买家眼球的看点。借助于媒体的大量报道，原本名不见经传的加多宝凉茶迅速进入大众视线。这些媒体报道和网络议论，远远超过了加多宝公司直接发广告的宣传效果。一时间，“加多宝”成为街头巷尾和各大知名网站、论坛热议的话题。可以说，加多宝是输了官司，赢了文案。

通过一系列的宣传活动，加多宝凉茶实现了从 1 亿到 200 亿的飞跃，为文案营销作了最出色的诠释。加多宝每次推出一则文案都有一句让大家耳熟能详的广告开场白，比如“正宗好凉茶，正宗好声音”“全国销量领先的红罐凉茶改名加多宝”“全国每销售 10 罐凉茶有 7 罐是加多宝”……好的文案开场白能直击人心，获得大家的关注。那么如何写好电商文案的开场白呢？下面总结几个常用技巧，如图 8-5 所示。

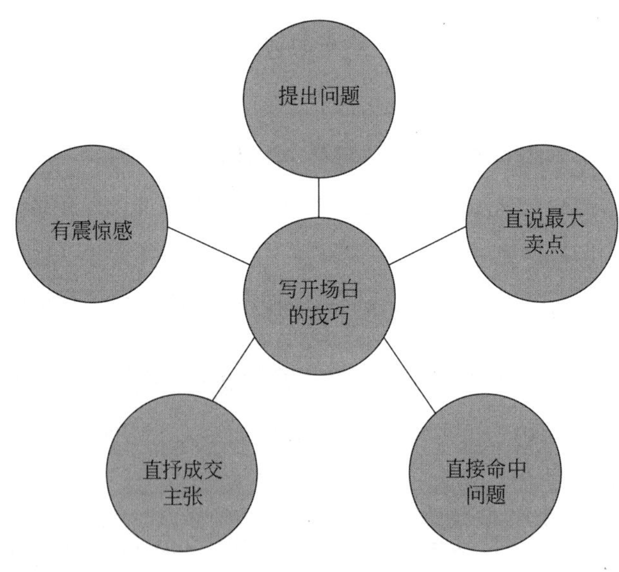

图 8-5　写文案开场白的技巧

1. 提出问题

历史间谍类电视剧《潜伏》播出当年，收视率一直遥遥领先，为什么这部剧会引起广泛的关注？除了它扣人心弦的剧情以外，很大程度上还在于它向观众抛出一个接一个的疑问，观众总猜不出下面一集剧情的走向，因此会一直观看这部剧。撰写文案时也可如此，为了引发消费者的好奇心，在文案的开场白设计中，文案创作者也可以多采用疑问句和反问句。在开场白处埋下伏笔，能够让消费者惊讶、猜想，继而产生阅读正文的渴望。

在开场白中提出一个问题，然后在接下来的正文中围绕这个问题自问自答。例如"华为凭什么成为最受外媒尊敬的中国 IT 公司?""孩子高考了，学习成绩一直没有提升怎么办?""隔壁老王儿子长得又高又壮，你的儿子却很瘦小，怎么才能改变孩子的体质呢?"等。像这样把问题抛给买家，而抛出的这些问题恰巧又是买家也在问的，然后文案创作者再接二连三地抛出疑问，不断地触发他们心中的疑问，积累到一定程度，买家的内心一定会爆发："这就是我要的，请你告诉我应该怎么做!"这时他就渴望从文案中得到答案，顺着文案创作者的思路往下走。

2. 直说最大卖点

每个产品都会有一个最大的卖点，卖点不应该只是产品的独特特性，而是由这些独特特性延伸出来的价值和利益诉求，而它们又是买家非常感兴趣的。比如，价格便宜、质量好、方便携带等。既然产品有一个最大卖点，那么为什么不直说呢？所以，文案的开头部分就要为买家提供最大卖点。如果产品的最大卖点都不能抓住买家的兴趣，那产品其他稍微弱一点的卖点，更不会吸引消费者的注意。

3. 直接命中问题

消费者购买某产品或服务的目的就是想为自己解决问题，比如，消费者买去屑洗发露，他们就是为了阻止头皮屑，这时头皮屑就是他们的问题了，如果文案能直接命中"头皮屑"问题，提供解决方案，那么消费者就愿意买账。所以，在电商文案和销售信正文的开头部分就应该直接陈述产品能够为消费者解决什么问题，这样不仅可以很快就过滤掉那些根本就不是目标消费者的买家，还能够自自然然地衔接到产品或服务，以及如何解决这些问题上面。

4. 直抒成交主张

“直抒成交主张”写开张白，主要适用于那些消费者对产品或服务已经很熟悉的情况，这时可以直接陈述成交主张。如果文案中的成交主张非常有吸引力，简直就是让人无法抗拒的那种，那这样的文案就是成功的。

5. 有震惊感

为了使文案的开场白具有震惊感，文案创作者可以运用让人触目惊心的引文或统计数据，买家看到这些文字或数字的时候，感觉很震惊，感到坐立不安，从而彻底抓住他们的注意力。为了增强买家的震惊感，文案中的引文或数据应该有新闻价值，或者是让人震惊。同时，这些内容还能够激发买家自己的思考，让他们去问自己“为什么”，让他们带着这个问题迫不及待地阅读这则文案。

第9章

如何写出一个视觉冲击力强的电商文案

视觉冲击力强的电商文案，容易吸引买家的眼球。影响人的视觉冲击力因素除了图片、文字以外，还包括文案的排版设计、色彩等。本章将介绍如何通过图片、创意设计、色彩以及文字等方式，写出一个有极强视觉冲击力的文案。

9.1 一张图片胜过千言万语

如今，随着网络的高速发达，大家的视觉中心一直在不断变化，取舍信息也都是在瞬间完成，因此要想文案能够瞬间吸引买家的眼球，并让他们产生阅读的欲望似乎变得日益艰难了。不过，再动人的文案都不如一张有说服力的照片，长篇大论不如图文并茂。产品文案不是写作，有时一张图就够了。

9.1.1 文案要有一张直击买家心灵的图片

某国外研究资料表明：一篇带有图片和文字的文章，其图片和文字能引起人们注意的百分比分别是65%、35%。文字可深植入人心与记忆，一张画可以抵得过千言万语，假如这张画正好是有力的主题或标语之视觉延伸，则其威力又会大大地提高。

图片能在最短的时间内以最快的速度吸引买家的目光，研究表明，人类处理图像的进程比语言快60 000倍，回忆起图片类的信息要比文字类信息容易6倍。所以，文案创作者要把自己想表达的东西用图片的形式展示给大家看，这样才能让大家都记住文案所表达的信息。

例如，在写产品文案时，文案创作者可以配上一张出色的产品图片，图片下面可斟酌加上一小排图片说明小字，另外再用小标题提纲挈领，这样的阅读效果会更佳。像这样的产品文案比一点一点地介绍产品的属性和用途要强百倍，而且有研究证明，图片与图片底下的图说阅读率远胜过正文许多倍。所以，文案创作者在文案创作时，一定要在采用生动活泼、新颖独特语言的同时，辅以图片来配合。

然而对于大部分文案创作者来说，他们接到一个广告项目，首先构思的都是文字，而很少有人花时间来考虑广告的图片部分。这种做法是不正确的，毕竟图像往往在文案中占据较大的版面，而且在推销产品上，图像的作用往往胜过文字。

约翰·赫加蒂是伦敦一家合伙人广告公司 BBH 的负责人，他要求公司的所有文案创作者都必须牢记一条法则，在文案中，一张图片胜过千言万语。而且，凡是经典的广告，人们首先想起的，绝对是文案中富有震撼力、直击心灵的图片，例如标致汽车广告使用的一系列图片，不仅独具一格，强烈的色彩对比还能立即抓住消费者的注意力。

9.1.2 为图片定一个创意主题

图片必须有一个主题，这个主题比做图片的技巧更为重要，只要有好的创意和主题，并不需要绘画天才来制图，也不需要知名摄影师来按快门。根据美国数学家、抽样调查方法的创始人、民意调查的组织者乔治·盖洛普的调查，那些通常能够在摄影比赛中斩获大奖的图片，往往是敏感、精致细腻的，而且具有完美的构图，并不适用于电商文案。

最有效的图片是那些能激起买家好奇心的图像作品。图片一映入买家的眼帘，就足以激起买家的想象和探究欲望，“这是怎么回事?”接下来，买家就会读这则电商文案，以期弄清楚究竟是怎么回事。文案中图片的圈套也主要设在这里。

在广告大师哈罗德·鲁道夫看来，这种有魔力的因素就是“故事诉求”，而且，图片中注入的故事诉求越多，吸引的消费者也越多。奥美公司曾经承接了一项策划哈撒韦牌衬衣全国性广告活动的推广工作。奥美公司的目标是，为他们制作一则超过比扬罗必凯公司为箭牌衬衫创作的经典之作的广告。不过，比起箭牌衬衫 200 万美元的广告费，哈撒韦的广告预算只有少得可怜的 3 万美元。所有的一切都需要奇迹。

奇迹来源于“故事诉求”这一剂猛药，为了让消费者停步动心，奥美公司策划了 18 种方法。其中一种就是一张让模特戴上一只眼罩的图片。一开始，这个方案被大家否定了，不过，正式开始制作图片之前，还是决定采用这个方案。

后来，这个广告大获成功。使有着超过 100 年默默无闻历史的哈撒韦衬衣一下子走红起来。以如此低的广告预算，收获如此迅猛的蹿红速度，从而建立起了一个全国性品牌，这在当时还是绝无仅有的一例。

很快，世界各地的报纸、网络都争相刊登谈论该则广告的文章，这张图片也成了抄袭的对象，引来几十个厂家的模仿，仅在丹麦就有 5 种不同的版本。后来，这个戴眼罩的模特出现在不同场景的广告中：在卡耐基大厅指挥纽约爱乐乐团、驾驶游艇、演奏双簧管、开拖拉机……奥美公司从这一系列广告中得到的总利润是 6 000 美元。

为宣传波多黎各旅游业，文案大师埃利奥特·埃尔维特曾经使用了一张图片，他没有直接表现西班牙全能大提琴家布洛·卡萨尔斯演奏大提琴的情景，而是展示一间空屋子里，只留一把大提琴靠在椅子上的场景。

这张图片立即引起了买家的兴趣，"屋子为何空着？卡萨尔斯又到哪里去了？"这些问题需要得到解答，买家必须到电商文案中找答案。了解了电商文案之后，买家们就会订票去波多黎各圣胡安参加在那里举办的卡萨尔斯艺术节。这个广告投入市场的前 6 年，波多黎各旅游业的年收入从最开始的 1 900 万美元一下子攀升至 5 300 万美元。

可见，好的文案搭配一张出色的图片，其效果是不可估量的。文案创作者在电商文案中使用合适的精彩图片，不仅可以推销更多的产品，而且可以赢得良好的社会声誉，前提是不仅要有好的图片创意，更要能不怕麻烦地持续选择。美国著名经济学家，同时也是严苛的广告评论家约翰·加尔布雷斯教授曾对埃利奥特·埃尔维特说："多年来我对图片一直怀有极大兴趣，在相当长的时间里，我总认为你的图片作品在选题和印制方面都是最优等的。"所以，文案创作者在创作文案时，一定要在图片上面下一番大功夫。

9.1.3 精品文案图片的特征

随着各种画图工具、图片修复软件等的高速发达，越来越多的精致图片和唯美照片被大家欣赏到，当然大家的眼球也变得越来越挑剔。那么什么样的图片才更容易吸引人呢？一般来说，一篇精品文案的图片至少体现如图 9-1 所示的三个特性。

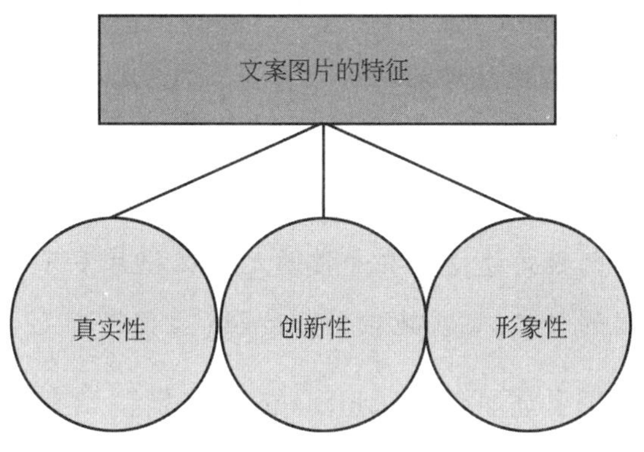

图 9-1　文案内的图片特征

1. 真实性

在文案界有一条几经证实的原则：使用实际的图像比绘画更能达到推销目的促销。在英国旅游宣传广告中，使用真实图像替换了与原先使用的绘画之后，吸引的消费者达到了原来的 3 倍。图片使用之后的 10 年间，英国旅游市场吸引的美国游客花销也是以前的 3 倍。真实的图片能传达更多的利益诉求，也更能得到消费者的信任。所以，文案内的图片必须坚持事实真实、形象真实、说明真实的统一。即图片事实不能编造，图像不能摆布，照片说明要简洁明了。

2. 创新性

在琳琅满目的图片中，什么样的图片能一下子抓住人的眼球呢？当然是那些让人有新鲜感的图片更容易吸引人。而且那些富有创新性的图片才能让人过目难忘，永留记忆中。所以，文案创作者要有创新意识。对电商文案来说，其图片主要是针对产品效果来讲的，当然应该围绕“人”做文章，让图片活起来，具备感人、耐看的视觉形象，从而赋予画面强烈视觉冲击力。另外，文案创作者还必须善于借助各种工具，增加新闻图片的表现力、感染力。

有位叫 Amelia 的用户，她是 Instagram 上的活跃用户，Instagram 是一款最初运行在IOS(苹果公司开发的移动系统)平台上的移动应用，以一种快速、美妙和有趣的方式将你随时抓拍下的图片在平台中分享。Amelia经常把日常生活中的各种点滴加上自己的一点点创意，通过图片表现出来，她的图片中的元素都是我们平常常见的元素，比如水果、鲜花、面包、盘子、食物等，她用一部iPhone 4s、一张白纸和一支笔通过不同的视角使得这些平常的元素在照片多了一份创意，她的这种做法获得了很多粉丝的赞叹，目前她在Instagram上已经有12万多名粉丝关注。

文案创作者可以把上述事例中Amelia的想法借鉴到文案创作中，在文案图片中加一些有创意的东西，这样的产品图片看起来才有吸引力。所以开动自己的脑筋，把一些平常的东西变得不平常，就会收获意想不到的效果。

3. 形象性

图片的形象性主要体现在视觉冲击力大和充满真情实感两方面。

第一，视觉冲击力大。

如今已经进入读图时代，除非图片富有新意，否则是很难激起买家阅读的意愿，更别说是能引起买家的心理震撼，所以，文案创作者发表的图片必须具有足够大的视觉冲击力，如果没有这种冲击力，那么最好不要发出去，免得占用空间。

第二，图片的表达要充满真情实感。

感人的图片最容易激起买家的阅读欲望，文案创作者不妨利用大家的这种特性，在文案中加入一些有情感动作、心理活动的图片。在日常生活中，文案创作者要注意捕捉人们在各种事件中流露出的情感状态，这样才知道什么样的图片能调动起大家的积极性，怎么用线条勾勒才能使画面中的人物形象活起来，画面动起来，从而让买家产生共鸣。

9.2 用个性图片做勾魂设计

在文案创作中，什么样的图片才能引起消费者的注意呢？什么样的图片才能称为高质量的图片呢？图片的好坏要看其视觉效应。比如，同样一款女包，不同的摄影师和模特展示出来完全是不同的档次，一个看着像廉价的地摊货，另一个就像高档的商场专柜产品，如果是你，同样的价格，或者价格相差不大，不同效果的展示图片，你会选择购买哪一个呢？不用说，你肯定也会毫不犹豫地选择第二个。毕竟谁都不会为了省几块钱而买个看起来质量就不怎么样的山寨货。

发图片的目的就是吸引买家的眼球，什么样的图片视觉效应比较好呢？一般情况下，有个性的图片总容易吸引大家的眼球。因为很多人都喜欢有个性的东西，特别是“90 后”和“00 后”，他们本身就很有个性，对个性的东西更是情有独钟。

9.2.1　令人脑洞大开的杜蕾斯文案

杜蕾斯的文案一直都充满个性独特的亮点，令人脑洞大开。纵观杜蕾斯的各种神奇文案，类型多样，有节点营销的，有借势营销的，也有充满生活气息的，有带领大家机智地回答生活中各种问题的。但不管哪种类型，每次看到杜蕾斯的文案，基本上都会让人拍案叫好，引起大量消费者共鸣，这样的文案值得所有文案创作者学习。

李娜宣布退役，杜蕾斯的文案策划团队反应速度极快，配了如图 9-2 所示图片，并说：“一路有李，娜就很好。”杜蕾斯的此次借势营销是众多品牌中反应最快、文案最恰当的。

图 9-2 这幅图片看起来是不是很有意思，远看是一个“BYE”，李娜退役，应和她说“BYE BYE”，而中间的“Y”则是一个网球拍，因为李娜是一个网球运动员。网球拍子的制作更别致，用了一个杜蕾斯避孕套，这样的图片是不是很有个性？像图 9-2 这样的图片杜蕾斯还有很多，举例如下。

示例一：吃东北菜是什么意思？杜蕾斯的文案策划团队给出了如图 9-3 所示的解释，不得不佩服杜蕾斯的文案策划团队强大的策划实力。

图 9-2　杜蕾斯借李娜退役的营销图片

吃东北菜是什么意思？

东=D，北=B，菜=C，
DBC=Dear，Be Crazy！
亲爱的，疯狂起来吧。

durex

图 9-3　杜蕾斯借“东北菜”的营销图片

示例二：众所周知，冬至那天是全年白昼最短、黑夜最长的日子，这时杜蕾斯的文案策划团队又推出奇招，此次的文案是这样写的：今夜最“长”情。并附上图 9-4。

除了杜蕾斯走个性路线，其他品牌厂家也都倾向于用个性图片作勾魂设计。有人曾为可口可乐制作了一张个性设计，如图 9-5 所示。

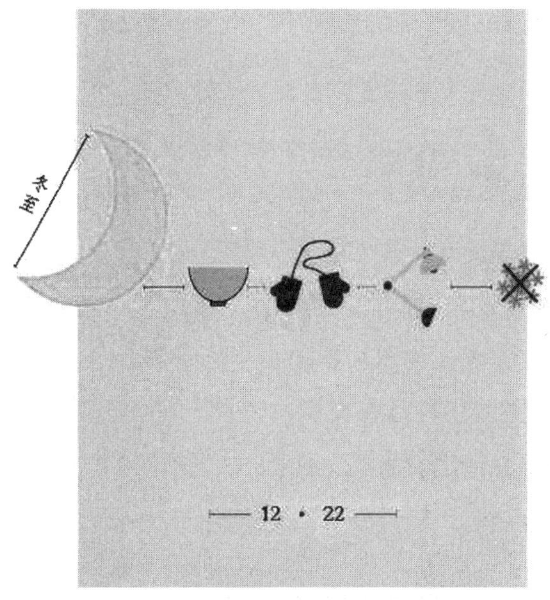

图 9-4　杜蕾斯借冬至的营销图片

图 9-5　可口可乐的个性图片

看到图 9-5 所示的图片，仿佛看到了一个漂亮姑娘，这样的图片会给人留下很多想象空间。

9.2.2 给图片加一些小修饰

有些产品图片只是简单地罗列一下，没有一点新意，但有些图片却做得很有创意，之所以出现这种效果，原因是他们为产品做了一些修饰。这也是图片效果有这么大差别的主要原因。为图片搭配一些场景和小道具，会让人对产品的购买欲强好多倍。那么，要想让自己在文案中所展示的图片富有很好的视觉效果，应在图片上显示哪些信息给消费者呢？如图 9-6 所示。

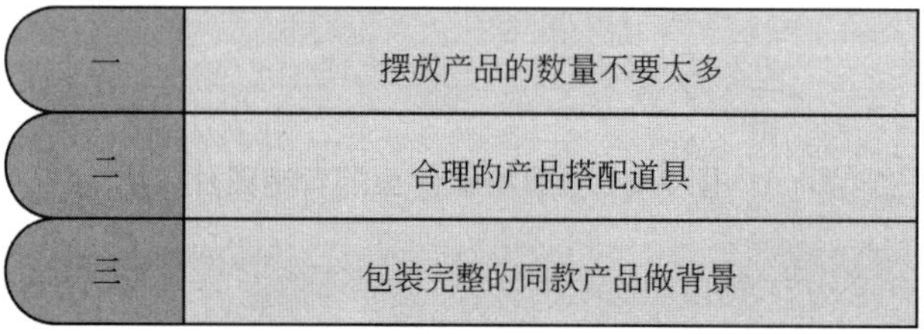

一	摆放产品的数量不要太多
二	合理的产品搭配道具
三	包装完整的同款产品做背景

图 9-6 图片上应显示的信息

1. 摆放产品的数量不要太多

展示图展示的产品数量不需要摆放太多，摆太多会让人有一种"撑得慌"的感觉，从而感觉不太舒服。另外，产品摆太多反而抓不住产品的主要优势。而且各类东西堆砌在一起，颜色也不怎么好看，也没有特写，所以，也不能引起消费者的购买欲望。例如，香肠展示图，该图片展示的目的是想让消费者有食欲，如果一下子放太多，当然会让消费者没有想吃的欲望，如果仅仅放两根肥嘟嘟的香肠，而且旁边还有切开的薄片，让消费者能看到香肠里面的"材质"，感觉肉质丰富饱满，顿时垂涎三尺，这就达到了向消费者展示产品的目的，也勾起了消费者的食欲。同时，还能促使消费者放心地埋单付款。

2. 合理的产品搭配道具

为了使产品图片看起来更吸引人，文案创作者一定要在展示产品时动动脑搭配一些道具，让产品展示得更加生动丰富，既为产品本身加了分，也能给人感觉这个店很正规，可以达到让消费者更信任的目的。对卖家来说，最直观的差别展示图好看卖价可以高一点。所以，不妨在展示图中搭配一些道具，并且搭配合适的色调，这些都能在视觉上强烈地勾起消费者的购买欲望。

3. 包装完整的同款产品做背景

使用包装完整的同款产品做背景，其目的是告知消费者：本店铺的产品是正规厂家出品，有正规的包装和认证，您可以对食品安全完全放心。

接下来说说盗图风。有些人盗别人的图都不会盗，他们会把一些别人用烂的图片用在自己的文案里面，这样的图片没有一点新意，怎么会吸引人呢？每个图片要有独特的创意，如果模仿其他人的图片，这种创意就失去了原来的味道，所以，好的个性图片应有自己的独特个性，这样的设计才足够吸引人。

9.3 让图像为文案说话

在伦敦的 BBH 广告公司大楼里，每一台电脑的屏保画面都写着：“文字是沟通的障碍。”该公司的合伙人之一约翰·赫加蒂是一个不愿墨守成规的杰出创意人，他说：“我认为人们根本就不会去读广告。”事实上，绝大多数人不会去读广告，至少，没有人会一个字一个字地把广告的内容读完。

相对于文字来说，人们更愿意看图片。当你翻开一本书，哪一页会让你停留？肯定是有图片的那一页。你会目不转睛地想去探究图片精美的画面，如果感兴趣，才会去看图片的介绍，也就是书本的文字内容。电商文案也是如此，买家首先会被富有冲击力的画面、醒目的标题吸引，然后可能会去读广告内容。

9.3.1 用戏剧性的画面打破常规

日本设计师福田繁雄曾经为“反战”题材作了一个公益广告：一把开火的枪，子弹却反向飞回枪管，以此讽刺发动战争者最终自食恶果。这样的视觉冲击力和反常识的画面感，使观众感悟到其深刻的内涵。这比长篇大论，或者鲜血淋漓的战争场面更能起到警诫的效果。所以，只要有可能，就应该先用画面去解决问题。因为图像比文字的传达表现力更强。

耐克公司从来都不会说：“看，我们的产品多好。”而是通过一张张图片说话，消费者看到它们展现出来的图像，就能确定它们的产品的确是好的。所以，图像可以达到文字和语言达不到的效果，它能给予消费者自己判断是否购买的空间，正如礼仪小组常说的那样：“在没有提示的情况下，别人就发现了你的优良气质时，你才更有魅力。”

创作文案时，要让图像为文案说话，让图像传达文案创作者所表达的主要销售信息，而不是交给内容说明。因为如果买家不能从图像中获取自己想要说的信息，他就会把这篇文案丢在一边。关于这一点，只需去看看人们是怎样在上下班途中翻阅报纸和杂志的。

将推销的产品画出来，首先要耐心地从产品中找出一个画面，从产品的不同角度，以不同方式观看，把它想象成一个可塑的橡皮。每天都从不同的角度看，并且将之于别的画面联系起来看，甚至可以和名牌广告对照着看，为产品创造出一种戏剧性的形象。

9.3.2 倾力画下第一条线

图像虽然对文案来说很重要，但一般的图像或者一些老掉牙的画面，尤其是那些已用过千百遍的画面，它们是没有吸引力的。文案创作者要把一些有创意的东西展现出来，就应该翻阅历年的广告画面集锦，那些已经成功的广告作品呈现出的画面，就是你要借鉴但又要极力避免的画面，因为那些画面是大家已经熟悉的，根本不会再有新的吸引力，倘若文案创作者还是利用以前的这些画面，难免会让大家认为这则文案是抄袭的。如何才能让图像有吸引力呢？下面看广告业里的艺术家内森·奥利维拉是如何做的。

内森·奥利维拉每次在创作文案之前，总是先找一张白纸，并按照画纸比例画上一个长方形小框，之后，再将创意画在这个小长方形里，然后，他才开始创作。内森·奥利维拉认为，如果一个文案创意让大家看着不顺眼的话，那么它也不会是好广告。

内森·奥利维拉说："所有的艺术都是从第一条线衍生出来的，最难的事是画下第一条线，但是你必须从这里开始。"

如何在一张白纸上画下第一条线呢？为了打开思路，还是先动笔写吧，把自己要说的一五一十地写下来，可以平铺直叙，也可以只是一两个字、两三个字组成的词语，总之，先写下来再说。之后，再去修饰它，目的是让它变得印象深刻、与众不同并富有新意。

作为第一步，文案创作者可以只想好这个文案是关于哪种东西、哪种意象或者哪个词就好了。然后，再接着写下去，并注意灵感的迸发。可能在写的时候一幅画面就会蹦出脑海，这时再把想表达的画出来，这是找到好图片最好的方法。具体步骤如图 9-7 所示。

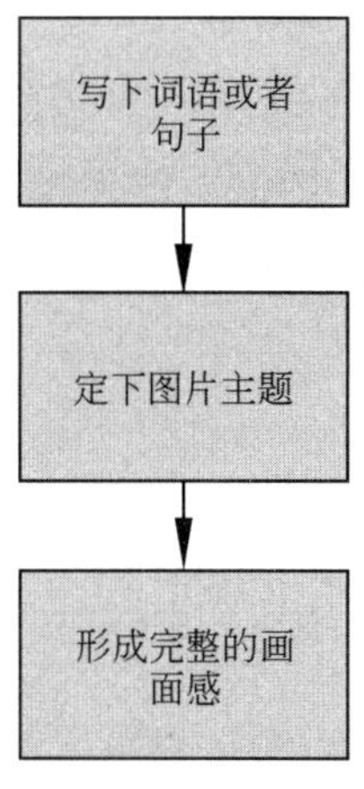

图 9-7　文案图像步骤

让文案尽可能用图像展现出来，而不是写出来。想象手中有一块陶土，你想把它捏成一个有趣的东西，然后你用尽不同的指法，从不同的角度制作这块陶艺，其实文案创作也是如此。你可以从不同的角度描绘产品，不过，太过平白的语言犹如一览无遗的风景画，让人看了第一眼后就没了探索的欲望。所以，试着把你的画面进行修饰，不要让它太显露，否则只能停留在平淡鲜明的阶段，而失去了魔力。对买家而言，他们读起来也没劲。

如何避免文案的单调乏味，从画的时候开始，就要允许自己狂想。不管好的坏的，就像小孩子一样，想到什么就画下来。因为除了自己，没有人可以看到这个画稿，而且，不管画得好不好，都可以进行修改。在有趣的文案创作过程中，文案创作者可以把所有进入大脑中的声音和影像画到纸上。

不用担心浪费纸张，因为那是它们应得的归宿。纸张不是博物馆里的展览品，也不用全被用来记录阳春白雪，纸张只是一个工作平台。让笔动起来，画下去、写下去。不要干预他人画的东西，大家画的是什么别人也无权干涉。

如果文案创作者发现搭档的创意不算太好，也千万不要表现出来，因为极有可能自己的一个皱眉就扼杀了一个伟大的创意，尽管它在初期看起来是那么不起眼，或者离经叛道。对于初生的创意，呵护和肯定比起打击和挑剔更明智。想想它好在哪里，而不是直接以魔鬼的身份出场。作家西德尼・肖尔说："做天使的保护神"，这一点对于文案创作者同样适用。

图像比文字更有说服力，所以，在图像中，文案创作者要尽可能将产品的优点展现给买家，让买家自己作出选择，用图像更能发挥买家的参与性。而且，说出来和展示出来不是一回事，让买家自行体会产品的好处，比劝说买家购买产品更有效。

9.4 做一个有创意的封面设计

当一个陌生人第一次访问你的网站或微博时，如果你网站或微博的主题和内容具有可读性，并且让访客能够赏心悦目、印象深刻，他们就会在你的网页或微博上停留更长的时间,并最终成为一个固定的访客。而一个优秀的封面设计能够让你网站或微博的整个页面主次分明、美观得体,具有创意的排版设计更能给访客留下深刻的印象。

9.4.1　给人一张有视觉冲击力的图片

图像能增加电商文案的可读性,而一个好的封面设计也是为文案图像加分的必备工具。然而大部分文案创作者对到底如何运用文字和构图达到传达创意的效果没有一点头绪。他们有时只是在文案上添上一行行的文字做标题和内容,或者配一大幅看似与主题相关的图画。采用这种方式与其说是在宣传,不如说是在自言自语,以表示自己的确存在。

特别是对封面文案来说,好的设计能给买家一个有力的视觉冲击力。广告界的艺术天才乔治・路易斯曾为《风尚》杂志设计了 92 个封面设计,每一个封面都引起了业内极大的骚动和激烈的争论。同时,正是因为他的这些封面设计,该杂志吸引了众多新买家。

《美国印刷者》杂志曾专门为乔治・路易斯写过一段话:"如果说美国的平面设计中有哪些值得保存的作品,那么由乔治・路易斯设计的《风尚》封面便是其中一例……它们是所有媒体中最具影响力的宣传影像,而且确实是有史以来最令人难忘大的杂志封面。"更重要的是,乔治・路易斯的这些封面成功帮助《风尚》杂志渡过了几年的财务难关。

在乔治・路易斯开始为《风尚》设计封面时,该杂志正处于财务赤字状态。而 5 年之后,该杂志的盈利超过 300 万美元。毫无疑问,乔治・路易斯的封面设计功不可没。尽管最后《风尚》还是没能维持下去,但是那几年该杂志为世人奉上的精彩封面,值得整个广告史记录在册。

在一系列不按常理出牌的封面中,除了乔治・路易斯的封面设计让人津津乐道以外,还有一副封面令人难忘。那就是第一位黑脸圣诞老公公的诞生。那是专为圣诞节设计的封面。于是,杂志上出现了一个黑脸包公似的圣诞老人特写,当然，这位圣诞老人不是别人，正是世界杯重量级拳赛冠军桑尼·里斯顿。当时，他正被媒体渲染成全球最坏的罢工硬汉，而且，美国正处于黑色革命的风潮中。

这个戴着白边红帽、表情十分不友好的黑脸圣诞老公公一出现，就让世人震惊不已。当时，自由之路、马丁·路德·金言论和种族狂热日趋高涨，然而杂志一点都不在意白人买家群体的感受，选用了这个令人终生难忘的画面。

当时，纽约城市大学亨特学院的一位教授来信赞美道："这是从毕加索的格尔尼卡之后，造型美术史上最伟大的社会声音之一。"格尔尼卡以西班牙内战为主题，运用复杂的图像和个人象征语汇，表达艺术家憎恨战争暴力与野蛮。可见，好的图片能给人极强的冲击力。

但是，对文案来说，仅有图片是远远不够的。文案大师詹姆士·伍尔夫说过："熟练地运用文字和构图，能使创意的传达更具效果。任何一项也不容忽视。能正确地组合这两者的，便是优秀的撰文人员。"好的文案应是文字和构图的结合。熟练地运用文字和构图，运用文案的视觉效果传达文案创意，对于任何一个作品来说都是不可或缺的。在文案刚刚兴起的那个时代，一般呈现在纸质媒体上的文案都以文字为主，进行大段大段的产品信息介绍，因为当时文案创作者认为，产品信息传达得越详细，吸引到的买家就越多。

后来，随着创意人员，尤其是艺术指导的加入，文案又走向了另一个极端。整个版面倾向于采用一幅完整的画面，绝少文字的出现。这种文案留给买家的印象是，画面感十分震撼，传达的产品信息却太少，以至于感受不到文案的宣传目的，而只是被当作一种一晃而过的图片。

9.4.2 影响视觉的因素有哪些

文字和构图二者同样重要。任何一个优秀的文案创作者，都必须同时掌握熟练运用文字和构图的双重手段，传达广告创意。如今媒介多样化发展，出现了许多新形式的文案类型，例如树立于高速公路入口处或道路两旁的路牌广告，这类广告尤其要注意文字和图画的结合运用，不仅用文字，也要用图画来说明产品的承诺。这种方法看似简单，其实只有少数文案创作者才具备这样的才能。

路牌广告针对来来往往的驾驶员，那么文案必须在 5 秒钟之内引起司机的注意。而根据调查，使用强烈而单纯的色彩，能够更快地把信息传递给他们。所以，文案中，文字和构图必须注意，不要让整个画面看起来颜色混乱，显得肮脏，也不要在设计中使用超过 3 种素材。最重要的是，文字的字体要尽可能大，品牌名字也要安排得醒目。下面介绍一下构成广告平面设计的视觉因素主要有哪些，如图 9-8 所示。

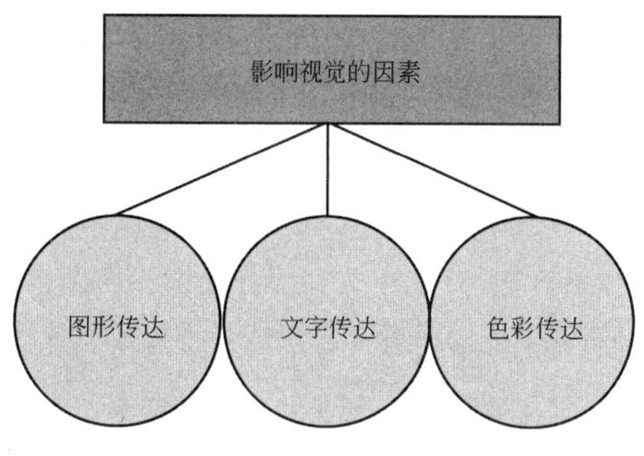

图 9-8　影响视觉的因素

1. 图形传达

(1) 黑白画·喷绘·绘画。

(2) 摄影作品·写实。

(3) 象征·卡通漫画。

2. 文字传达

(1) 标题。

(2) 正文。

(3) 广告语、标语。

3. 色彩传达

(1) 色彩组合：鲜艳、明快、和谐。

(2) 色彩对比：冷暖、明暗、纯度、面积。

(3) 色彩定位。

在平面文案中，文字和构图的比例必须遵循一定的规则。例如，以食欲诉求为中心来创作的文案，使用的食品插图越大，食欲诉求力越强。在食品文案中不要出现人，人会占去大块版面，版面应用来表现食品本身。

食品文案应该使用彩色印刷。用彩色比用黑白印刷更能勾起人的食欲。应使用照片，照片比图画更具食欲诉求力。使用一张照片比使用两三张照片更醒目。如果非使用几张不可，则应该使其中一张占有主导地位。

在文案设计中，如果可能，应该在文字部分提供一些菜谱或食用方法。家庭主妇总是在寻求新的烹调法以愉悦家人。不要把烹调法写在正文里，把它独立出来，要突出，引人注目。在主要插图上表现出烹调方法来。突出包装，但不要遮挡引起买家食欲的照片。

心理学家哥斯达认为，人们注意版面时，上部比下部注目价值高，左侧比右侧注目价值高，因此版面的左上侧位置最引人注意，称为最佳视域(图 9-9)。在最佳视域中，一定要放文案最核心的地方。

图 9-9 最佳视域

一个好的文案作品，必然具有独特而优美的文案创意。无论是利用文字直接说明，还是运用视觉形象以及各种符号，这些都是为了传达文案创意。文字和构图是文案表现的形式，文案表现是整个作品的肉体，而文案创意是作品的灵魂。文案表现是可以看得见的，然而文案创意却是隐藏在文字和构图背后的思想。文章创意只有通过文字、视觉形象、各种符号来实现最终的外显，一起构成完整的作品。

为了使文案创意得到更好的、更具效果的传达，还应在运用文字和构图时，采取更熟练、更精妙的方式方法，生动形象地让文案创意外显出来，这样才能让文案更好地为营销活动服务。

9.5 做一个有“魔力”的色彩规划

文案包含三个元素：色彩、图像和文字。其中，色彩较为重要。因为人对色彩的敏感度是相当强的。当人们首次接触一件设计作品，最先攫取他们注意力的，就是作品的颜色，其次是图像，最后才是文字。色彩给人的印象特别强烈，所以设计师应该通过色彩去表达他的设计意念。而身为文案创作者，也必须懂得和色彩沟通，了解色彩中的学问。

9.5.1 颜色中的秘密

色彩涉及的学问很多，除了美学、光学、民俗学以外，还包括心理学等。近年来，心理学家提出了许多有关色彩与人类心理关系的理论，他们指出每一种色彩都具有象征意义，当视觉接触到某种颜色，大脑神经便会接收色彩发放的讯号，即时产生联想，例如红色象征热情，人们看见红色便会兴奋；橙色象征积极，人们看见橙色便有一种积极向上的力量……于是，经验丰富的设计师便借色彩的运用，勾起人心理上的联想，从而达到设计的目的。图 9-10 介绍了几种常见的色彩

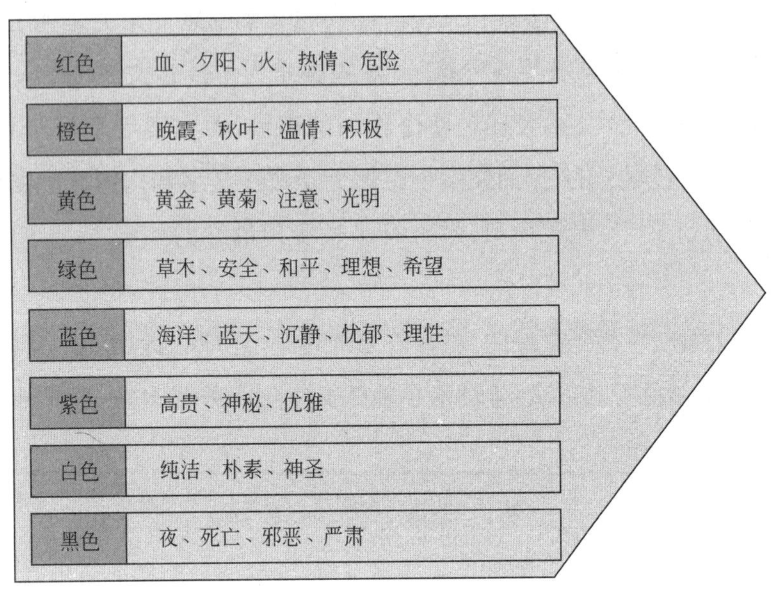

图 9-10 色彩象征

象征。

从图 9-10 可以看到，每一种颜色都不只含有一个象征意义，例如，红色除了具有较佳的明视效果之外，更被用来传达有活力、积极、热诚、温暖、前进等含义的企业形象与精神，另外红色也常用来作为警告、危险、禁止、防火等标示用色，人们在一些场合或物品上，看到红色标志时，常不必仔细看内容，便能了解警告危险之意。正是由于一种颜色有多种不同的象征，所以不同的人，对同一种颜色也会有不同的联想，从而也会作出截然不同的诠释。

除此之外，人的年龄、性别以及不同的职业、社会文化和教育背景等，也会使人对同一色彩产生不同联想。正如中国人对红色和黄色特别有好感，这里面多多少少都和中国的历史以及中华民族发源于黄土高原有点关系。在不同的文化体系下，色彩也会给设定为含有不同特定意思的语言，所表达的意义可能完全不同。

这个色彩和心理联想的理论，对人类来说是一个重大发现。所以，在选择运用何种色彩时，须考虑文案面向的是哪一类人群，以免得出反效果。例如，紫色在回教国家内是一种禁忌的颜色，不能随便乱用，但是在西方宗教世界中，紫色却是一种代表尊贵的颜色，大主教身穿的教袍便采用了紫色。假如文案创作者不留意色彩的潜藏语言，向大家传达了错误的讯息，那时就不仅仅是一个笑话的问题了，它可能会砸掉一个品牌，甚至会毁了一个公司。

9.5.2　扁平化设计

有些文案创作者喜欢采用纯配色打底，因其统一的色调和简洁明了的画面，在繁多的信息中很容易吸引买家的注意。纯配色打底是扁平化设计（flat design）的典型，扁平化设计从 2012 年开始在媒体上流行起来。从字面上理解，扁平化设计类似于极简主义设计，两者都追求简洁、简约，不过，扁平化设计是一个侧重于运用简单效果，或者刻意不使用三维效果的设计方案。在扁平化设计中，不可能出现阴影、浮雕和渐变等三维立体效果。

由于扁平化设计具有简单、直观、使用方便等特性，因此，这种设计方式变得越来越受欢迎。而且扁平化设计的配色方案也非常独特，它并不局限于某种特定的色彩基调，创作者可以使用任何色彩，大多数的创作者都倾向于使用大胆鲜艳的颜色。当然，传统的色彩法则在扁平化设计中就不适用了，转而以彩虹色这种流行色来进行配色。

不过，扁平化设计必须遵守特定的设计法则，包括利用纯色，采用复古色和同类色。虽然这并不是唯一的选择，但是纯配色打底已经成为一种流行的趋势，也更加受买家的欢迎。

1. 纯色

纯色更能带给买家一种独特的感受。纯粹的亮色可以与或明亮或灰暗的背景形成鲜明的对比，达到一种极富冲击力的视觉效果。因此，在进行扁平化设计时，纯色是最受欢迎的色彩。

目前，中国发展最快的“80 后”、“90 后”青年社群“行动派”，是“行动派”发起人刘晓琦与一群热爱学习、喜欢分享的“90 后”团队，为了呼吁更多的青年人行动起来而组建的青年社群。这群青年人身上所呈现的阳光、向上、高行动力的特质，迅速通过互联网平台感染了一大批优质青年。

截至2015年3月，“行动派”社群已拥有超过15万的社群成员。“行动派”一直倡导的理念是学习、分享和梦想清单，推动社群成员们自发组织读书会和分享会，鼓励年轻人“做行动派，成为更好的自己”，全社群呈现极高的正能量和社群黏性。为了体现积极向上的感觉，行动派的图标基本上选择纯色图片打底(图9-11)。

图9-11 “行动派”图标

在纯配色方案中，每一种色彩都应该与背景形成最强劲的视觉冲击。而最受欢迎的色彩包括蓝、绿、紫。

2. 复古色

复古色也是扁平化设计时的常用配色方案。虽然复古色的饱和度低，但它们能使页面变得更加柔美、富有女性气质。复古色通常以大量的橘色和黄色为主，偶尔也使用红色或蓝色。

3. 同类色

同类色是利用一个基本色搭配其他两三个色彩，其中最受欢迎的色彩是蓝色，不过很多创作者倾向于使用黑色搭配一两个流行色，例如红色，作为按钮。另一个方法是利用少量的色彩变化，例如，蓝色配以绿色，呈现出一种蓝绿色渐变的色彩效果。在移动设备和 APP(手机软件)设计中，同类色格外受欢迎。与其他的色彩搭配一样，同类色也需要一定的色彩对比。在扁平化设计中，同类色搭配已经迅速成长为一种流行趋势。

那么，如何让扁平化设计在色彩上与众不同呢？可以不断地增加色彩层次，将原本的一两个层次增加到三个、四个甚至更多。而且这些色彩的亮度和饱和度大都非常高。

另外，文案创作者还应该注意，在文案中的配色应多选用暖色调，较少使用灰色或者深蓝做底。因为这些颜色可能会传递负面情绪。不过，具体颜色选择还是应该视情况而定。纯配色打底的颜色选择应该根据文案主题制订配色方案。

9.6 案例：小米：用文字塑造产品“视觉感”

在路上，你看到前面一个长裙飘飘的人，你想到了什么？肯定是美女而不是一个丑八怪？这就是人的“视觉感”。视觉感对买家的冲击力很大。运用文字塑造一种视觉感，不仅更能激起买家的想象力，也会让买家产生熟悉感和亲切感，尤其是对于陌生的产品，塑造一个熟悉的视觉形象，更容易被买家接受。

对此，雷军也深有感触，他曾说："优秀的文案看到后能让人联想到具体的情景或者回忆，用文字塑造产品视觉感。"雷军将视觉化的力量灌输到小米的推广宣传中，为了让发布会的观众直观地了解小米手机的精益求精、追求极致。小米在推出新旗舰小米手机 4 时，雷军在正式介绍小米之前，首先讲述了小米 4 研发过程——历经 18 个月 6 代工程机，文案以一个时间轴（图 9-12）书写小米的创新历程。

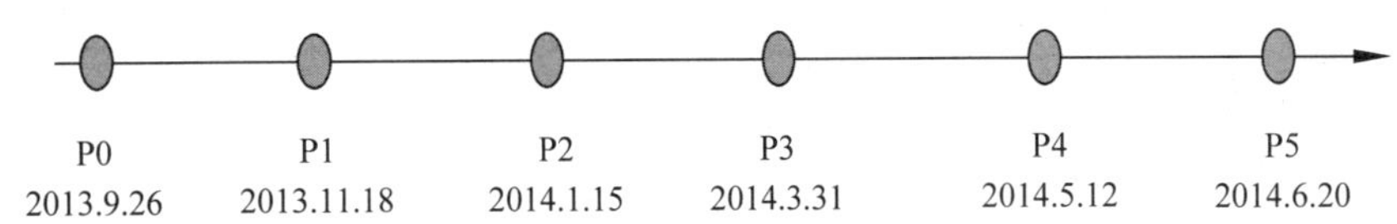

图 9-12　开发小米 4 的时间轴

看到上面的文字"历时 18 个月 6 代工程机"以及这个时间轴，可能很多人都有这样的感觉：小米之所以做到款款爆品，是有一定的原因的，说明一个好的手机厂商不在乎产品有多少，更重要的是每款产品是否用心去做。有了这样的想法以后，小米手机的用户对小米会更加信任，这就是视觉感的效用。

为什么"视觉感"对文案如此重要呢？下面还是先从心理学方面来说，社会心理学家研究得出：一件能够引起情境想象的事物，更能打入人们的内心深处，这种现象被称为"鲜活性"效应。可见，人更容易受到具体而鲜明现象的影响，而不是这件事情本身是否真的有意义。人类的基本需求之一，就是形象化的想象，没有人喜欢抽象的东西，也因此，从古至今，所以虚拟的概念、物体都会形象化成一个鲜活的具体形象。

"龙"其实是一个虚构的东西，为了表达对自然的敬畏和对平安吉祥的渴望，人们创造了鲜活的龙的形象，有鹿的角、牛的头、驴的嘴、虾的眼……构成龙身体各部位的都是现实的生物。于是才有了几千年来对龙的崇拜和传说。

在伊拉克战争中，许多战地记者不停地报道有多少美国士兵死于战场，都不能让美国民众动容；而一旦报道某个家庭因为失去丈夫或儿子，而承受了多大的痛苦，很快就会激起全美的反战情绪。并不是因为这个家庭的士兵生命比成千个士兵更宝贵，而是因为这样的故事是“鲜活而真实”的。

所以，当文案创作者为文字塑造形象的时候，这个形象必须是具体而鲜明的，抽象、模糊的概念只会让买家产生不安全以及不可理喻之感。而且文字在塑造视觉感的同时，要给买家留下想象的空间，太过平铺直叙，或者文字用得太过于生活化，很可能流于庸俗，引不起买家的兴趣。让买家对文案保持好奇，这就需要文案创作者平衡好形象化的度。

用文字塑造产品视觉感，对于市面上从未出现的产品推广尤其有效。有一款新推出的巧克力燕麦片，品牌为麦宝，广告标题是“我要我的麦宝”，副标题是“饿了就往嘴里倒麦宝”，在海报上，一个英雄正朝嘴里倒麦宝，传达给消费者的印象是，就连英雄饿了都吃麦宝，这么形象化的语言，立即获得市场的好评，麦宝从此走红。

黑芝麻糊的广告文案从“传承制造经典！”变成“小时候妈妈的味道”，大家觉得这样的变化是不是更合理呢？同理，有人求婚时，也用了这一招，变传统的“我们一定会幸福生活，白头到老！”为描绘一个具体场景，“我想在我们老的时候，仍然能牵手在夕阳的余晖下漫步海滩”。这样的说法不是更能让人动容吗？

马丁·路德·金博士演讲的时候，为了表达追求平等、减少种族歧视的愿望，向听众描绘了这样一个蓝图：“我梦想有一天，在佐治亚的红山上，昔日奴隶的儿子将能够和昔日奴隶主的儿子坐在一起，共叙兄弟情谊。”

当 MP3 新推出时，可能大家根本不知道这是何物，大多数厂家的文案都是这样宣传的：“纤细灵动，有容乃大！”但乔布斯在宣传此产品时，说了一句话：“把 1 000 首歌装到口袋里。”听了这些形象的比喻，大家就会恍然大悟，原来“MP3”就是能储存音乐的播放器。

当宣传一款手机的夜拍功能时，一项手机文案定位“夜拍能力超强的手机”，有着“大光圈、优质感光元件，保证暗光拍摄效果”。另一项文案定位“能够拍星星的手机”,“极致夜拍,借助独特设计的大光圈和感光元件,第一次,你可以用手机拍摄璀璨的星空”。如果你是手机厂家,会采纳哪一项文案?

这就是塑造视觉感的魔力。文案必须让消费者看到后,就能产生具体形象的联想。对于教育课程广告,传统的文案是“我们追求卓越,创造精品,帮你与时俱进,共创未来!”如果加入视觉形象,变成“我们提供最新的知识,帮助你应对变化的世界”。你会发现,一个内容充满陌生概念的文案,是很难流行开来。

所以,为了让全新的产品或者概念让消费者了解,文案创作者需要将它“视觉化”,把一个陌生的东西与一个大家熟知的东西联系起来。视觉化的形象与消费者的安全感相联系,因为能够用视觉展示出来的东西通常会令人一览无遗,让人感觉不再陌生,这也就意味着这个事物没有危险性,自然消费者能够更快更好地接受。至于文案能否留给消费者遐想的空间,进而激起消费者的好奇心,这就要看文案创作者的本事了。

第10章

如何写出一个权威性电商文案

人们都有信专家、追名人的心理。文案创作者可以抓住人们的这种心思，写出一个激发消费者信任感的权威性文案。本章介绍了几种写权威性文案的技巧，比如傍名人、抱专家、借东风、造新闻等。

10.1 傍名人树权威

名人是社会公众比较熟悉和喜欢关注的群体，人们会通过各种媒体想方设法地获取一些名人的相关信息。也正是因为名人本身的巨大影响力，所以，他们在出现的时候往往能够让事态扩大，增强影响效果，这就是名人效应。

10.1.1 名人的巨大威力

美国一名心理学家曾专门针对“名人效应”做过一个有趣的实验：心理学家告诉学生，学校将聘请一位举世闻名的“化学家”来给他们授课。在授课中，这位“化学家”告诉在座的学生，他最近发现了一种新的化学物质，它具有强烈气味，但这种气味对人体并无害。“化学家”告诉学生，他想用这种化学物质测试一下大家的嗅觉。随后他把装有该化学物质的瓶盖打开。过了一会儿，他要求闻到气味的学生举手，当时不少同学都举了手。其实，这位“化学家”只是这位心理学家从校外请来的德语老师，而这只瓶子里的“化学物质”只不过是蒸馏水罢了。

可见，很多人都很崇拜名人，对他们所说的话或者所做的事都深信不疑。客户关系专家里基斯・麦金纳说：“我们皆是名人的崇拜者。名人的知名度越高，能吸引的消费者也就越多。”这也是很多公司请一些名人参加公司开业典礼、剪彩以及一些品牌宣传活动的原因。

名人效应的应用是很普遍的，特别是在广告方面，几乎大部分广告都在利用名人效应，他们抓住了消费者爱屋及乌，对名人的喜欢、信任甚至模仿的心理，从而让消费者这种喜欢、信任和模仿转嫁到对产品上面。耐克曾推出一则“Just do it”为主题的系列广告，它利用当时红了半边天的篮球明星乔丹的明星效应，迅速成为体育用品的第一品牌，而这句广告语正符合青少年一代的心态，要做就做，只要与众不同，只要行动起来。然而，随着乔丹的退役，耐克的影响力逐渐式微。

名人对于品牌推广、增加广告影响力等，有着其他手段难以替代的效果，如果用得好可以达到双赢的社会效应，尤其是新品牌、新产品的面市，利用名人宣传，基本上可以让产品和品牌一炮而红。

最早运用名人效应的广告出现于 20 世纪初，它是由美国智威汤逊公司为力士香皂做的广告，在广告中，影星照片第一次出现在文案中。自此之后，名人广告成为重要的广告表现策略。

韩国明星李敏镐的宣传效应十分明显，自他代言之后，新秀丽箱包品牌销量大增。该品牌负责人表示："2015 年 1 月份箱包的销量同比增长 43%，环比增长 37%，不少产品都出现了供不应求的现象，销售额能出现如此大幅的增长，这完全得益于李敏镐的宣传效果，被称为'李敏镐后背包'的新款库存 5 000 个，上架不久后便宣布告罄，刷新了销售纪录。"

10.1.2　傍名人要选对人

前些时间，北京一家餐厅曾因"傍名人"，让濒临倒闭的生意火起来了。"双十一"那天，李宇春一行人恰巧在该餐厅就餐，餐厅人员把这一幕拍了下来。第二天，餐厅人员把李宇春离店的照片发到新浪微博上，很快这条微博就转发了近千次。一个星期后，该餐厅每天都会有 10 桌左右的人因为看到这条微博来此就餐，他们还会去李宇春去过的包间，品尝她点过的菜品。

很多公司的电商文案通过名人效应都尝到了很大的甜头，这也是大家纷纷来效仿的原因。通过"名人效应"增加文案的曝光度，这是现在文案写作的一种常用手段之一。在日常生活中，名人的任何事情都是大众所关注的，无论是他们的工作，还是他们的生活，或是他们的兴趣，等等，如果文案所宣传的事物或者产品能和名人靠靠边，借着名人的噱头，定会吸引不少买家的眼球。

而且名人能立即将品牌的风格向消费者传递，并将要渲染的气氛注入产品之中，这也是名人所独有的优势。不过，水能载舟，亦能覆舟。被誉为最成功的名人广告之一的耐克广告，曾经与空中飞人迈克尔·乔丹签订了长达 5 年、每年 100 万美元的广告合同，这个价钱是阿迪达斯或者匡威的5倍。尽管当时就连《财富》杂志都认为，对于当时的财务状况并不好的耐克来说，签订这个合同是一个大错。不过，自从签约之后，乔丹就成为一个市场战略，是整个运动鞋、运动服生产线的核心。结果证明，这次合作是个“完胜”的交易，从此耐克一跃跨出跑鞋的圈子，成为高档篮球鞋的主导产品。

然而，2009年年末，耐克高尔夫系列代言人老虎伍兹的婚外情丑闻，使得与他签约的品牌的股票持有者集体损失超过100亿美元，事件曝出后，通用汽车、美国电话电报公司、埃森哲、吉列剃须刀、瑞士豪雅表毫无例外都中止了与老虎伍兹的合同，而只剩耐克在苦苦坚持，结果损失也是最严重的。

因此，利用名人效应吸引消费者，前提是要建立在名人的形象、声誉等，不仅要与品牌相符，而且要符合主流价值观，表现出积极、健康、向上的正面形象，留给消费者良好的印象。

千万不要以为只要和名人沾边，文案就能吸引消费者，这还要立足于名人符号的象征化，其具体内容如图10-1所示。

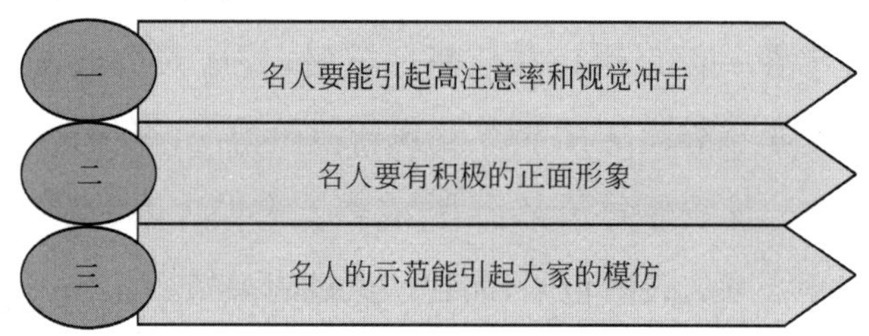

图10-1　名人效应组织结构

虽然名人从表面上看起来似乎与产品毫无关联，但最后制造的震撼效果通常令人愉悦。运用名人推广产品，不仅能制造意想不到的立即效果，而且能向消费者传达弦外之音和暗示，制造出市场与口碑的巧妙联合，以及细致深入的信任感。

但是，从财务、时间行程、合法性以及意象指涉等角度来看，动用名人并不一定都可以获得好效果。只有市场的反应是刺激、新鲜、难忘而有效的，名人效应才值得。判断用名人制作的广告是否有效，其中一个好办法就是去掉名人的大名后，整个文案是否仍有娱乐效果。如果达到了这个标准，那就是对的名人效应，因为用名人不是创意，这只是文案中的技巧而已。

名人效应是电商文案中常用的手法，因为名人的不可替代性、自身所具有的鲜明个性标签，通常有助于传达品牌的风格、气质，引发消费者的争相效仿，不过其中涉及大笔的财务开支，需要权衡支出与回报的比例，以及风险。而且请名人做宣传，还要受制于名人个人行为、个人形象转变、名气的大小变化等不可控因素的影响，所以，文案创作者要学会合理地运用名人，太过于依赖名人，或者喧宾夺主，都不利于产品、品牌的推广。

10.2 抱专家的大腿

中国科协等机构进行的“中国公众科学素养调查”中，在有关“公众对迷信的相信程度”一项，分别设置了“求签”“星座预测”“周公解梦”“相面”等选项。最后的调查结果显示：1/2 人信求签、1/4 人信星座、1/5 人信周公解梦；而在随后的一个综合追问分析显示，真正迷信者的比例仅 13.3%，也就是说大部分人还是“信”而不是“迷”的。

从上述调查可知，中国人信权威。学术界表现得更明显，诺贝尔奖评委彼昂在谈及中国诺贝尔奖空白时，说：“中国人太过迷信权威，做了很多模仿性的研究，原创性的工作做得太少，这导致了国内研究一直得不到国际的认可。”

在生活中，大家也太过迷信权威。当人们遇到了一件自己解决不了的事情时总会找一些该领域的专家帮自己出谋划策，而不是找一些无名小卒，特别是自认为他还不如自己的人。大家在购买物品的时候，也喜欢跟一些“行家”走，听他们的建议或者选择更具权威的产品。比如，到商场买衣服，当你对一件衣服犹豫不决的时候，如果店长站出来说这件衣服真适合你，你穿起来真漂亮，这时你肯定会高高兴兴地把这件衣服买了。

上面这位店主采用的就是对顾客进行“权威暗示”的战术，这种战术在销售中经常遇到，而且屡试不爽。为什么人们都信权威呢？究其原因，在于人们都有一种“安全心理”，即人们总认为一个地位高、有威信、受人敬重的人，他们的思想、行为和语言往往是正确的，服从这些权威人士会使他们内心感觉很踏实，这种安全感还会让他们增加不会出错的“保险系数”。同时，跟从权威人士还会让人有一种“赞许心理”，即人们总认为权威人物的要求往往和社会要求相一致，按照权威人物的要求去做，会得到各方面赞许和奖励。因此，“安全心理”和“赞许心理”共同诞生了权威效应。

对消费者来说，他们对自己没有把握的产品是不会轻易买的，这时如果行家断言这款产品好，那么他们肯定会对此深信不疑。既然人人都信权威，那么文案创作者在写文案的时候也不妨抱一下专家的“大腿”，迎合这种现实，借助权威人士来增强文案的说服力。

在亚马逊、当当网、京东等网站去买本书时，大家会看到一些书的宣传语上写着“××作序推荐，××激赏推荐”或者“××亲自撰文、诚挚推荐”等，“××”里面写的都是一些牛人、大咖、明星等，在文案中出现这些人的名字比费尽心思想几个好词要有用得多。

在看电视时，比如推广一款牙膏，这时广告中会出现一个穿白大褂的牙医专家为大家讲解，或者是一位明星在“炫耀”他们的牙齿，这些都是“抱大腿”行为。

最近，微商行业比较火，有些人的主流模式就是每天发很多产品广告，可这会让人反感，而成交却是要建立在有好感的基础上。让客户产生好感的方法之一就是为自己的产品树立权威，比如，把产品的品牌认证证书、质量认证书等有权威的东西拿出来，或者向他们说明这种品牌得到某某权威专家的推荐等，让客户先认可产品，再认可文案中的内容，从而快速实现“微成交”。

例如，有人做的是某化妆品微商代理，为了让大家信任这个品牌，他们会发表一些此产品中的科技含量，比如，其科研团队，分布在上海、苏州两大科研实验室中，其中数十名精细化工领域高精尖研发工程师是来自德国巴斯夫、英国禾大、美国陶氏、赛比克、德固赛等国际精细化工科研巨头的顶级专家，上海中医药大学等国内知名高校的研发人员，组成跨国跨界的顶尖研发团队，奠定该品牌全球化工研发领域的前沿科研优势，让该品牌每一款产品，都成为全国科研智慧的结晶。当大家看到品牌的科研后台，肯定会对它的产品更加信任。

在自己的宣传文案中加入一些相关领域的权威人士，观点才具有一定的代表性和说服力。但是在树权威的时候，文案创作者还要注意一点，就是要保证文案内容的真实性，必须征得一些权威人士的同意，才能把他们亮出来，否则这会涉及侵权行为，到时候就不好了，不仅惹上官司，也让买家对文案失去了信心。另外，文案创作者最好把树权威的时机往后移，否则大家会认为文案是在空放炮、喊大话，这样就得不偿失了。

10.3 借他人东风

诸葛亮巧借东风，让周瑜创造了中国军事史上以弱胜强的神话；蒙牛乳业借"神五"载人飞船的东风打造出航天品牌，李宁借2008年北京奥运会的东风，达到了事业的一个巅峰……可见，借好"东风"就能让文案创作者取得辉煌的成绩。

10.3.1 搭国足的"顺风车"

曾经，国足一度成为"香饽饽"，特别是国足在亚洲杯赢得胜利后，新浪微博体育类话题榜前十竟然全部被国足占领，国足仅有的几个衍生类话题，其阅读量就达到百亿次。面对亿万国人的强大关注度，那些善于搭"顺风车"的商家自然也不会放过这样绝佳的营销时机。

例如，有位商家以"国足赢球"为噱头做文章，在国内某著名B2C(商家对客户)电商网站上发布了一条促销广告：国足都赢球了，你也要为梦想努力，××数码3折助力。该广告一经发出，就吸引了大批网购爱好者的关注，该品牌产品的折扣力度堪比"双十一"的放价。

除了电商们纷纷借势营销以外，电影界也顺势而上。当时，某电影还有一个月才上映，制片方就已经迫不及待地跟国足这个当时最大的热门话题扯上关系，因为国足给球迷们带来的惊喜和该电影的名字很契合，所以，他们一口气推出8张宣传照，每一张都与国足有关。

与此同时，北京一家著名的乳制品厂家也借势为自己的奶粉做了个广告文案，他们选一位健康的小宝宝做模特，脚踩足球，配上“赢在未来”的广告语，宝宝的造型也多多少少有些国足翻译员的影子。

在国足热的浪潮下，除了电商，电影、奶粉、饮料、食用油等借势宣传，甚至一些完全和体育沾不上边的产品也拉上国足做广告。比如，“乌兹别嗑，国足嗑了”既介绍了比赛过程，又巧妙运用“嗑瓜子”的元素推介了自己的产品，这样的文案相当切题。

借东风写文案，就要一个字，“巧”。无论是好时机，还是坏时机，只要文案创作者用对地方，把这些时机当作有利于自己的“东风”，什么样的时机都是好时机。然而“东风”不是总有的，这就要文案创作者时刻警惕着，不断发现“东风”，并善于抓住此次机会，莫错失良机。

10.3.2 巧借“东风”的方法

在文案营销的实践中，除了要抓住当下流行趋势的东风以外，还有其他一些“东风”可以抓，下面再介绍4种在文案中常用的巧借“东风”的方法(图10-2)。

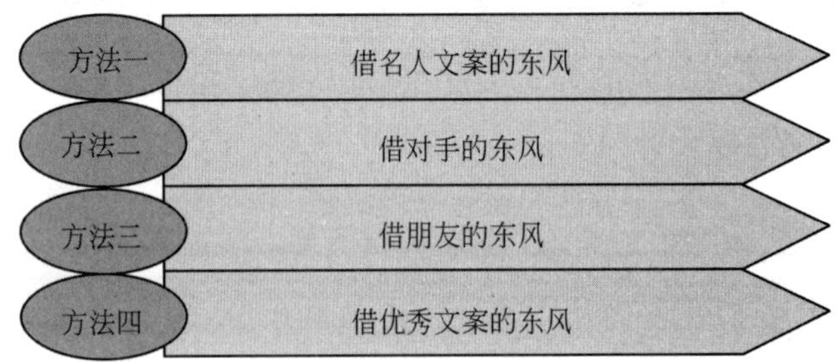

图10-2 文案中巧借“东风”的方法

1. 借名人文案的东风

几乎所有的名人都会通过微博、论坛、贴吧等平台发表一些文章，特别是微博，名人们会通过它分享一些事情，比如分享生活中的点点滴滴、对某件事情发表自己的看法等。这时，文案创作者就要擦亮自己的眼睛，从他们分享的信息中找出一些可以帮助推销的"东风"。

某一线女明星曾在微博上发表一篇博文：前两天认识一位皮肤科医生，我问她女生应该如何保养皮肤。她说就两点：保湿、防晒！防晒尤其重要，因为很多人会忽视这个环节。想想也是，曾经的我，没有任何防晒习惯，后来我懂得了防晒，皮肤问题迎刃而解了。所以防晒已经不单纯是美丽的问题，而是皮肤健康！

一位做化妆品的微商朋友很有心，看到了这篇微博立马转载了，并附上：皮肤医生都告诉明星，女生皮肤保养最主要的就是防晒。"××晒美丽套装"能让你远离紫外线，帮你保持美丽肌肤。

2. 借对手的东风

竞争对手攻击包括耳语攻击、价格攻击，还有文案攻击。如果客户觉得竞争对手已经影响了他的销售，他必须有所动作，但是用语言攻击有失风度，用价格攻击又没有他们有优势，这时，就要想到用文案攻击，因为好的文案可以起到四两拨千斤的作用，不仅可以有效地攻击对手的产品，还可以防御竞争对手的攻击。

某知名竞争对手说自己的某款化妆品比你的卖价便宜很多，那文案创作者可以强调自己的产品纯天然植物提取、质量优异、服务口碑良好，并在文案中写出一些有间接攻击性的话语。下面举一则文案案例，其内容如下。

你能看懂商机了吗？哪个产品能请到范爷做广告？中华神皂火得没边了，大家想一想这么牛的品牌，还至于降价给消费者吗？目前，网络上有店家推出价格低于行情价却来路可疑的同款产品，已有消费者吃亏上当了，提醒消费者千万要注意啊，别为了几块钱，就把你的美丽搭进去。买神皂的时候，一定要擦亮你的眼睛，别再买了假货说神皂不好使！

像上面这则文案，它既宣传了自己的产品，轻松化解了价高窘境，还反将对手一军。除此之外，文案创作者还可以在文案中采用对比的方式，把大品牌的、已经有知名度的产品进行分析，由此引出自己的产品有哪些竞争优势。但是利用这样的方式，文案创作者一定要与竞争对手的产品巧妙结合，张弛有度，不要偷鸡不行还蚀把米，结果把别人的产品宣传了，客户的产品却没被人注意，这可是最悲哀的。

3. 借朋友的东风

张某是某知名品牌芦荟胶的高级代理。在她刚刚入行的第一月，她的月纯收入已经达到了 4 000 元以上。她是怎么做到的呢？

她把芦荟胶作为赠品送给身边的熟人和朋友试用，她们试用完，有的会帮忙撰写使用体验，有图有真相，用于充实文案内容，增加文案的真实性；有的会入行，从她这里拿货去卖。如今，她已经有了一个将近 100 人的大团队了。

张某用的方法就是之前提到的“用户体验法”，她通过赠送朋友芦荟胶的方式让她们帮自己写文案，这些人会把自己的真实体验写出来，语言诚恳，其他人看到也会减少顾虑，看到这么人用的效果都很好，她们当然也想试试。

下面是张某在 2015 年 7 月 23 日发布的一条朋友圈动态。

我的大学同学王某皮肤不怎么好，只要熬夜或者吃一些有刺激性的东西，第二天脸上就会冒出几个痘痘。控制饮食她能做到，但不熬夜目前根本不是她能决定的，因为她从事的是 IT 行业，公司动不动就要加班，爱美的她对此很苦恼。前几天她从其他同学那里听说我代理一款芦荟胶，同学告诉她这款芦荟胶补水祛痘效果很好，便跟同学要了我的微信号。下面是我和王某 7 月 23 日的聊天记录图片，为了给大家最真实的反馈，我也征求了王某的意见，不打马赛克啦，谢谢王某对我的信任和支持！

借朋友东风这种方法对宣传化妆品特别有效，文案创作者不妨试试！

4. 借优秀文案的东风

有些人文采和创造力没有那么强，不可能一下子就能写出让人眼前一亮的文案。我只能说，文笔不好，但是可以模仿啊，网上找别人的素材改写啊。

郭某是做洗发水的，她的文笔不怎么好，但她很勤奋，有空就在网上找关于头发保养、美容、护肤、减肥的帖子，然后再把一些热门帖的内容整合在一起，适当改写，把自己产品的卖点穿插进去，变成自己的文章分享给大家。

没想到，她这样的做法吸引了不少客户过来，而且这些客户都是她的精准粉丝。而且她寻找的帖子都是一些热门帖，改写里面的内容后还是很吸引人。她的文案有了吸引力，她在朋友圈刷的广告其他人也不会反感。再说她分享的内容大部分都是针对女性客户，关于头发保养、美容、护肤、减肥的内容分享，只要是个爱美的女生都会感兴趣，不仅如此，很多人还把她分享的内容转载到自己的朋友圈里面，这样她的文案曝光率更高，从而引来源源不断的粉丝。

有人会问，优秀的文案要去哪里找呢？在这个互联网的时代，动动手指头就能收集到一大把的好内容，同时还要多关注一些有名的公司，多看他们推出的文案，因为大公司的文案都是一些文案高手为他们策划的，文案创作者通过阅读分析，就能找出其创作的核心点，然后用这些创作方法复制修改，写出类似的文案，这样的宣传效果也会不错。

可见，优秀的文案并不一定是自己的原创，也不是说文案创作者所写的全部内容都必须是原创内容，但至少要有一部分是原创的，这样才能提高文案写作水平。而且在写作的过程中还要培养自己的创意，定时定量写出一些有自己风格的文案才行。

10.4 造新闻有“噱头”

人们总是对新鲜的人、新鲜的事物感兴趣，这是人之常理，把握住人的这种特征，制造出具有新闻价值的文案，往往能引发巨大的轰动，在网络传播的时代，也一定能获得广大网民的疯狂转载。然而每天都有很多新闻发生，什么样的新闻是有价值的呢？我的回答是，用新闻写文案，必须有一定的“噱头”。但是这里的“噱头”要以事实为根据，不能恶意以偏概全，制造“谬言”。

10.4.1 造“双十一”的“噱头”

如今，“双十一”已然成为国民消费日，很多人都瞄准这天，准备来一次大扫荡。既然“双十一”这天如此火爆，很多商家当然也毫无疑问想要抓住了这次商机。

“双十一”又称光棍节，某保险公司也瞄准光棍节，针对单身人士推出一款限量的“脱光险”。本款保险产品目的是为鼓励单身青年寻找爱情，购买了这款产品的消费者若是一年后结婚即可获得最高 4 999 元的蜜月礼金。它是一份营销式保险，主打“双十一”市场，是一种“意外险＋结婚基金”的模式营销。购买当天填写获赠的“单身意外保障”需要填写的简单信息，并成功支付完成，即算成功购买了“脱光险”。

投保人如果在次年的 11 月 1 日至 11 日之间领取结婚证，脱离光棍队伍，还可以得到保险公司赠送的婚嫁基金和配套服务，比如哈根达斯券、双人酒店抵扣券、蜜月旅游券等。

2013 年在“双十一”来临之际，该保险机构限量推出的 1 110 份“脱光险”有三款套餐。第一款是限量 10 份的“大土豪”款，售价 1 111 元，包括 4 999 元携程网旅游券的蜜月礼金、价值 349 元的百合网一年期水晶会员，以及 60 万元的意外伤害身故/残疾保险金和 6 万元的意外伤害医疗保障；第二款是限量 100 份的“小奢华”款，售价 111.1 元；第三款是限量 1 000 份的“小清新”款，只需 11.11 元。

本次“脱光险”的判定标准为：2014 年 11 月 1 至 11 日注册结婚，投保了该产品的消费者只需致电保险公司客服人员，提供保单号、身份证及本人结婚证照片即可领取奖品。

该保险机构主打“双十一”市场，推出了“脱光险”，该产品的实质仍然是保险，不过作为一种营销手段，对赠品大肆宣传卖的无非是“噱头”。

很多商家在“双十一”这天也推出了一些活动，不仅如此，他们在各个节日里也推出类似的活动。比如情人节，这一天的活动“噱头”少不了男人，更少不了女人，特别是商场，在情人节的前几个星期就开始摆出甜蜜情人节的宣传标语，整个商场都弥漫着情人节的甜蜜气息。一些体量轻巧的化妆品专店在商场里提前推出了情人节主题活动，不仅打出了“浪漫季、粉迷情”等以甜蜜、爱情为主题的宣传海报，而且在活动中也明显以情人节为主题，大打“甜蜜牌”，推出足部手部护理套装、特定产品“购买免费赠”等多项针对女生及情侣的优惠促销活动，让女性们控制不住。还有些商家推出“天龙八部普罗旺斯双飞 8 日游”、粉色情人节等“噱头”。效果都不错，大家也不得不承认，这些商家都赢了。

10.4.2　娱乐宝：普通人也可做“电影投资者”

除了利用一些节假日活动以外，一些商家还借助影视电影、娱乐节目等噱头。国华人寿与阿里巴巴借助投资电影的噱头合推“娱乐宝”引爆保险市场，吸引了大量消费者。

2014 年 3 月 26 日，两家公司推出一款可投资《小时代 4》《狼图腾》电影的互联网保险产品，消费者可以通过手机淘宝“娱乐宝”平台进行购买。根据项目介绍，“娱乐宝”的首期是以《小时代 3》《小时代 4》《狼图腾》《非法操作》四部电影和一款游戏《魔范学院》为投资项目，总投资额为 7 300 万元。其中，影视剧项目投资额为 100 元/份，游戏项目的投资额为 50 元/份，每个项目每人限购两份。这意味着，将有数十万人通过娱乐宝参与到该产品的投资中。

推出“娱乐宝”的消息一发出，吸引了很多消费者。早在发售前，“娱乐宝”预约人数已突破 52 万，3 月 31 日发售第一天，卖出约 10 万份。

常言道：“师出有名”。“娱乐宝”最大的噱头就是：让每个人都能成为高大上的“电影投资者”。很多喜欢这些电影或者看好这些电影的人当然就被这种投资所吸引了。

上述案例，足以体现了造噱头的力量。所以，文案创作者要学习这种造噱头的文案写作方法，“噱头”能让文案更吸引人。尽管“噱头”很容易吸引人，但是在这里还是要提醒一句：造“噱头”不宜过火，否则就是在玩火自焚。

10.5 案例：加多宝：健康好饮料

失去王老吉品牌之后，加多宝公司毅然走向台前。为了加大宣传力度，加多宝公司除了冠名所有卫视的知名综艺节目，以及某些二、三线城市的电视节目以外，还全面打通宣传渠道。

加多宝公司巧用“家多宝”的谐音和喜庆的红色包装，将加多宝品牌覆盖至婚庆场合、网吧等欢庆娱乐场所。在网易新闻客户端，加多宝公司发布了题为“从1到200亿，加多宝首度披露凉茶之战详细内幕”的文章。在世界经理人互动社区中，加多宝公司引发关于“加多宝”的多个热议话题。

同时，加多宝公司还推出“健康饮料”的概念。近日，有记者在王老吉冬季防上火行动的写字楼和社区推广现场看到，市民们争相填写健康调查问卷，购买加多宝凉茶，火热的场面和寒冷的天气形成了巨大反差。促销人员介绍，消费者大都是看中了加多宝凉茶预防上火的健康功效。

另外，加多宝公司还从人们津津乐道的健康话题入手，着重宣传加多宝凉茶预防上火的健康诉求。为了宣传加多宝凉茶的健康功效，加多宝公司还发了一系列科普类文章。通过介绍加多宝凉茶的主要成分，以及相应的功能，加多宝公司向消费者灌输该公司凉茶帮助人们预防肝火、留住健康的意识。

同时，加多宝公司引证各大超市的销售数据，展示加多宝凉茶引领了一轮健康时尚风。针对高校老师和医院医生进行的加多宝凉茶捐赠活动也得到了社会的普遍赞同。对此，加多宝公司相关负责人表示：我们的出发点就是要提醒大家，冬天更容易上火。希望大家对冬季干燥易引发上火重视起来。

为了证明加多宝凉茶的去火功能，加多宝公司在多篇文章中列举加多宝凉茶“菊花、甘草、仙草、金银花等具有预防上火作用的纯天然草本植物”原料配方。同时，加多宝公司向消费者保证每一罐加多宝凉茶的天然健康功效，“从欧美国家引进当今世界先进设备，从最初的原料供应、饮料用水的净化、糖浆的处理直到最后的灌注封盖和杀菌，每一个环节都由先进完善的科技手段严格控制”。

而且，加多宝凉茶的健康功效还有相关医药专家做证。加多宝凉茶“秋冬防秋燥、春夏祛暑湿”。“现代科学研究表明：加多宝出品的正宗凉茶能预防上火，有益身体健康”。这则文案，抓住了大众信任权威的心理，其效果也是非常好的。

利用广药王老吉的市场空当和纠纷热度，加多宝公司采取了密集轰炸的广告攻势。不仅仅局限在传统的电视、平面媒体、海报、流动载体、网络等平台，加多宝公司还运用了现代工具，包括媒体文案、专家评论、网络水军、微信、微博等社交媒体平台。通过一系列的广告营销，加多宝公司已经从一个默默无闻的小公司发展成为凉茶行业中的巨头。

分析加多宝公司取得如此成功的原因，关键在于它的营销手段。虽然与王老吉的官司以失败而告终，但这并没有阻挡该公司发展的脚步。加多宝公司提出了“健康饮料”的概念。它们并没有把“健康饮料”当作一句空话，而是一次又一次地通过文案宣传向消费者证明这句广告语具有一定的权威性。总结加多宝的电商文案如下：

(1) 加多宝公司向消费者宣传加多宝凉茶预防上火的健康诉求。

(2) 加多宝公司向消费者介绍加多宝凉茶的主要成分以及相应功能。

(3) 加多宝公司通过专业数据向大家展示加多宝的欢迎程度。

(4) 加多宝公司向消费者讲解原料配方。

(5) 加多宝公司向消费者宣传他们引进欧美国家先进设备。

(6) 加多宝公司通过研究向消费者证明加多宝凉茶能“预防上火，有益身体健康”。

可见，加多宝公司不是一味地说它们的凉茶喝了去火、健康，而是在文案中用一个又一个的事实向大家一一证明，加多宝的确是一款健康好饮料。而且消费者从这些文案中也看到了其权威性，自然也就对文案的内容有了认同感。

为了打造一款权威的健康好饮料，加多宝公司还借助于公益广告宣传品牌，通过公益助学、捐助贫困山区儿童，以及关爱老人健康之旅等活动，加多宝公司塑造出负责任的品牌形象，并随后接受了媒体采访。于是，各大门户网站刊登了这样一篇文章——《加多宝：中华慈善奖背后的公益理念》。“关于财富观的问题，加多宝在从事公益事业上更多的是注重于积累人的精神财富。……企业在持续性做一些倡导型的公益宣传，例如推广全民公益的研讨、员工的银行月捐计划等。”

此外，还有《资金资助与理念传播并行，加多宝引领公益助学新潮流》等文章，讲述加多宝“1 帮 2”爱心助学理念，将加多宝公司塑造为公益助学领域权威的形象，无形中提高了公司的品牌可信度和消费者的认知度。

可见，一个品牌的建立并不是一朝一夕的，也不是通过一条文案就能打造出来的，它需要通过很多权威性文案和营销手段，才能赢得消费者的认可，并形成一个好的品牌。所以，文案创作者在写电商文案时不妨多动动心思，在文案中加一些权威的作料，让买家自愿服从和支持。人们对权力安排的服从可能有被迫的成分，但是对权威安排的服从则属于认同。文案中所推销的商品被买家认同了，那么购买那就是迟早的事。

第 11 章

如何写出一个不像广告的电商文案

广告，给人的感觉就是“要花钱”，大家都不喜欢别人掏自己的钱包，所以，他们对一些广告非常厌烦，特别是那些销售字眼非常明显的广告，更是被人们视为垃圾。既然大家都不喜欢看广告，那就写一个让他们觉得不是广告的文案。一些优秀的文案从头到尾都看不到推销的字眼，但却能让消费者打开钱包，这就是文案高手的高明之处。本章将提供一些方法，教大家写出一个不像广告的电商文案。

11.1 别把广告做成广告

在广告满天飞的时代，大家都讨厌广告，如果文案创作者还努力地写广告，那么就要被淘汰。因为写的内容如果让人看起来是广告，那么辞藻再花哨也得不到消费者的认可，产品自然无人问津，甚至避之唯恐不及。所以文案创作者要试着避免写出“广告”，或者至少用力让自己所宣传的产品或服务看起来不同。

11.1.1 写的广告要有创意

好的文案成就产品，它能让买家了解产品，并能体会到产品带来的好处，而不会因为这是个广告而产生厌烦。

文案大师尼尔·弗兰奇为XO啤酒做了一个广告，广告登出来的时候，不少人欲购买。但产品其实并不存在，当初创作这个广告的用意，纯粹是为了证明，只给买家看报纸也是可以卖出啤酒的。因为这完全是一则不像广告的广告，其内容如下：

“可否容我们指出，我们对道路安全的贡献在于，喝我们啤酒的酒客从不酒后驾车，因为3瓶下肚后就没有能记得自己的车停在何处了。酒精浓度12%，只在备有舒适地板的精品酒吧供应。”

文案下方配有一幅倒着的啤酒瓶的画面，旁边的文字说明是：“XO啤酒，躺着喝。”广告一出，引起了很大的需求，消费者甚至能把文案一字不差地背下来，而且都知道其中的创意：“让你醉得快一点。”

尼尔·弗兰奇还为一个水族馆写了一则文案，简直可以参加作文比赛了，因为文章标题是“周末记事”。他以一个走在玻璃管子里的学生身份，写出鱼在他旁边游的所见所闻。尼尔·弗兰奇还写了这样一个有趣的标题：“这则广告有一处拼写错误，第一位发现者将获得500美元。”

还有一则尼尔·弗兰奇自称为怪胎的广告，整个版面用粗体黑字写道："没有空姐微笑的情景，没有乘客微笑的情景，没有香槟酒、托盘和高级烹调的情景，只有一条小消息。我们认为你将看到这幅情景，大陆航空，乘客们所拥有的自己的航线。"

对于尼尔·弗兰奇来说，最初也是最重要的，要像躲避传染病一样躲避开始动笔的诱惑。所以，每次读完广告简报之后，他都会去打打球或者与朋友聚会一阵。他认为，这样做一方面可以让简报的内容一点点沉淀下来，最后只留下重要的部分而把一大票不重要的渣滓抛在脑后；另一方面，这也比困在办公室里用纸和笔一遍遍地写下"创意"二字更明智。

让创意与广告相符的唯一方法，尼尔·弗兰奇认为，是只记得简报里的一件事，同时不要忘记有简报这回事。接下来，还要研究同一产品项目里的所有广告，这样才知道自己的广告不能做成什么样子。

按照尼尔·弗兰奇的说法，避免和同行一样写出"广告"，"这可能是这全套把戏里最重要的部分"。至少能确定，自己写的不像任何一个竞争者写出来的东西。然后再决定采用哪一种广告形式，一种是有一大堆字、隐隐约约一提产品的文案广告，另一种是或大或小的产品照片，配上直截了当的一句话或一个词，这样就形成了一个图片电商文案。

11.1.2　写不像广告的电商文案的方法

一些经验丰富的文案大师，他们看得多，写得多，自然也知道什么样的文案看起来像广告，什么样的文案不像广告，但对于文案写作新手来说，他们有时根本判断不出什么样的文案好，也不知道什么样的文案让人看起来不像广告，更别说写出不像广告的文案了。那么要如何做才能像文案大师一样写出不像广告的广告呢？如图 11-1 所示。

1. 要有做出不像广告的广告的欲望

要做出不像广告的广告，首先要有想创作出这种文案的欲望。带着"随随便

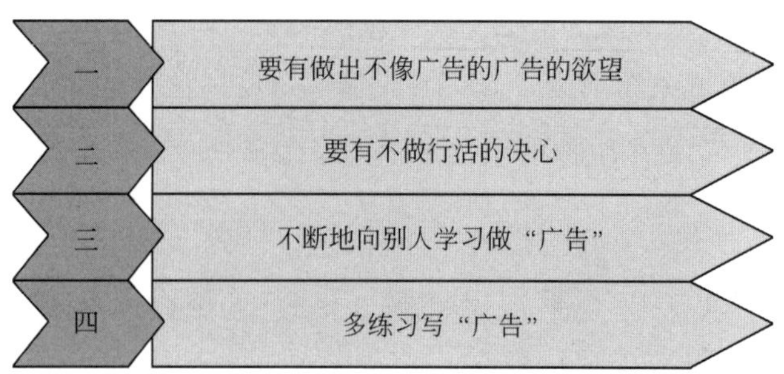

图 11-1　写出不像广告的广告的做法

便写一则广告”的心态创作文案，和带着“即使不睡觉，我也要做出一则不像广告的文案”的欲望创作出来的广告，区别是很大的。欲望有多大，文案就能做得有多好。所以，文案创作者一定要有很强的创作欲望，让自己努力做出不像广告的广告。

2. 要有不做行活的决心

做行活是容易的，不做行活是不容易的。做不做行活，有没有决心，都存乎自己的欲望。人都很难抵挡用“私享”“尊贵”“健康生活跑出来”等词分分钟就能搞定一个文案，但是分分钟也会被买家否定掉。所以，文案创作者在写文案时，千万别再用“行话”了，买家已经对这些“行话”有免疫力了，他们不可能喜欢这样的文案。如果文案创作者还是坚持用这样的“行话”来写文案，那自己就要承受一篇用心写出的文案被客户全盘废掉的打击。

3. 不断地向别人学习做“广告”

大量地读、看、听，做反常规的广告：卖麻辣烫的不说麻辣烫好吃，卖手机的不说手机好用，卖房子的不说房子面积多大……对这些反常的广告，用尼尔·弗兰奇的话来说就是：“只要是别的广告在那么说的，那我就坚决不那么说。”

4. 多练习写“广告”

好记性不如烂笔头，想得再多，都不如拿笔把自己的想法写出来，然后再仔细斟酌。假如你在街上看到一则广告，然后想：这个广告要诉求什么？这个广告是哪里做得很烂？如果这个广告我来做，会怎么做，才能不像他们做得这么烂？这时就把这个广告诉求记下来，不停地想，想出多种创作办法，然后写出最好的文案。文案创作者如果重复地做这件事，把它变成习惯。过不了多久，就能成为像尼尔·弗兰奇这样的文案大师。

11.2 别让人一眼认出是叫卖式广告

走进菜市场，你就能听到小贩们的叫卖声："卖菜了，卖菜了，好大好新鲜的大萝卜呀！""快来挑，快来买，好吃不贵的大白菜！"……小贩的叫卖有一个共同点，那就是王婆卖瓜，自卖自夸。这里所说的"叫卖式广告"也有这样的特点：一是文字简洁明了，朗朗上口；二是以语言文字表达为主，图画表达为辅；三是直陈产品的特点，诉求点单一；四是广告味很浓。

叫卖式文案很容易引起买家的反感，因为产品好不好是消费者说了算，而不是你说自己的产品好，那它就好。

由于市面上搞宣传的厂家太多，谁都说自家的产品好，到底好不好呢？谁也不知道，所以，消费者最讨厌看到这样"自卖自夸"的广告。所以，文案创作者在做电商文案时，切记不要为了叫卖而叫卖。

11.2.1 休格曼"好奇心的种子"的理论

广告大师大卫·阿博特曾为芝华士写了一则父亲节广告，其内容如下。

因为我已经认识了你一生

因为你一辆红色的 RUDGE 自行车曾经使我成为街上最幸福的男孩

因为你允许我在草坪上玩蟋蟀

因为你的支票本在我的支持下总是很忙碌

因为你们的房子里总是充满书和笑声

因为你付出无数个星期六的早晨来看一个小男孩玩橄榄球

因为你坐在桌前工作而我躺在床上睡觉的无数个夜晚

因为你从不谈论鸟类和蜜蜂来使我难堪

因为我知道你的皮夹中有一张褪了色的关于我获得奖学金的剪报

因为你总是让我把鞋跟擦得和鞋尖一样亮

因为你已经38次记住了我的生日，甚至比38次更多

因为我们见面时你依然拥抱我

因为你依然为妈妈买花

因为你有比实际年龄更多的白发，而我知道是谁帮助它们生长出来

因为你是一位了不起的爷爷

因为你让我的妻子感到她是这个家庭的一员

因为我上一次请你吃饭时你还是想去麦当劳

因为在我需要时，你总会在我的身边

因为你允许我犯自己的错误，而从没有一次说，让我告诉你怎么做

因为你依然假装只在阅读时才需要眼镜

因为我没有像我应该的那样经常说谢谢你

因为今天是父亲节

因为假如你不值得送CHIVAS REGAL这样的礼物

还有谁值得

大卫·阿博特在这则广告文案中，没有任何关于此产品如何如何好，要赶快买这类的字眼。文案中99.9%的字眼都是写的父爱，而只有在文案的结尾提到该产品是一件值得送给父亲的礼物。这则文案完美地说明如何通过“说事”而非“叫卖”写出一篇优秀的文案，使广告内容突破敏感消费者的心理壁垒。大卫·阿博特本人对这则文案的解释是：“这篇广告是关于芝华士的，但也是关于我和我父亲的。这么做是一种冒险。消费者的体会各不相同。在某些人眼中，它可能是感伤

的，而另一些人则可能认为它是生动的。如果你需要一个标题，你就会发现为什么我没有写。”

如果拿掉最后一句“因为假如你不值得送芝华士这样的礼物，还有谁值得”，这既是一段亲情的告白语，也是一篇父爱的散文诗。一个普通儿女、一种家庭温暖的姿态、一段娓娓道来的述说，这些因素相得益彰，让人读来根本不是在叫卖，而是情不自禁地进入到由文字所创设的亲情的场景之中，包括关心、感动和认同，使人由人及己而引发更多联想。

整个文案构筑的场景建立在大量的生活片段之上，以此为渲染和铺垫，以不动声色之姿向消费者发动情感攻势。只是到最终一回合，已成水到渠成之势，于是顺水推舟，决胜性的一语点破广告主体和目的：“父亲节，送礼就送芝华士。”

此外，本文案的另一独特之处在于，没有标题，按理来说，没有标题是犯了广告文案的大忌，不过，大卫・阿博特这则文案，妙就妙在其不设标题的匠心独运。因为，所有的铺垫和疑惑，都留到最后一句水落石出。

本文案有两个关键信息，即父与子之间的亲情和××产品。其中，核心和主旨是芝华士，父子情则是媒介和桥梁。标题只能偏重其中一个元素，如果只强调父子情就不能提芝华士，那么就有背离广告之嫌，因为这则文案不是单纯的文学作品；而如果明确在标题中点明芝华士，那么司马昭之心天下皆知，消费者很可能连看上一眼都没了兴趣，阅读广告的主动性和认同度将会大大降低，那么对广告效果的影响只能是负面的。既然两种拟题都有失偏颇，那还不如不要标题，既吸引消费者，又以一种巧妙的方式达到了推销的目的。

大卫・阿博特在写这则文案时采用的方法，与文案写作的传奇人物休格曼提出的“好奇心的种子”的理论不谋而合，即在文案前面对一件事娓娓道来，而到了文案的结尾，话锋一转，解决了读者的疑惑。

用“好奇心的种子”的理论写出来的电商文案，买家不能一眼就认出它是一则广告，因为在该文案的前半部分往往会给买家留下一个悬念，而这个悬念促使着买家下意识地继续阅读下去。乔布斯在很多次演讲快要结束的时候，都会突然冒出这么一句话“one more thing”，给观众制造一个“好奇心的种子”，制造一个突如其来的惊喜。

休格曼提出的“好奇心的种子”的理论，通过好奇心的力量，让买家兴趣盎然。但是这样的文案写作方法不仅仅要有制造悬念的技巧，还需要有充足的情感。

11.2.2 文案中要有情感的影子

小米在推出体重秤时，为该产品制定的广告语：“100 克，喝杯水都可感知的精准。”100 克是什么概念？你能衡量吗？但是一杯水你就可以准确地知道有多重。这就是文案中的情感。

奔驰汽车在汽车行业一直处于领先地位，但它的性能相对于其他同配置汽车并没有很独特的地方，也没有很领先的科技，那它为什么会比其他汽车贵呢？原因是很多人都是因为情感而购买，人们想要成为奔驰人群中的一员，想要受到别人的瞩目。这也是文案中情感的力量。

文案内容要是感性的，如果文案的表达能让人有所感触，那就是成功的文案。例如，某产品的售后说明中有这样的一句话：“如果你并不十分满意，就在 30 天之内退还你的产品，你会得到迅速的、周到的退款。”可能很少有人听过退款是很周到的吧，但这并不重要。重要的是这个词组让人能够感觉到，这是一家非常尊重人、设想周到、会迅速退钱的公司。看到这样的文案，很多人都会对该公司产生好感。

既然文案中的情感很重要，下面总结一下文案中要注入情感时，应遵循什么样的原则(图 11-2)。

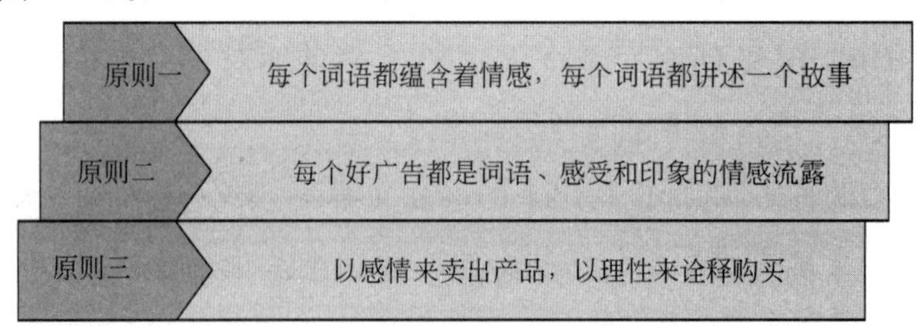

图 11-2 情感描述遵循的原则

11.3 事实是文案最好的内容

当你要为汽车写文案时，如果你不知道工人如何装配汽车；当你为炸鸡店写广告时，如果你不知道工作人员是怎么炸鸡的；当你为一家炼油厂写广告时，如果你不知道炼油的过程；当你为清洁剂写广告，却不知道清洁剂的清洁原理是什么；当你为一座城市写旅游宣传片，却不知道人们在这儿会碰到什么状况……那么，毫无疑问，你写的东西没多大用处。欠缺这些关于产品的硬性知识，你只能依靠形容词过活，这注定是一场错误。

11.3.1 讲的事实越多，销售得也越多

1949 年，威廉·伯恩巴克创办了 DDB(Doyle Dane Bernbach ，恒美广告公司)，当时他指出："不必以牺牲广告的灵气、优雅和智慧为代价去促进销售。"他还提出了颇为激进的主张：消费者不是傻瓜。单靠欺骗、说教和重复是不会让消费者乖乖地听信广告商的销售信息的。

在创作广告文案时，威廉·伯恩巴克一直遵循一个经典守则：在消费者还不信任你的时候，你的产品再真也没有用。如果他们不明白你在说什么，也就无从信任你。他们不听你在说什么，也就不明白你说的是什么。你说的话无趣，他们就不听。如果你说的话没有给他们留下想象的空间，没有创新思想，也没有新鲜感，你的话就不可能有趣。

那么，如何让消费者对文案内容感兴趣，并对其宣传的产品或服务产生信任感呢？威廉·伯恩巴克说："我有个最棒的鬼把戏。那就是实话实说。"用事实说话才会说得理直气壮，而不是用一个谎言圆另一个谎言，最后不攻自破，让大家失去对文案的信任。

写文案和说话一样，最好的内容就是事实。事实可以出自产品，出自销售的

实际情况等。文案内容必须根据以上这些情况，提炼出能打动买家的文字。文案创作者一定要记住，任何与产品事实不符的宣传、欺骗消费者的行为都是徒劳无益的。

在文案中讲事实，最经典的文案案例来自广告大师大卫·奥格威，他曾为劳斯莱斯汽车做了一则标题为“这辆新型‘劳斯莱斯’在时速60英里时，最大闹声来自电子仪表”、副标题为“什么原因使得‘劳斯莱斯’成为世界上最好的车子?”的广告，其文案讲了一个又一个吸引人的事实，总共719个英文字。从后来的市场反应来看，这则广告很多消费者是从头到尾读完了的。所以才出现了后来那1 400个英文字的文案。

的确，每则电商文案都应该是一件推销产品的完整作品。文案讲的事实越多，销售得也越多。一则广告成功的机会总是随着广告中所含的中肯的产品事实数据量的增加而增加的。大卫·奥格威为劳斯莱斯创作的文案中就列举了大量的事实，异常令人兴奋。那么他是如何讲事实的呢？下面欣赏一下这个文案的正文。

(1) 行车技术主编报告：“在时速60英里时，最大闹声来自电子仪表。”引擎是出奇的寂静，三个消音装置把声音的频率在听觉上拔掉。

(2) 每辆“劳斯莱斯”的引擎在安装前都先以最大气门开足7小时，而每辆车子都在各种不同的路面试车数百英里。

(3) “劳斯莱斯”是为车主自己驾驶而设计的，它比国内制造的最大型车小18英寸。

(4) 本车有机动方向盘、机动刹车及自动排挡，极易驾驶与停车，不需司机。

(5) 除驾驶速度计之外，在车身与车盘之间，互用无金属之衔接。整个车身都加以封闭绝缘。

(6) 完成的车子要在最后的测验室经过一个星期的精密调整。在这里分别受到98种严酷的考验。例如，工程师们使用听诊器来注意听轮轴所发的低弱声音。

(7) “劳斯莱斯”保养三年。已有了从东岸到西岸的经销商及零件站，在服务上不再有任何麻烦了。

(8) 著名的“劳斯莱斯”引擎冷却器，除了“亨利·莱斯”在 1933 年死时，把红色的姓名第一个字母 R 改为黑色外，从来没更改过。

(9) 汽车车身之设计制造，在全部 14 层油漆完成之前，先涂五层底漆，然后每次都用人工磨光。

(10) 移动在向方盘柱上的开关，你就能够调整减震器以适应道路状况(驾驶不觉疲劳，是本车显著的特点)。

(11) 另外有后车窗除霜开关，控制着 1 360 条看不见的在玻璃中的热线网。备有两套通风系统，因而你坐在车内也可随意关闭全部车窗而调节空气以求舒适。

(12) 座位垫面是由 8 头英国牛皮所制——足够制作 128 双软皮鞋。

(13) 镶贴胡桃木的野餐桌可从仪器板下拉出。另外有两个在前座后面旋转出来。

(14) 你也能有下列各额外随意的选择，如做浓咖啡(espresso coffee)的机械、电话自动记录器(dictating machine)、床、盥洗用冷热水、一把电刮胡刀等。

(15) 你只要压一下驾驶者座下的橡板，就能使整个车盘加上润滑油。在仪器板上的计量器，指示出曲轴箱中机油的存量。

(16) 汽油消耗量极低，因而不需要买特价汽油，是一种使人喜悦的经济。

(17) 具有两种不同传统的机动刹车、水力制动器与机械制动器。“劳斯莱斯”是非常安全的汽车，也是非常灵活的车子。可在时速 85 英里时宁静地行驶。最高时速超过 100 英里。

(18) “劳斯莱斯”的工程师们定期访问以检修车主的汽车，并在服务时提出忠告。

(19) “班特利”是“劳斯莱斯”所制造。除了引擎冷却器之外，两车完全一样，是同一工厂中同一群工程师所制造。“班特利”因为其引擎冷却器制造较为简单，所以便宜 300 美元。对驾驶“劳斯莱斯”感觉没有信心的人士可买一辆“班特利”。

像这种以事实所做的广告比过度虚张声势的宣称更有助于销售。上面这个广告中非常长的标题以及719个英文字的文案，全部都是事实，它能让消费者感觉到劳斯莱斯根本没有什么真正的戏法，它只不过是耐心地注意到每个细节。所以，像这样的文案，文案创作者告诉消费者的越多，销售得也就越多。但广告内文忌讳空洞的说教，一定要有一些非常实在、具体的数字做支撑。

11.3.2 文案讲事实的方法

一篇好的文案正文，最主要的是讲事实，那么如何讲事实呢？如图11-3所示。

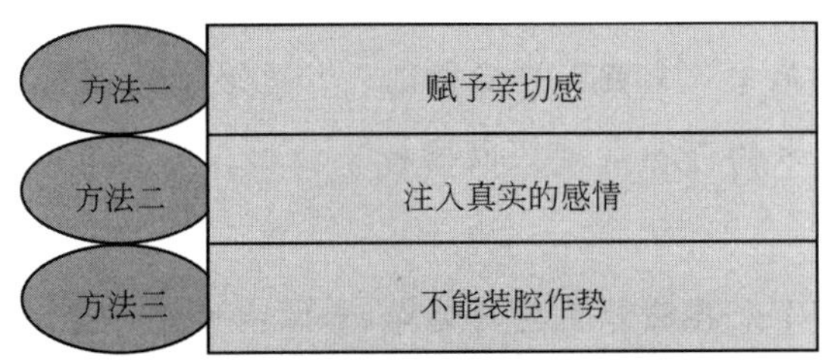

图11-3 用事实写文案的方法

1. 赋予亲切感

赋予文案亲切感，就是指文案创作者一定要以朋友的口气去写文章，娓娓动听，字里行间透露出自己的真诚、可亲近，只有把这种气质带入产品中，消费者才可能去购买产品。

2. 注入真实的感情

在文案中注入自己真实的情感，感动自己的文字一定也会打动其他人。例如，某蒸馏水系列广告中有一篇就是写作者自己的亲自经历，这则电商文案令不少人为之动容。

3. 不能装腔作势

所谓装腔作势就是没有事实依据，只是在说大话、空话。例如，文案创作者为一个花生酱做电商文案，如果想说花生酱里花生比较多，除非举行过公开公正的数花生仪式。可是文案中却可以说如果为小孩准备这种花生酱就是比较好的妈妈，这也是用事实说话。而且这样的表述比用装腔作势来得更加实在。

11.4 去逗人乐而不是去“销售”

文案能不能留住人，让人读完这篇文章，就顺利掉进文案“陷进”内，关键就看文案的内文写得是否精彩，能不能让人产生共鸣，产生好奇心或从中学到东西，如果这些都没有，至少也要给人带来一时的欢乐。

11.4.1 创作一个看起来像洗发水广告的饮料广告

电商文案不要只是为了销售而销售，还要从逗人乐的角度来构思。把消费者逗乐了，文案所推销的产品或服务的销售量才可能提高。但如果文案只是强调销售，那么结果只能适得其反，因为现在的人谁都不喜欢看销售广告，而喜欢找有“乐”的东西。例如，杜蕾斯价格篇的广告语：“养活一个孩子需要××美元，而一个杜蕾斯避孕套仅仅只要 2.5 美元，这两个价格一对比，该选哪个你懂的。”看到这样的电商文案，很多人都会忍不住笑了。

每个人的“乐”点是不同的，所以，为了写出一则不像销售的电商文案，要记得自己是以什么样的身份对大家说话。你是以一个车间工人的身份讲述自己的工作流程，还是以公司老板身份向消费者作出承诺，抑或是以一个普通人的身份表达使用产品之后的感受，这很重要。因为，以不同的身份说话，整个文案表现出来的人的形象、性格、语调，乃至个性都不一样。不过，无论用什么形容词来称呼，整个文案都必须明显、突出、有看点，而且前者一致。坚持做到这些要比行文的友善更重要。

另外，文案创作者还必须知道要对什么人说话。最好的策略是想象消费者就坐在自己的对面，与他们进行轻松愉悦、深入内心的交流，当然，交流的最终目的是传达产品能够满足消费者的需要。

然而，文案创作者并不是做好了上面的事情之后就能写出一则逗人的文案，还要学习迈克·雷斯卡保奥的方法，进行“隔夜测验”，可能前一天想出来的好点子到了第二天早上 9 点就变得无聊了，文案需要有一个检验的过程。

当然，年轻人不应该把自己的思考方式局限起来，正文由产品决定，并不意味着文案创作者必须机械化地遵守规则。伟大的想法从来不是从中规中矩中诞生的，究竟从何而来几乎总是秘密。

文案大师尼尔·弗兰奇入行的第一天就得到一则非常简单的忠告：“记得，年轻人，今天的广告明天就会拿来包薯条。”老板的意思难道是说广告一点没有价值根本不值得认真写吗？最有用的地方是让油别滴到我的衣服上吗？

如果只是为了广告而创作广告的话，那么以上两个问题的答案是肯定的。因为讯息的寿命是有限的，所以一定得好看，对于文案创作者来说，只有一次吸引买家的机会，只有告诉他们一些他们并不知道的或从来没想过的东西，才能感动他们。为万科、奥迪、凯迪拉克等策划过广告的著名创意人陈绍团说：“最好的答案，不在熟悉的路上。”陈词滥调听起来不可信，这就是规矩。

大家都熟悉的东西，文案讲出来了，大家自然也不会觉得这是一件令人高兴的事。比如，消费者在某个类别的广告堆里一翻，很容易发现，随着时光流逝，这些广告已经形成了一种固定的格式。“饮料广告看起来就像这样”，“洗发水广告看起来都是那样”。所以，如果文案创作者能创作出一个看起来像洗发水广告的饮料广告，就能在同类产品里脱颖而出了，这也是值得高兴的事。所以，有创意的东西，能激起人们的兴趣，让人感觉到很兴奋，这样的文案也就达到了逗人乐的目的。

11.4.2　创意，无非就是哄人的把戏

有人说："所谓广告创意，无非就是哄人的把戏。"做出不像广告的广告，其本质是，用尽一切办法哄人，事实就是这样。根据整理，哄人的方式有"色"诱、利诱、抢劫、讲故事、杂耍、忽悠、绑架、恐吓、要挟等。

所谓"色"诱，最经典的就是广告大师大卫·奥格威提出的创意 3B 原则，即美女(beauty)、动物(beast)、婴儿(baby)。美女代表买家的性诉求，动物代表人类与生俱来的亲近自然诉求，婴儿代表情感诉求。

通过上面这些"把戏"，文案创作者就能成功地"哄"到消费者。然而"哄"到消费者不是目的，目的是他们知道文案在讲什么。为什么有时候文案创作者会被消费者或者创意总监质问："你这个稿子很有想法，不过我还是要问你一个直接的东西——你到底想表达什么意思?"原因很简单，为了吸引买家，文案创作者把初衷搞丢了。

这是很多文案创作新人经常会面临的问题，可能不仅其他人不知道他在说什么，有时他自己都不知道自己在说什么。他们甚至为了突出创意把 Logo 缩得很小；为了让买家参与故意夸大产品功能；为了标新立异把汽车广告做得像公益宣传片……

像这种文案创作方式，根本不是在逗人乐，而是惹人烦，因为他们是在低估消费者的智商。从另一方面来说，文案创作者的"创意"都不能让消费者知道它讲的是什么，消费者凭什么要为文案作品埋单？所以，文案创作者想写出一则好文案，建议只有一个，想清楚了再去做，并时时反思自己是否背离了初衷。这就是"先做对，再做好，做好之后再冷静地看看有没有做对"。

11.5　从情感诉求出发写文案

情感诉求型文案是创作者通过作用目标买家的情感活动，使他们对文案所宣

传的产品或服务的信息内容产生感受性体验和共鸣，并由此触动目标受众的感情世界，从而响应其价值判断和行为方式。这里所说的情感活动主要包括各种情感体验、情感联想、情感回忆以及情感变化过程。对于情感诉求型文案来说，其策略主要注重图 11-4 所示的几个方面。

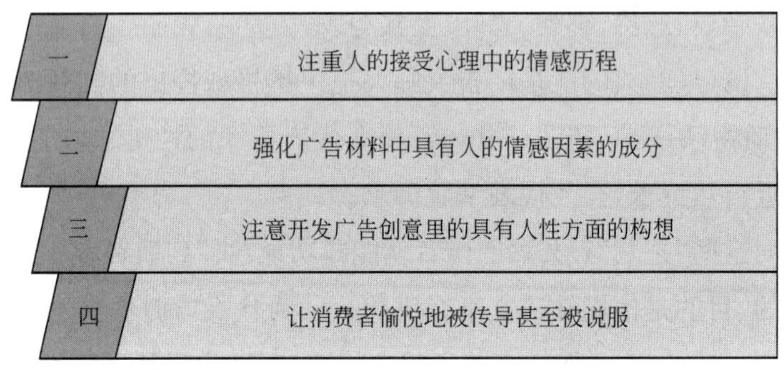

图 11-4 情感诉求型文案策略的要点

11.5.1 情感诉求引共鸣

在网络时代，并不乏用“情感”营销信任的人和事，26 岁的康夏曾通过自己的微信公众号发了一篇卖书帖，标题为“带不走，所以卖掉我的 1 741 本书”，之后这则帖子开始在朋友圈里刷屏。

康夏在帖子中使用了最惯常的心灵鸡汤式表述：“读过的书，放在书架上之后就会死亡，成为一具尸体，只有它被下一个人再一次读到的时候，才可能重新焕发生命。”这句话将万千读书人的心一击即中。

在之后的 24 小时内，康夏就收到了超过 77 万元的购书款。不过随着事件越炒越热，网友们发现事情已经变质了，因为康夏用新书冒充旧书，于是开始纷纷指责康夏的欺骗行为，康夏只得无奈道歉，并退回了部分购书款。网络上一时间都对康夏发出了攻击，康夏以一篇措辞激烈的文章回应之后，便宣布告别社交网络。

先不说这件事的结果如何，从文案写作的角度来看，康夏的确通过一篇富有情感的帖子在短时间内获得了“77万元的购书款”，这是毋庸置疑的，可见，情感营销在互联网时代是一个极具诱惑力的营销方式。

全球最大、最成功的创意公司之一——盛世长城国际广告公司的全球CEO(首席执行官)凯文·罗伯茨说：“靠打动人的情感，你可以使优秀的人与你一起共事，得到最忠诚的顾客。”他所创建的至爱品牌，就是高度尊重与高度爱的结合。

情感诉求一直是文案创作的一个重要媒介，文案的情感表达信息传达量大、针对性强，更能与买家心灵相通。例如“老公，烟戒不了，洗洗肺吧”“女人，你的名字是天使”“写给那些战‘痘’的青春”等。情感诉求最大的特色是容易打动人，更容易走进买家的内心。

而且情感诉求型文案能够让产品的“光环效应”和“神秘性”在消费者心理形成强暗示，使推广成为必然。例如“1.2亿买不走的亲情”“跨越千年的爱恋”“那些年我们一起恋过的青春”等。讲情怀不是目的，情怀背后的产品线索才是文章的关键。

还记得本书的11.2节中介绍过大卫·阿博特为芝华士酒在父亲节的推销所撰写的文案，一名中年男子，心怀感恩，一点一滴重拾38年来关于父亲的美好记忆。描绘出一幕幕父子俩相处的动人情景，让无数人为之动容，甚至让人感同身受。

文案与消费者之间在情感上出现了趋同，无论最终能否促成购买行为，至少在对这则文案、这个品牌的态度上，消费者不约而同会倾向于较多的认同和好感，也为提升产品的美誉度，以及日后实现购买创造了可能的前提条件。

美国心理学家马斯洛指出：“爱的需要是人类需要层次中最重要的一级，人有爱、情感和归属的需要。”情感是人类社会亘古不变的主题，是蕴含于字里行间、游离于内容和形式之外的无形因子，却总能在每个人的灵魂深处找到共鸣。

所以，有很多采用感性诉求的文案往往不遗余力地在产品之外附加一定的人类情感，包括亲情、友情和爱情。因为这些精神力量虽然看不见摸不着，却无一例外有着强大而持久的功效。

11.5.2 情用过了头就是煽情、矫情、滥情

前几年的雕牌洗衣粉的文案“下岗篇”，则把握了情感表达的真切原则。年轻的妈妈被迫下岗，白天忙于找工作而四处奔波，劳累了一天回到家里，她那懂事的女儿由于心疼妈妈，正在帮妈妈洗衣服。小女孩扬着纯真的小脸，以可爱的童音说：“妈妈说，雕牌洗衣粉只要一点点就能洗好多好多的衣服，可省钱了！”门帘缓缓拉开，妈妈又一次无果而回，她正想亲吻熟睡中的爱女，无意中瞥见了女儿的留言：“妈妈，我能帮你干活了！”年轻的妈妈潸然泪下。可能第一次看这个文案，有很多观众也禁不住泪湿了眼角。

不过，情感诉求型文案必须注意把握感情的限度，情感的表达必须合情合理，否则将过犹不及。可口可乐曾经推出一则文案，男女主角同时在家里玩游戏机，突然感到口渴，女主角便问男主角是否想来一罐可口可乐。男主角答应。

但是，打开冰箱，女主角发现只剩下一罐可口可乐了，她打算和男主角一起分享，不料男主角一把抢过可口可乐，想自己一饮而尽。女主角气不打一处来，发火把自私的男主角抛进窗外的泳池，而她自己则心满意足地站在窗口，独自享受可口可乐。

也许这则文案的初衷是想告诉消费者，要坚持自己的评判标准，不轻易妥协。不过，文案中女主角的情绪转变引发的行为却是大多数人不能赞同的。这是一则过火的情感表达文案。而且，与强调“好东西大家一起分享”的主流观点不同，可口可乐向人们传达出一种独占思想，应该争着独自享受。

虽然名为“爱情篇”，事实上，这则文案并没有把握好感情的限度，结果将真挚的爱情演变成了一出流于形式的自我情感表达。广告大师大卫·阿博特曾说：“情字固然是一方利器，但用过了头就是煽情、矫情、滥情，反而令人退避三舍。”

在创作情感诉求型文案时，千万不要为了突出“情”而用过了度。情感诉求型文案，应该在现实的基础上将产品与情感进行合理的、巧妙的结合，而不是只考虑

煽情因素。如果掌握不好情感诉求的限度，一旦用过了，文案中传达的情感则是为了煽情而煽情，陷入矫情、滥情的境地，毫无真情实感，自然达不到感动买家，引发买家共鸣，继而产生购买行为的目的。

11.6 案例：大众甲壳虫汽车：想想还是小的好

20 世纪 60 年代的美国，其汽车市场是大型车的天下，车型设计是又大又长、马力强劲。所以，德国大众汽车公司的甲壳虫汽车刚进入美国市场时根本就没有任何市场，其原因是甲壳虫汽车除了这种车马力小、简单、低档、形似古怪的甲壳虫（金龟子）之外，还有一个难于排解的政治心理障碍——它曾被希特勒作为纳粹时代的辉煌象征之一而大加鼓吹。

在被消费者冷落的情况下，威廉·伯恩巴克接下甲壳虫的广告业务，同行为此惊讶不已。为了拯救了大众的甲壳虫，威廉·伯恩巴克经过深入考察，他认定，甲壳虫不仅是一种实惠的车子——价格便宜，马力小，油耗低，结构简单，质检严格而且性能可靠。不过，这些“销售说辞”并不是他的独特发现，因为先前的广告人也这么说过，但是消费者却视而不见，听而不闻，硬是无动于衷。于是，他提出了“think small”的主张，运用广告的力量，改变了美国人的观念，使美国人认识到小型车的优点。

威廉·伯恩巴克对成功的市场进行细分，巧妙地进行产品定位。他细分出来的市场刚好弥补了市场对于“省”的空缺，看到这个空白的市场之后，便将甲壳虫汽车定位于实惠的车子。于是，他发布了一则标题为“Live below your means”（量入为出）的文案，其正文内容如下。

如果你想过高消费的生活，我们有个建议：

降低四处走动时的高额消费。

买部 VW（大众汽车），它只花 1 699 元。

这比目前一般车子大约便宜1 200元(把省下来的存入银行,钱会生钱)。

VW在几年中,可以为你省下几百元的保险费。

它只需要几品脱的机油,而不是几夸脱。

根本不需要防冻剂。

它一加仑大约可以跑27里,一般车子(真是吃油鬼)只能跑十几里。

因此,你开得越久,省得越多。

而你极可能年复一年地开下去(由于我们绝不改变外形,所以VW绝不会过时落伍)。

当然,VW不太起眼。但许多人买耀眼的车子只为了面子。

试着把省下的存入银行。

注:此标题“Live below your means”(量入为出)与成语“Live beyong your means”(入不敷出)有对照之妙。

不仅如此,威廉·伯恩巴克还发布了“你认为VW不出色吗?”“所以……跑、停止……”“眺望”“过几年,它就开始好看了”“丑,仅是表象”“美国制造”“你因为收入太丰而不便购买吗?”等广告文案,巧妙地将自己的定位传递给顾客,激起了顾客对这种车的需求。

威廉·伯恩巴克创作的这一系列广告投放市场后取得了巨大的成功,人们说,这些广告就像甲壳虫一样古怪,但销售力之强也强得古怪,从而使消费者深受震撼。从此,大众的小型汽车就稳执美国汽车市场之牛耳,直到日本汽车进入美国市场。

威廉·伯恩巴克为大众甲壳虫创作的广告文案都有一个特点,即每则文案都在讲一个事实,一个跟大家想法不一样的事实,而且有理有据,以此来改变大家的看法。还有最重要的一点就是,这些广告文案的措辞让人感觉不到它是一则广告,而是从一个新的角度向自己介绍一个不一样的大众甲壳虫汽车。

那么如何才能像威廉·伯恩巴克一样写出一个不像广告的电商文案呢?其创作方法如图11-5所示。

一	语言幽默，逻辑紧凑
二	文字不宜过多，图文结合
三	广告插入应自然合理
四	用心创作

图 11-5 写一个不像广告的电商文案的方法

1. 语言幽默，逻辑紧凑

语言幽默本来就很有吸引力，如果把它们用在文案上，再加上紧凑的剧情，更能让人产生进一步了解的欲望，从而看完整篇文案，如果论点写得好，还可以引起大家的共鸣，进行二次讨论或私下沟通等，到了这步，文案创作者再对产品或服务进行广告宣传，效果就会好很多。

2. 文字不宜过多，图文结合

由于时代的快速发展，现在的人工作、生活都很紧张，几乎很少有人能静下心去阅读一整篇文章，更别说是与宣传有关的长篇大论，而且密密麻麻的文字堆砌到一起，很容易让人产生视觉疲劳。如果文案创作者把文案中的一些需要很多文字表述的论点或论据换成一幅图片，定会引起大家的兴趣，还可以有效提高用户体验。

3. 广告插入应自然合理

那些直接把销售观点放在明处的文案，人们称为“硬广告”；那些间接把销售观点放在文案里面的广告，人们称为“软广告”，但如果你的“软广告”太过直白，买家就会直接把你列入“托”的行列，那之前所做的所有工作都白费了。

4. 用心创作

有些人写文案总是懒，想省事，他们的文案明眼人一看就知道是多篇文案整合而成的，又或者文案内容都是些华而不实的东西，有些甚至连别人的品牌或作者名字都没去掉，连买家都可以一眼辨别出来。一篇好的文案，是需要自己用心创作的，不仅需要站在用户或者第三者的角度去写文案，而且还要融入自己的感情。用心写出来的文案买家是能体会到的，这样才有可能让买家产生共鸣。

第 12 章

如何写出一个精简的电商文案

好的文案往往没有华丽的辞藻，只是用一些最简单的词语表达出最深刻的讯息，这恰恰就是它的高明之处。如果文案内容真的很好，那更没必要用花言巧语去做装饰了。因为只凭其浮泛的选词不但不会给用户留下深刻印象，反而只会疏远与买家的距离。只有对自己的文字毫不留情，让要说的话不多不少，恰到好处，才能让文案达到最精简的效果。

12.1 简化结构

精简文案要做的第一步：简化结构。从结构来看，传统平面广告的内容如图 12-1 所示。

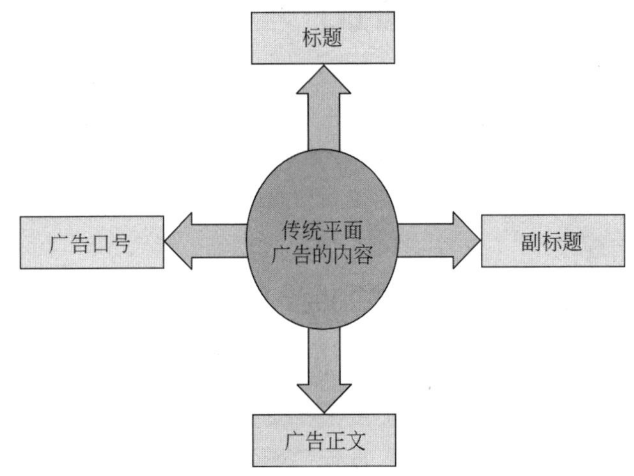

图 12-1　传统平面广告的内容

在平面电商文案中，标题和文案描述是最关键的信息，在文案中应予以突出，尤其是广告标题，承担着吸引消费者注意力的重任，一定不能忽视标题的作用。文案描述负责详解产品信息和服务内容，在消费者被标题吸引后，及时给予具体的信息支持，能使广告真正打动消费者，当然这也是非常重要的一部分。而品牌名称、联系方式、引导语等均属于二级信息，消费者不会首先把注意力放在这些信息上面，只有被标题或描述吸引时，他们才会进一步了解这些信息。因此，在文案撰写和设计的过程中，这些二级信息一定不能喧宾夺主。如果由于篇幅限制或者其他原因，这些二级信息与标题和文案描述发生冲突，它们应该让位于标题和文案描述。平面广告结构图如图 12-2 所示。

现在互联网电商文案比较多，这些文案与传统的广告有所不同，由于尺寸的

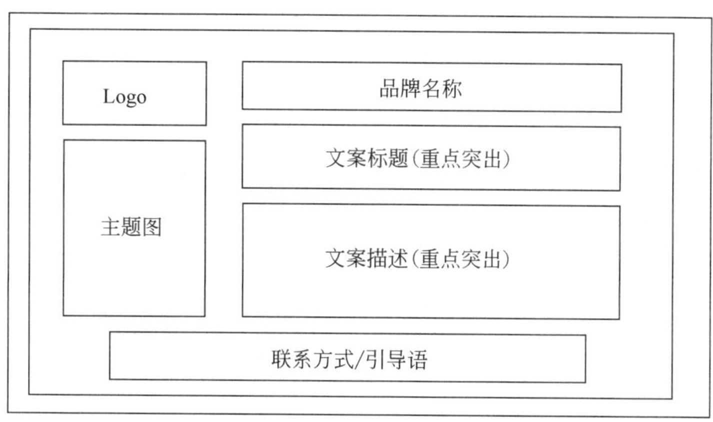

图 12-2 平面广告结构图

限制，文案只包含广告标题和广告描述两部分，其余信息如品牌名称、联系方式、引导语等均作为辅助文案出现。广告标题负责吸引消费者的注意力，广告描述负责介绍产品和服务信息，在消费者被标题吸引之后及时给予具体信息支持。

在简化结构时，文案创作者除了要把品牌名称、联系方式、引导语等去掉之后，还要减少一切不必要的文字。特别是对网络广告而言，广告中的主题信息不能超过 3 条，否则就很难凸显关键信息，也会对消费者的阅读和记忆造成困难。因此，出色的文案只需要一个标题加一个宝贝描述，其他一切不必要的文字能删则删。

现在市场上的电商文案遍地都是，也不乏混乱无章的结构形式。有些人写电商文案时，他们想到什么就说什么，可以说是怎么舒服怎么来。这种方式也许在过去还行得通，但现在的消费者是完全没有这个耐心的。文案要想在内容结构上作简化，应做到如图 12-3 所示的几点。

一	使用“总分总”的内文结构
二	注意语言方式
三	注意语言风格

图 12-3 简化内容结构的要点

1. 使用“总分总”的内文结构

在写文案正文时，“总分总”是一种最常用的结构，即“一句话卖点＋若干点解释说明＋最后收尾卖点强化”。

2. 注意语言方式

语言方式取决于文案创作者的品牌定位，有的品牌性格偏理性，有的品牌性格偏感性。

3. 注意语言风格

语言风格随着品牌性格而定。比如韩国品牌普遍的语言风格是可爱、随性、充满了奇幻色彩。而欧美品牌的语言风格则非常理性，摆事实讲道理。

12.2 别企图写太多字

成功的文案创作者都非常重视广告语言，他们无一例外地为创造出感人的广告语言而呕心沥血。纵观市面上那些优秀的广告语言，它们或妙语连珠、怡人耳目；或一语惊人，振聋发聩；或精练含蓄，发人深思；或诙谐幽默、生动感人。例如，某钟表的有名广告语“唯有时间，让爱，更了解爱”。“不在乎天长地久，只在乎曾经拥有。”它们都是在诉诸人的情感，短短一句话包含了爱情真挚、坚定、永恒和爱情所赋予人们的幸福、快乐和忧伤。美国的征兵广告语“美国需要你”这五个字，更是字字重逾千斤，铿锵有力，它直指人心，唤起公民对国家的责任感，同时还让人有一种被重视的自豪感。

12.2.1 太长的文案难免适得其反

很多令人深思的广告语都是字字珠玑，没有一点多余，它们总是一句话能把意思表达清楚，决不用两句话，五个字能写好，绝不用七个字来完成。所以，文案不要企图写太多字，而是要用最少的字表达出最多的情感。

广告经理乔治·戴尔曾对同公司的马克斯·哈特说："我敢和你赌 10 美元，我可以写满满一整版广告，而你会一字不漏地读完它。"马克斯·哈特马上反驳了他的说法，接着乔治·戴尔的话说："我根本不用动笔写一行正文来证明我的观点，我只要告诉你我的标题就可以了：这一页全是关于马克斯·哈特的。"

在广告界，关于文案应该长还是短一直以来都存在争议，有人认为长文案的优势不会随着时间有所减少，更有人认为随着读图时代的来临，短文案甚至零文案必将更受青睐。其实，文案的长度取决于产品。若是在为一种有各种各样特征需要加以介绍的产品做广告，那就写长文：你介绍得越详细，销售得越多。尤其是对那些需要详述具体信息的产品，如汽车、计算机、相机等，基本上没有 500 字以内的。

不过，写长文案的时候一定要注意：太长的文案难免适得其反，这也是文案创作者必须达成的一个共识。例如，波多黎各经济开发署也曾发布一则广告，全文共 961 个字，一则关于壳牌石油的广告有 617 个字，调查发现，22%的男性消费者只读了这两则广告的一半。

关于文案的文字数量与阅读人群数量的关系，有人曾做过一项调查，调查表明，电商文案的字数增加到 50 个字，阅读的人数会随着字数的增加而急剧下降；但是从 50 字增加到 500 字时，阅读的人数却下降得很少。可见，50 个字就属于长文案。

12.2.2　以最少的字写出最经典的文案

在广告界，很多人都倾向于写短文案，他们追求的最终目标是：以最少的字写出最经典的文案。现在，文案创作者可以以不同身份来观察一下简单，首先是一个对广告有着狂热爱好和兴趣的人罗伯特·路易·史蒂文森，他说："真正的艺术是删减。"然后是英国杰出作家托尼·考克斯，他写道："在每一个臃肿的广告里，都蕴藏着简洁精美的成分。”最后是全球顶尖广告人保罗·菲什洛克，他说：“从现在起我就只写最少的字，用最简单、最明白，任何人都看得懂的文字。”

文案为何需要精简？请在纸上画一个拇指大的传统广告草图，包括标题、图画、解说词、标语，以及品牌标志。先想一想，可不可以把草图中的解说词去掉，这样可能令标题更加突出，再来看看标语，它给产品增添了更多信息吗？没有，那么也可以拿掉，这样看起来是不是更好？现在来看标题，它是为画面增辉了，还是对产品作了些补充；还有品牌标志，可不可以将之融入画面中。最后会发现，整张草图只剩一样东西了。这就是删减的过程。

下一次做文案，试着把所有信息都归到一个东西上面，可能是一个标题、图画，或者内文，无论哪一种都很有效。在草图中，每加进一个元素，其他元素的重要性就被相应地削弱了；相反，每删减一个元素，其他元素的作用就会增强。

也许有人会纳闷：没有解说词还说得过去，没有品牌标志或者标题，怎么可能？谁敢那样做啊？告诉大家，还真有人敢！那是一则为牛仔裤品牌 Lee 做的广告，既没有标志，也没有标题，只有一块贴在墙上的“警告”标志，警告的内文是：“这间更衣室已由店员监控，以防偷窃。尤其是想偷女性牛仔裤第一品牌 Lee 牛仔裤的人，这会让本店的老板大为光火，尤其是现在 Lee 又调低了批发价，本店必须捍卫有限的利润。”这则广告其实是为了提醒经销商多进货。

广告做得越简洁越好，“你在捕鼠夹子上放好奶酪后，别忘了把空间留给老鼠”。当然，文案创作者必须承认这样的删减并不容易，尤其是在客户要求文案创作者必须往文案中增加一些内容而不得删减的时候。

绝大多数文案都是在这样对消费者妥协的过程中，变得越来越长，越来越反反复复、拖沓冗余。不过，长文案也没有什么不对，根本没有所谓的长文案，而只有太长的文案。只要消费者不会对文案感到厌烦，文案无论长短，都算不得是不好的文案。还记得上面小节中提到的那则 1 400 字的劳斯莱斯获奖文案吗？那可是长文案推崇者至今都津津乐道的经典案例。

12.3 文字要简明扼要

随着社会生活节奏越来越快，人们的工作压力也越来越大，很少有人能静下心仔仔细细阅读一本书，更别说让他们耐着性子看一则电商文案了，可以说，现在的消费者看广告的速度已快到近乎浏览的方式。因此，为了让消费者一眼就能抓住电商文案的核心，电商文案的写作应力求简约，诉求重点应明确突出，切忌玩“猫捉老鼠”的游戏，勿让消费者产生未看先烦的心理反应。

不过，有些文案写手完全意识不到这种现象的严重性，他们太过于强调自己的风格，为自己能写出“洋洋洒洒”的文字而自鸣得意，殊不知这些文字或离题千里，或将诉求的重点淹没在自己的文字“海洋”里，像这样的文案等不到消费者自己动手，它们就被广告公司或客户扔到了垃圾桶里面。所以，文案在文字语言的使用上，要简明扼要、精练概括。即以尽可能少的语言和文字表达出广告产品的精髓。

12.3.1 好文案，多一句都显得累赘

某家居公司曾发布一则“Up to 50% off”的文案。这则文案的精妙之处就是，它不是“盛大开业，钜惠全城”“店家同庆，献礼金秋”等虚无式促销；也不是“厂家直销跳楼价”“老板跑路给钱就卖”式的大字报赚他人眼球。它有的只是打折，就是打折。它在每件商品的左上角都贴有一个黄色的价签，黄色的价签显示价格为“半张床”“半个衣柜”“半张沙发”，半价购买一目了然。如果文案创作者想要把促销广告做得有趣，这招可以借鉴。

好的文案，就是把最重要的信息放上去，多一句都显得累赘。CMG 传播公司在为某航空公司制作的舒适之旅系列广告之一，广告的画面上只有一张男人抿着笑的嘴，并在左边的嘴角写上“New York”，在右边的嘴角写上“London”，意在向

消费者展示轻松惬意的旅途享受。如此简单的画面和文字，但给人印象却极为深刻。

通过减少一切不必要的文字，文案能实现有效的广告信息传播。而且简明精练的电商文案还有助于吸引广告消费者的注意力和迅速记下广告内容。文案内容要求简洁，其简洁的关键就在于删减，删减广告语中不必要的文字、词语，或提炼广告语中最关键的信息。电商文案不同于写文章，它不要求主谓宾定状补样样不少，它只需要通过最精练的语言或最关键的词汇清晰地表达出文案创作者所要传达的信息就好。

1. 删减不必要的文字、词语

删除的内容主要包括以下几个方面。

(1) 删除前后重复的词语。

(2) 删除可用更短词汇代替的词语。

(3) 删除不必要的修饰语。

(4) 删除一些不影响句子表意的其他词汇。

下面是一则培训机构的电商文案，其修改前的文案如图 12-4 所示。

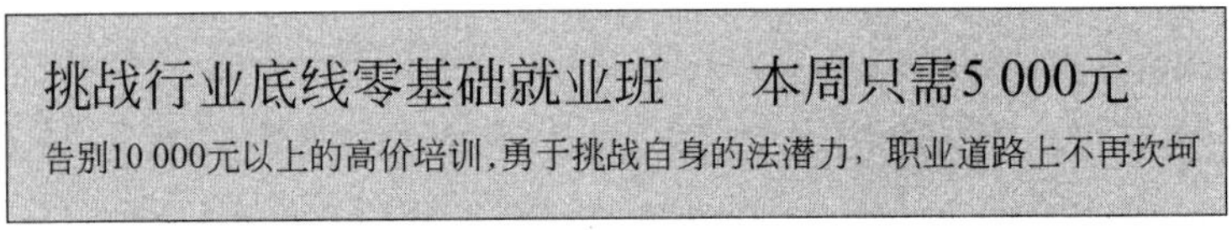

挑战行业底线零基础就业班　本周只需5 000元

告别10 000元以上的高价培训，勇于挑战自身的法潜力，职业道路上不再坎坷

图 12-4　修改前文案

修改后的文案如图 12-5 所示。

挑战行业底线　零基础就业班

告别万元培训　本周只需5 000元

挑战潜力，职业道路上不坎坷

图 12-5　修改后文案

这则电商文案修改前共有 49 个字，修改后剩下 35 个字。为什么要这样修改呢？

一是“10 000 元以上”和“高价”重复，所以应把“高价”删去。

二是“10 000 元以上”的表述可以直接用“万元”代替，不影响原意。

三是“勇于”“自身的”均属于不必要的修饰语，应直接删去。

四是“不再坎坷”改为“不坎坷”，不影响原意，且读起来更加短促有力。

通过上面的修改，这则文案读起来更顺口，也更有吸引力。所以，文案创作者在写完一则文案后，要反复修改，直到没有任何“累赘”为止。

2. 保留关键词

使用广告语中的核心关键词来代替整句话，使文案看起来更加精练，且容易记忆。下面举一个培训学校的文案，修改前，其文案内容：“已有 7 届近万名学员毕业留学海外”，修改后，其文案内容变为“7 届万名学员留学海外”。它选取广告语中的“7 届”“近万学员”“留学海外”三个最主要的关键词，替代整句表达，更加精练以及突出重点，文案读起来更加短促有力。

12.3.2 让文字简明扼要应遵循的规则

为了使文字简明扼要，文案创作者还需要掌握以下规则（图 12-6）。

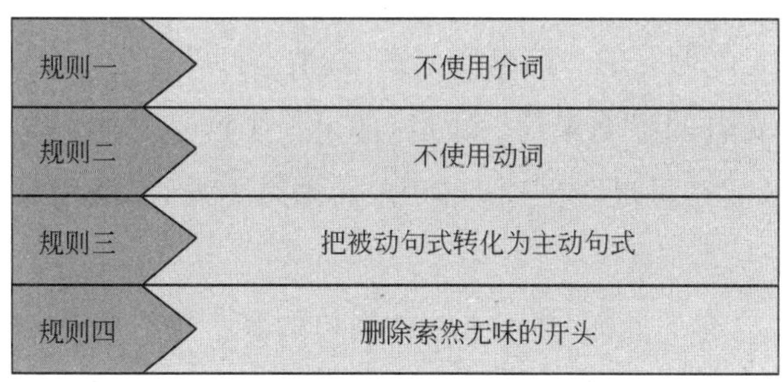

图 12-6　让文字简明扼要应遵循的规则

1. 不使用介词

介词主要有对于、根据、为了、基于、通过、关于等词语，这些词会弱化句子的谓语，因此写文案内容时应尽量省略。

2. 不使用动词

不使用动词是为了强调谁做了什么，产生了什么效果，使用户主观感受加强。例如“正在消耗时间”，应尽可能使用其他表达方式，比如“花时间”等。

3. 把被动句式转化为主动句式

把被动句式转化为主动句式是为了读起来不拗口，例如“时间是被这个项目所需要的”可以转换为“这个项目需要时间”。

4. 删除索然无味的开头

文案要开门见山减少废话，在表达相同意见的前提条件下，用“每天”代替“在每天基础上”。

但是，这里所说的写文案文字要简明扼要，并不是必须写短文案，好的电商文案不一定就是短文案。事实上，一个写得引人入胜的长文案也会吸引很多的买家，例如，益生堂三蛇胆写的一篇电商文案《益生堂打破神话》，全文共计5 000字，收到了上万封消费者的咨询来信。所以，如果一个产品它用短文案能表达清楚，那就短，如果用长文案写得会更生动有力，促销力更强，那就用长文案，但文字必须简明扼要。

总之一句话，文案的撰写，并不是一件简单的事。并不是说文笔好就能把这份工作做好，因为文字功底只是创作出好文案的基本要求。一般来说，文案不需要华丽惊人的辞藻，而是最后总结出来的文字能直击主题，并具有点石成金的作用。抓住了核心关键点，再以简洁的文字简述核心，就能让产品有锦上添花的作用。

而且越是简约的文案其创作过程越不简单，而在简约的设计元素中表达关键信息，一语中的，这真不是一件容易的事，它不是要要小聪明，它的出众需要阅读大量的案件资料，比如，了解产品、市场、目标消费者群，抓住核心，深化创意等，这些前期工作做好后，还要反复地进行策略思考，绞尽脑汁，直至出现最佳的创意表达，并用普通的语言改变广告的普通，这便是高水平文案大师的过人之处。

12.4 多利用短句

美妙的广告语言不需要特定语法规则或者固定的修辞模式来装饰，它来自撰稿人的语言修养和灵感。或许很多人会认为，一个好的电商文案必然是文字非凡、语言牛、设计炫美的，但当真正的创意广告展现到面前，你就会明白，原来电商文案的画面可以这么干净利索，内容可以这么直白简短。

12.4.1 啰唆的句子很招人烦

研究表明，相对于长句来说，短句更有利于买家的阅读和记忆。下面列举一下 JS&A 公司的一些电商文案，就会发现它们相当的短。

减肥并不容易。

对抗电脑的是你。

这很容易。

这一定会发生。

向 IBM 致敬。

上面这些文案的每一句都很短，非常易于阅读。这类文案就像一个火车头，启动时很费力，但是启动以后就会轻松了。所以，在写电商文案时，应多利用短句。

某广告公司在报纸上曾发布了一则“家庭计划生育”的广告，这则广告的画面上只有一个避孕套头和一个婴儿奶嘴，其余皆为空白，给人一种疏朗、明快之感。

而且这则广告的文案也只有一句话："多一份小心，少一份担心。"文字简练得像一首唐诗绝句，多一字嫌累赘，少一字则败其意。计划生育广告历来让广告人士颇为头痛，稍有不当就会被大众指责为内容"粗鄙"和"有性教唆倾向"，而这则简洁、质朴的创意给人的感觉很舒心，不愧获得两项国际大奖、堪称简洁文案创作的经典之作。

文案要尽量使用简短句子还有另一个原因，即为了防止买家因繁长语句而产生负面情绪。在《汉武大帝》里，霍去病建议汉武帝给将士的诏书要越短越好，越通俗越好，因为士兵将士几乎都是大老粗，没有什么学问，他们哪里听得懂那些文绉绉的词汇。他们最在乎的是皇帝是奖赏我还是惩罚我，奖赏了我什么，惩罚了我什么，其他的修饰词汇他们才懒得在乎。同理，在大多数产品说明书中，尤其是工具性产品里，消费者在乎的就是文案能告诉他们该如何操作，其他的事情，他们是根本不会关注的。为了不引起消费者的反感，文案创作者就要用简单明了、直接明确的文字。

啰唆的句子很招人烦，同时也会让文案没有重点，浪费用户的时间。如果一个人正在开车，即使他发现前面有一段长句子的文案，他也没有时间琢磨这则文案想说的重点是什么。日常生活中也常出现这样的现象，例如，小卖部挂着一个牌子说：本店有新鲜羊肉出售，10 块钱 3 斤。其实，这句话只需要说"新鲜羊肉，10 块钱 3 斤"就足够了。还有就是饭店门口经常出现的招聘信息：本店诚聘业务人员，男女不限，吃苦耐劳优先，有意者请联系，电话：×××××××××。其实这里的"本店"和"有意者请联系"是多余的，删除之后显得更简洁，信息也更明确。

有人说："一个写不好文案的产品经理，就像是一个瘸了腿的武士。"然而在现实中，能写好文案的产品经理确实是少之又少。好的文案有三个层次：一是把事情说清楚；二是不啰唆；三是传递情感。而大多数产品经理只是做到了把事情说清楚，这根本称不上是文案。

12.4.2 让文案不啰唆的方法

为了让文案看起来不啰唆，文案就应该有特定的语境，而在一些特定的语境中，有些文字是可以省略的。比如上面的例子，小卖部的门口挂的牌子，绝大多数时候都应该是店里卖的东西，“本店有售”是一个不必要的累赘；饭店门口招聘的例子中，如果对方无意联系也不会没事儿拨打电话跟餐厅经理闲聊。

另外，为了使文案精简，应使用特定句式，让文案看起来更“短”。特定的句式主要有三种(图 12-7)。

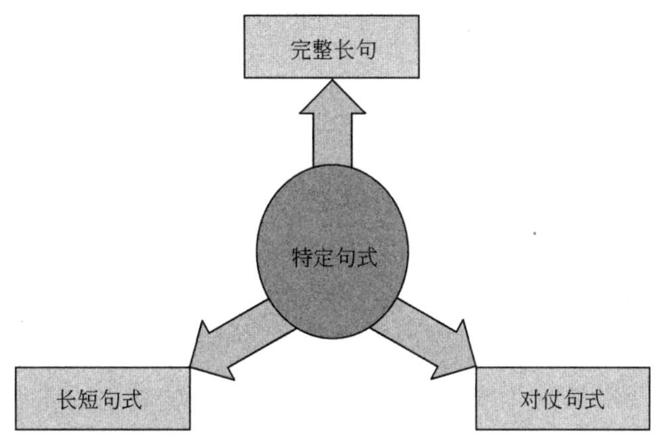

图 12-7　文案的特定句式

1. 完整长句

完整长句是指一句完整的话，例如“让流利口语点亮你未来”。

2. 对仗句式

对仗句式比较整齐，字数和结构都一样，这样的句子读起来更上口，例如“多一种语言，多一种人生”。

3. 长短句式

长短句则是长句和短句的组合，这样的句子则会使文案更加短促有力，例如“学西语，高薪工作不是梦”。

“让流利口语点亮你未来”“多一种语言，多一种人生”和“学西语，高薪工作不是梦”，这三句话都是10个字的广告标题，但是使用了对仗句式和长短句的广告标题看起来更短、更易读。所以，文案创作者在写电商文案中，应多使用对仗句式和长短句，这样才会使文案看起来更“短”。

12.5 不贪心，只选最重要的内容

每个产品或服务都会有很多特点和优势，如果文案创作者很贪心，把这些特点和优势全部写到文案里面，那么结果只有一个：重点太多，也就没有重点了，甚至会让消费者“丈二和尚摸不着头脑”，不知所云，也无法记住。有一件显而易见的事实是，人们对于放在面前的任何一篇文章能够读进去的内容都是有限的，无论文案在推广什么产品，人们只看自己对主题有没有兴趣，然后再看其中说的有用的话。所以，应坚持一则广告就集中诉求某一点，只选择最重要的内容。

最重要的内容应是企业最想向消费者传递的信息，且信息量不宜过大。对网络广告和平面广告来说尤其如此，若一则电商文案中传递的主题超过三条，那么无论怎么策划，它都不可能在设计上更好地凸显关键信息，也不可能让消费者迅速注意和更好记忆广告内容。

因此，一则吸引消费者注意力的网络广告或者平面广告，文案只需两句话。一句作为标题，吸引消费者或传递最具竞争力的信息；一句作为描述，详细介绍产品服务信息或传递其他关键信息。下面举一个IT培训学校的例子：

修改前的电商文案信息量过多，重点不突出，用户抓不住广告要传达的重点，降低了阅读欲望，还不利于排版。为了只突出文字部分，主题图、背景样板等均作了省略，如图12-8所示。

修改后的电商文案信息量减少，关键广告语得以突出，而且布局合理，信息量适中，不会造成阅读障碍，用户第一眼就可以看到标题。修改后的内容如图12-9所示。

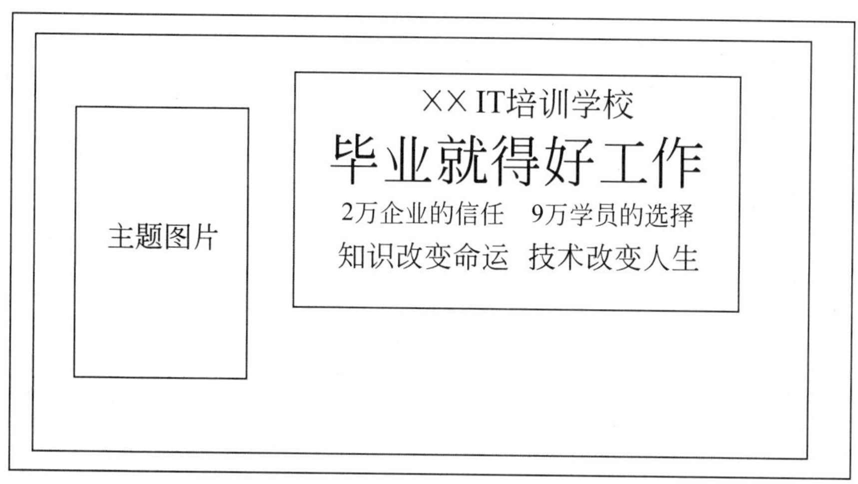

图 12-8　修改前的电商文案

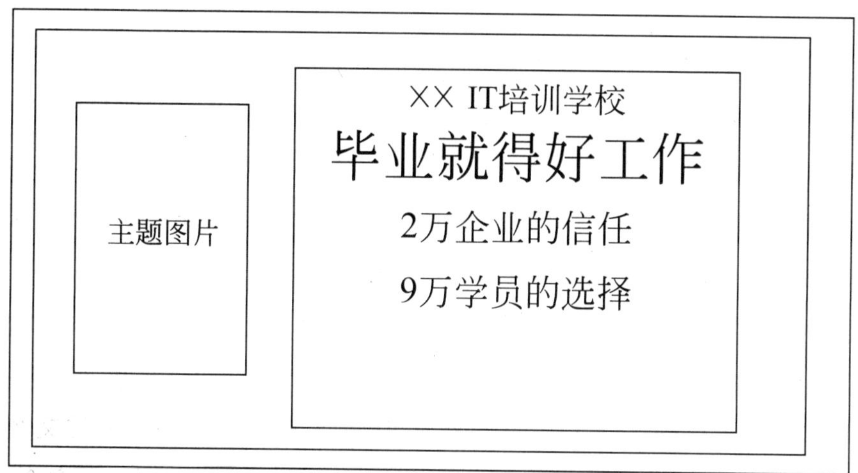

图 12-9　修改后的电商文案

写文案不要贪心，只选最重要的信息即可。在广告界坐拥众多吓人头衔的史蒂夫·海登说："硬功夫在这儿，你必须让买家满意，而且还必须在几秒钟之内让买家满意。"如果文案创作者没能让买家在第一眼就抓住重点，那么，这无疑是一则失败的文案。

12.5.1 "欢迎" IBM 进入 PC 市场

"我不相信最聪明的广告一定要有聪明的标题，但一定要有重点。"奥美广告公司副总裁史蒂夫·海登的名声最开始为业界熟知，是因为他策划的苹果电脑"1984 篇"。当时苹果还只是一家小公司，与蓝色巨人 IBM(国际商业机器公司)比起来简直是一个地下一个天上。海登的一则文案却让苹果从 24 匹赛马中跑了出来，成为最大的黑马。从此，苹果和 IBM 永远被相提并论了。

史蒂夫·海登为苹果写的这则电商文案的标题并不是那么聪明："Welcome, IBM. Seriously"(真诚地欢迎 IBM)。其内文如下。

欢迎进入自 35 年计算机革命以来最令人兴奋与重要的计算机市场。祝贺你拥有第一台个人电脑。经过计算机权威之手已经大大地改变了人们的工作、思考、学习和交流，而且充实了他们的休闲时间……欢迎你来使用苹果计算机。

这是乔布斯在 1981 年刊登的一份"欢迎"IBM 进入 PC(个人计算机)市场的印刷版广告。这当然是一个玩笑，意在讽刺 IBM 未能及时进入一个重要的市场，这就是这则电商文案的重点，以对比的方式突出苹果电脑的卖点，这样的方式比一一述说苹果电脑如何如何好更有效果。

文案创作者应该具备抓住重点的能力。史蒂夫·海登建议，文案创作者可以去读读史上最成功也最原始的创意黑皮书——《圣经》，它是一本非常有用的文体参考书，不仅可以从中了解人性的脆弱面，还可以看到最强销售力的文案广告。近 20 个世纪以来，它说服人类以自己所能付出的最高代价，去买某种完全不可企及的东西。同时，它也是匿名力量的象征，没有人知道这本书出自何人之手，甚至连最初由何人翻译也无从得知，不过，谁都不会否认，它写得非常好、非常好。在文案创作者之中，即使是那些赢得过金铅笔的文案高手，也没有人的作品被人们称为"神说"。想要让文案变成"IBM 说""玛氏食品说"或者"苹果说"，最好方法就是去模仿《圣经》，而不是从那些得奖作品集里去发现最酷炫的点子，这绝对不是一个坏主意。

另外，文案创作者必须学会倾听声音，以及发出自己的声音。有许多伟大的文案创作者，他们往往只靠一种声音就可以一辈子不愁吃不愁穿了。不过，大多数人每天都必须随着客户、座谈会人员、国家以及银行贷款的不同而改变自己的风格。

12.5.2 文案漏斗模型

创作文案时，不管写的是什么，必须和客户公司的总经理或负责人见一面，如果幸运的话，他们高超的表述能力和深远的思考力，会带给文案很多启发，以便能创造出客户“最好的自我”。

文案的重点由此而来，找到客户的最佳一面，然后将之表现出来。接下来的问题是，如何让人读文案。英国评论家塞缪尔·约翰逊说，大承诺，是广告的灵魂。所以，大承诺是在文案中应该突出的重点。大承诺在文案漏斗模型（图 12-10）中决定能否引起买家的关注、兴趣、渴望，能否被记住，并最终引发购买行为。

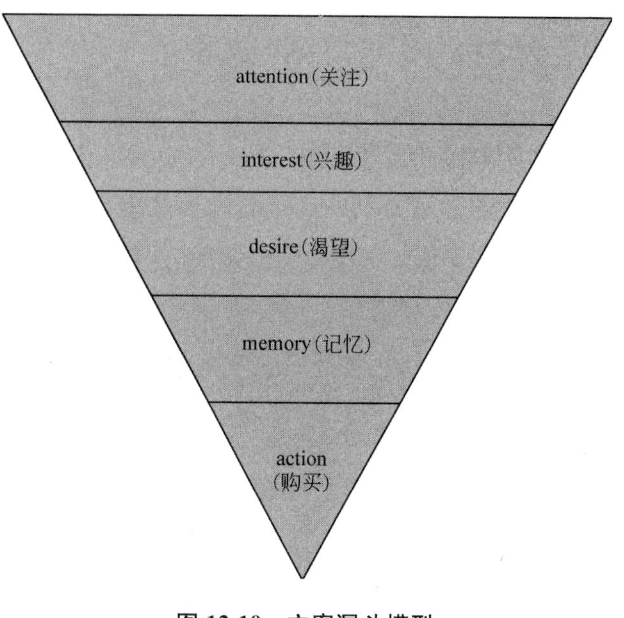

图 12-10　文案漏斗模型

文案必须找到能把买家从狭隘的居住空间和钢筋水泥世界中解救出来，与真正关心的广阔、阳关普照的大自然关联起来的方法。例如，止汗剂的重点不是保持干爽，而是为了让消费者成为一个受人喜爱的人。汽车的重点不是运输，而是进入另一片天地的自由。食品的重点不在于让人吃饱，而是提供一种物质与精神上的双重满足。饮料的重点不在于止渴，而是获得身体与心灵的享受……

如果文案创作者能让自己保持对那些别人看来可能异常无聊的产品或服务(如快递包裹)的兴奋感，找出这件东西与这个广大世界的相关之处，并向人们展现出来，就很有可能会成名。至少在文案创作这个默默无闻的行业里，用这个方法，文案创作者很容易出名。

要写出有重点的文案，其实很简单，因为大部分人的生活都是单调而重复的，文案创作者只需给他们带去一点暂时的变化、一件好玩的事情，只要是能给他们带去一点改变的承诺，都能让他们爱上文案。

12.6 案例：万科：再不尝试，就晚了

越精简的文字，用得好就越能直击用户内心。如今，很多电商文案都采用几个简单的文字直戳买家“痛点”的写作方法，而且买家也都吃这一套。“痛点”，顾名思义，就是买家在正常的生活当中所碰到的问题、纠结和抱怨，而且这个问题如果不解决，买家就会浑身不自在，甚至会很痛苦。这时如果文案能给买家提供一种解决方案，帮助买家解开这个纠结，抚平这个抱怨，文案效果就会很容易达到。例如，“怕上火就喝王老吉”，其中“怕上火”就是一个痛点。

优秀的“痛点”文案往往是精简的，它通常是用简短的文字表达五味杂陈的情感，而且这些情感不是文案说出来的，而是读者看到文案中的文字或图片，便能浮想联翩，自己找到答案，治愈内心的“痛点”。

万科在30年庆典时，推出一则经典的“痛点”文案，文字内容直击年轻人心中的痛点——房子。这则文案设计得十分简洁，只有一个枕头和二十几个字，但却

很有深意。看到枕头，大家很容易就能想到房子，而且枕头上面刻了一个大大的“试”字，提醒年轻人要大胆尝试。

枕头左上方附有大大的标题文字“三十岁 很多事 再不尝试 就晚了”，这13个字，字字珠玑，直击年轻人的内心深处。“80后”中的很多人因为害怕失败而不敢尝试，但想到自己已经快30岁了，但还没有一个安身之所，如果再不尝试，那就真的晚了。

枕头下方还附有一行字，“万科30年 与你共尝新”，下面还有一行十分显眼的红色字，“先试住后买房 最高免费住两年”。

万科这则文案，让很多人都竖起了大拇指，它用简单的文字和图片，说出了很多年轻人心中的无奈：30岁是否开始激情消失？是否还有勇气随心所欲地尝试新的事物？这则文案虽然没有用文字给出明确的答案，但通过与30岁的万科对比，可以让读者自己给出肯定的答案。万科如今也30岁了，它大胆地采取试住两年再买房的营销手段，那些30岁的消费群体自然也可以再做一次大胆的勇于尝新的青年。相信，看到这则文案的30岁或者即将30岁的年轻人，大部分都会尝试一下。

万科直接瞄准中国30岁年轻群体，找准他们在生活当中所担心的、纠结的问题。并找到了帮助这些年轻人解决问题的营销方法，最后堂而皇之、义正词严、毫不客气地提出来，告诉消费者：我能帮你解决这个问题，如果你有这个问题，就选择我！

纵观万科这则文案，它之所以成为佳作主要有以下几个原因。

(1) 文字短促有力。文案中没有长句，都是一些短小精悍的字眼。

(2) 找准产品的目标人群，即万科30岁，目标人群也为30岁。

(3) 找准契合点，即尝试新方法。万科大胆尝试新的营销方案，30岁的目标人群也可以大胆尝试。

(4) 准产品本身的优势，即万科让消费者免费试住两年。

(5) 理解透彻目标人群的特征，即很多“80后”年轻群体一房难求，心中有诸多无奈。

除了文案快速传递信息外，通过情感的沟通，赋予受众一种触动，在快节奏的时代，这样让人印象深刻打动心扉的文案，还怕会被人记不住吗？

在信息“碎片化”越来越严重的今天，网民的注意力时限只有短短几秒钟。一般情况下，没有人会花时间看较长的文案。所以，未来电商文案的发展方向就是精简。而且好的文案，往往不需要长篇大论，有时只需一个字就能捅破买家内心的那层所谓的保护膜。

在本章的前五个小节中已经介绍了几种写出精简文案的方法，除了上面这些方法以外，文案创作者还要注意如图 12-11 所示的几个要点，以帮助文案创作者创作出精简扼要、一击必中的文案。

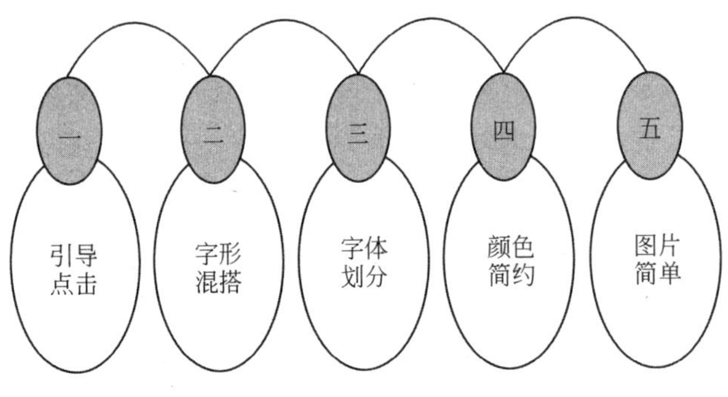

图 12-11　精简文案创作要点

1. 引导点击

利用“痛点”字眼能激起读者点击的冲动，文案最好能找出“痛点”，倘若找不出“痛点”，文案创作者要创造出能够让消费者点击的元素，例如，制造时间紧迫感、运用呼吁行动的文字等，激起点击欲望。

2. 字形混搭

文案的字形不能太过于单一，要根据需要采取不同的混搭组合，这样可以增加文案的活泼感，而不会让读者感到死板。

3. 字体划分

文案的字体划分要合理，放置要得当，这样才不会增加阅读难度，导致讯息无法有效传达。

4. 颜色简约

电商文案要求图文并茂，为了使文案看起来简约大方，除了文字要简明扼要以外，图片的颜色搭配也不能过于复杂。因为复杂的颜色会使狭小的文案区块显得更复杂，增加阅读困难。

5. 图片简单

文案要选择合适的图片，而且图片看起来越简单越好。比如，上述万科的文案中只放了一个枕头，其寓意便能让大家心领神会。所以，文案创作者在选择图片时，要选择具有深意的简单图片，这样会使文案达到“此处无声胜有声”的效果。